Paulus
Insolvenzrecht

Insolvenzrecht
mit internationalem Insolvenzrecht

von

**Dr. Christoph G. Paulus,
LL.M. (Berkeley)**
em. o. Professor
an der Humboldt-Universität zu Berlin

5. Auflage 2025

beck.de

ISBN 978 3 406 83471 4

© 2025 Verlag C.H.Beck GmbH & Co. KG
Wilhelmstraße 9, 80801 München
info@beck.de
Druck und Bindung: Beltz Grafische Betriebe GmbH,
Am Fliegerhorst 8, 99947 Bad Langensalza

Satz: DTP-Vorlagen des Autors
Umschlag: Druckerei C. H. Beck Nördlingen

chbeck.de/nachhaltig
produktsicherheit.beck.de

Gedruckt auf säurefreiem, alterungsbeständigem Papier
(hergestellt aus chlorfrei gebleichtem Zellstoff)

Alle urheberrechtlichen Nutzungsrechte bleiben vorbehalten.
Der Verlag behält sich auch das Recht vor, Vervielfältigungen dieses
Werkes zum Zwecke des Text and Data Mining vorzunehmen.

Vorwort

Dieser Band will nicht Detailwissen vermitteln, sondern einen Überblick über das nationale wie internationale Insolvenzrecht in Deutschland verschaffen einschließlich des 2021 neu hinzugekommenen Restrukturierungsrechts. Die Ausführungen sind denkbar knapp gehalten, und es wurde durchgängig auf Nachweise verzichtet. Gleichwohl hege ich die Hoffnung, dass sich dem mitdenkenden Leser durch die Lektüre dieses Bändchens (vielleicht auch noch in Verbindung mit dem im gleichen Verlag erschienenen Buch „Große Pleiten") diese gewiss nicht unkomplizierte Materie als Gesamtkomplex mitsamt seiner innernen Verstrebungen erschließt. Das damit angestrebte Systemwissen möge ihr und ihm in einem nachfolgenden Schritt ermöglichen, konkrete Rechtsfragen und Rechtsprobleme gezielt zu identifizieren und einzuordnen.

Berlin, im Januar 2025 *Christoph G. Paulus*

Inhaltsverzeichnis

Vorwort V

Abkürzungsverzeichnis XIII

§ 1. Aktuelle Bedeutung, Geschichte und Grundlagen des Insolvenzrechts 1
   I. Terminologisches 1
   II. Die herausragende Bedeutung des Insolvenzrechts 2
   III. Geschichtliches 4
   IV. Zwecke des Insolvenzrechts 5
   V. Mittel des Insolvenzrechts 6
   Testfragen zu § 1 8

§ 2 Restrukturierungsrecht 9
   I. Restrukturierungsplan 10
     1. Inhalt und Struktur 11
     2. Angebot und Annahme des Restrukturierungsplanes 12
     3. Technische Details 13
     4. Zwischenergebnis 14
   II. Der Werkzeugkasten 14
     1. Formalien 14
       a) Anzeige 15
       b) Restrukturierungsgericht 16
       c) Restrukturierungsberater 16
     2. Gerichtliche Planbestätigung 17
     3. Gerichtliche Planabstimmung 18
     4. Vorprüfung 19
     5. Stabilisierung 19
     6. Antrag auf Veröffentlichung 20
   III. Wirkungen des bestätigten Planes 20
   Testfragen zu § 2 21

§ 3. Nationales Insolvenzrecht 23
   I. Schuldner 23
     1. Natürliche Personen 23

2. Juristische Personen des Privatrechts und
   Gesellschaften ohne Rechtspersönlichkeit 24
3. Konzerne 25
4. Juristische Personen des öffentlichen Rechts 26
Testfragen zu Kapitel I 26
II. Gläubiger 27
1. Aussonderungsberechtigte Gläubiger 28
   a) Allgemeines 28
   b) Schuldrechtliche Herausgabeansprüche 29
2. Gesicherte Gläubiger 30
3. Massegläubiger 33
4. Problem: Privilegierte Gläubiger 33
5. Allgemeine Gläubiger 34
   a) Gleichrang 34
   b) Nachrang 37
6. Organisation der Gläubiger 38
   a) Gläubigerversammlung 38
   b) Gläubigerausschuss 39
   c) Gläubigervertreter 40
Testfragen zu Kapitel II 41
III. Insolvenzgericht 41
Testfragen zu Kapitel III 43
IV. Insolvenzverwalter 43
1. Aufgaben 44
2. Notwendige allgemeine Qualifikation 45
3. Auswahl für den konkreten Fall 46
4. Haftung 47
5. Vergütung 48
6. Rechtsstellung 48
Testfragen zu Kapitel IV 49
V. Auslöser 50
1. Sachlich (Eröffnungsgründe) 50
   a) Bestehende oder zukünftige Zahlungsunfähigkeit 51
      aa) Aktuelle Zahlungsunfähigkeit 51
      bb) Drohende Zahlungsunfähigkeit 52
   b) Überschuldung 53
   c) Exkurs: Fixierte Tatbestände 54
2. Persönlich 55
   a) Antragsberechtigung 56
      aa) Gläubigerantrag 56
      bb) Eigenantrag 57
      cc) Behördenantrag 58
   b) Antragspflicht 58

Testfragen zu Kapitel V 59
VI. Vermögensbeschlag 60
   1. Insolvenzmasse 60
   2. Gegenwärtiges Vermögen 62
   3. Zukünftiges Vermögen 63
   4. Früheres Vermögen 63
   Testfragen zu Kapitel VI 64
VII. Eröffnungsverfahren 64
   1. Finanzierung, Schutz 65
      a) Insolvenzgeld 65
      b) Schutzvorkehrungen 67
      c) Aufgaben des vorläufigen Verwalters 68
   2. Eröffnung 69
      a) Persönliche Folgen 70
      b) Vermögensrechtliche Folgen 71
      c) Rechtserwerb und Rechtsverlust 72
   Testfragen zu Kapitel VII 74
VIII. Zusammenstellung der Masse 74
   1. Minderung der Ist-Masse 74
      a) Gläubigerklassen 74
      b) Aufrechnung 75
      Testfragen zu Abschnitt 1 77
   2. Mehrung der Ist-Masse 77
      a) Neuerwerb 77
      b) Realisierung von Forderungen 78
      c) Führung von Prozessen 79
      d) Nicht vollständig erfüllte Verträge 80
         aa) Ausgangslage 81
         bb) Sonderregelungen 83
            (1) Vormerkung 83
            (2) Fixgeschäfte etc. 83
            (3) Eigentumsvorbehaltskauf 84
            (4) Dienst- und Mietverhältnisse sowie Darlehen 84
            (5) Arbeitsverträge 85
            (6) Zwingendes Recht 86
      e) Anfechtung 88
         aa) Ausgangslage 88
         bb) Regelungsmechanismus 89
         cc) Grundvoraussetzungen 90
         dd) Anfechtungstatbestände 91
         ee) Rechtsfolge 97
         ff) Conclusio 98
      f) Sicherungsgegenstände 98

Testfragen zu Abschnitt 2 99
IX. Prüfungstermin... 99
   1. Tabelleneintrag statt Gerichtsurteil.. 99
   2. Eintragung in die Tabelle... 100
   Testfragen zu Kapitel IX.. 101
X. Berichtstermin... 102
XI. Planverfahren... 102
   1. Vorbemerkungen 102
      a) Grundsätzliches und Unjuristisches..................................... 102
      b) Disponibilität des Haftungsrechts....................................... 103
   2. Voraussetzungen.. 105
   3. Planerstellung 105
   4. Planinhalt 106
   5. Abstimmung und Annahme des Plans 108
   6. Wirkung des bestätigten Plans 110
   7. Anreizsystem zur Eigensanierung: Eröffnungsgrund,
      Eigenverwaltung und Schutzschirmverfahren 111
   Testfragen zu Kapitel XI.. 114
XII. Liquidation... 115
   1. Versilberung der Masse 115
      a) Übertragende Sanierung 115
      b) Versilberung einzelner Gegenstände 116
         aa) Ausgangslage.. 116
         bb) Wertevernichtung... 117
         cc) Kontrollmechanismen... 118
            (1) Interessenkollisionen 118
            (2) Schutz der gesicherten Gläubiger 119
   2. Verteilung 123
   3. Einstellung des Verfahrens 124
      a) Einstellung mangels Masse... 124
      b) Masseunzulänglichkeit 124
      c) Sonstige Einstellungen des Verfahrens............................... 125
   4. Beendigung des Verfahrens 125
   5. Restschuldbefreiung 126
      a) Problem 126
      b) Premiere für Deutschland 127
      c) Voraussetzungen... 129
      d) Rechtsfolgen... 130
   Testfragen zu Kapitel XII 131
XIII. Kooperation und Koordination bei Konzerninsolvenzen 131
XIV. Sonderverfahren... 132
   1. Verbraucherinsolvenzverfahren... 132
      a) Grundstruktur 134

      b) Einzelheiten.. 135
          aa) Qualifikation.. 135
          bb) Außergerichtlicher Einigungsversuch 135
          cc) Schuldenbereinigungsplanverfahren...................... 136
          dd) Eigentliches Insolvenzverfahren 137
          ee) Verfahren bis zur Restschuldbefreiung................. 138
  2. Besondere Insolvenzverfahren... 138
      a) Nachlassinsolvenzverfahren 138
      b) Gütergemeinschaft.. 139
  Testfragen zu Kapitel XIII 139

§ 4. Internationales Insolvenzrecht 141

  I. Grundfragen.. 141
    1. Einführung.. 141
    2. Grundbegriffe 142
      a) Territorialität und Universalität 142
      b) Parallelverfahren und Einheitsverfahren...................... 144
      c) Anerkennung 145
      d) Internationale Kooperation 146
      e) Internationale Initiativen.. 147
    Testfragen zu Kapitel I.. 148
  II. Europäische Insolvenzverordnung 148
    1. Anwendungsbereich... 148
    2. Regelungsmodell 149
    3. Hauptverfahren 150
      a) Eröffnung.. 150
      b) Vorläufige Maßnahmen 151
      c) Eröffnetes Verfahren 152
          aa) Sicherungsrechte... 153
          bb) Verträge.. 154
          cc) Bestimmte Rechte... 154
          dd) Erwerberschutz... 154
          ee) Anhängige Prozesse.. 155
      d) Verfahrensalternativen und -beendigung..................... 155
    4. Parallelverfahren.. 156
      a) Gemeinsame Eröffnungsvoraussetzungen 156
      b) Partikularverfahren... 157
      c) Sekundärverfahren 158
      d) Gläubigerrechte 159
    Testfragen zu Kapitel II... 159
  III. Autonomes deutsches Internationales Insolvenzrecht 159
    1. Allgemeine Vorschriften.. 160

    2. Ausländische Insolvenzverfahren 160
    3. Inländisches Parallelverfahren 161

Stichwortverzeichnis 163

Abkürzungsverzeichnis

AktG	Aktiengesetz
AnfG	Gesetz über die Anfechtung von Rechtshandlungen eines Schuldners außerhalb des Insolvenzverfahrens (Anfechtungsgesetz)
BetrAVG	Gesetz zur Verbesserung der betrieblichen Altersversorgung (Betriebsrentengesetz)
BetrVG	Betriebsverfassungsgesetz
BGB	Bürgerliches Gesetzbuch
ESUG	Gesetz zur weiteren Erleichterung der Sanierung von Unternehmen
EuGVVO	Verordnung über die gerichtliche Zuständigkeit und die Anerkennung und Vollstreckung von Entscheidungen in Zivil- und Handelssachen
EuInsVO	Europäische Insolvenzverordnung
EWIV	Europäische wirtschaftliche Interessenvereinigung
GmbHG	Gesetz über die Gesellschaften mit beschränkter Haftung
HGB	Handelsgesetzbuch
InsO	Insolvenzordnung
KG	Kommanditgesellschaft
KGaA	Kommanditgesellschaft auf Aktien
KO	Konkursordnung
KSchG	Kündigungsschutzgesetz
KWG	Kreditwesengesetz
MoMiG	Gesetz zur Modernisierung des GmbH-Rechts und zur Bekämpfung von Missbräuchen
MoPeG	Gesetz zur Modernisierung des Personengesellschaftsrechts
NZI	Neue Zeitschrift für das Recht der Insolvenz und Sanierung
OHG	offene Handelsgesellschaft
PartnerschG	Partnerschaftsgesellschaft
PfandBG	Pfandbriefgesetz
SAG	Sanierungs- und Abwicklungsgesetz
SGB	Sozialgesetzbuch

StaRUG	Unternehmensstabilisierungs- und -restrukturierungsgesetz
UNCITRAL	United Nations Commission on International Trade Law
VDuG	Verbraucherrechtsdurchsetzungsgesetz
ZIP	Zeitschrift für Wirtschaftsrecht
ZPO	Zivilprozessordnung
ZVG	Zwangsversteigerungsgesetz

§ 1. Aktuelle Bedeutung, Geschichte und Grundlagen des Insolvenzrechts

I. Terminologisches

Aufgrund einer das deutsche Verständnis des Insolvenzrechts drastisch expandierenden Gesetzesneuerung muss als erstes geklärt werden, wovon dieser Band handelt. Denn zwar gibt es das Restrukturierungsrecht der Sache nach bereits seit langem, es ist aber in Umsetzung der Richtlinie EU 2019/1023 erst am 1.1.2021 hierzulande in Gesetzesform gegossen worden; andere Länder hatten entsprechende Regeln schon seit längerem (etwa Frankreich, Italien oder England). 1

Das Restrukturierungsrecht zeichnet sich dadurch aus, dass es Insolvenzen gerade **vermeiden** will. So wie das Gesellschaftsrecht etwa die Gründungsphase einer Gesellschaft miterfasst, obgleich man sich da eigentlich noch im vertragsrechtlichen Areal befindet, rechnet man auch das Insolvenzvermeidungsrecht üblicherweise (nicht zu verwechseln mit: richtigerweise) dem Insolvenzrecht zu. Wenn das Ziel dieses Rechtsgebiets also die Verhinderung von Insolvenzen ist, ist das Mittel dazu eine eingeschränkte Verwendung insolvenzrechtlicher Instrumente. Während nämlich das Insolvenzrecht ein Universalverfahren ist, indem es sämtliche Gläubiger mit sämtlichen Forderungen und dem gesamten Vermögen des Schuldners erfasst, geht das Restrukturierungsrecht feinmaschiger vor: Der Schuldner pickt sich – etwas vereinfacht gesagt – die Gläubiger heraus, mit deren Hilfe er zu einer Reduzierung seiner (vornehmlich, aber nicht ausschließlich) finanziellen Belastungen kommen will, um dann mittels strukturierter Verhandlungen zu einem Ergebnis zu kommen, für das – anders als im reinen Vertragsrecht – Einstimmigkeit und damit also allseitige Zustimmung gerade nicht erforderlich ist. 1a

Damit ergibt sich also zumindest im Bereich von möglichen Insolvenzen im Unternehmensbereich de facto ein 3-gestuftes Vorgehen: (1) Der Unternehmer verhandelt mit seinen hauptsächlichen Gläubigern über eine gütliche Einigung zu einer Verringerung seiner Lasten. Das hat er bislang schon immer getan, konnte bei diesen Verhandlungen bis 2020 aber immer nur mit der Insolvenz drohen, falls sich Gläubiger bei diesen Verhandlungen quer gestellt haben. Nun kann er (2) mit dem Restrukturierungsverfahren drohen, also mit einer Art von „minimalinvasivem" Eingriff. Wenn dieses Verfahren scheitert, kommt es (3) zum Insolvenzverfahren. 1b

1c Hintergrund all dieser Stufen ist aber natürlich jeweils das Insolvenzszenario, das folglich nichts von seiner nunmehr darzustellenden Zentralität im Wirtschaftsrecht einer jeden Volkswirtschaft und Jurisdiktion eingebüßt hat.

II. Die herausragende Bedeutung des Insolvenzrechts

1d Das Insolvenzrecht im Sinne der InsO hat mit einer Lebenssituation zu tun, in der ein Schuldner seine Gläubiger nicht mehr vollständig befriedigen kann; es besteht – wie man das auch gerne umschreibt – ein **common pool**-Problem. D.h.: der zur Verfügung stehende Pool von Vermögenswerten reicht nicht mehr aus, um die vorhandenen Gläubiger allesamt vollständig zu befriedigen. Um in einer solchen Situation mit oftmals weitreichenden sozialen Implikationen nicht Chaos und einen Kampf aller gegen alle um einen schnellen Zugriff auf das schuldnerische Vermögen ausbrechen zu lassen, ordnet das Insolvenzrecht die Situation in der Weise, dass es für die angemessene Struktur der Verlustverteilung ein eigenständiges Verfahren bereitstellt. Im Kern ist das tatsächlich Aufgabe und Zweck des Insolvenzrechts.

Unbeschadet der scheinbaren Schlichtheit dieses Ausgangspunktes kommt dem Insolvenzrecht eine ganz zentrale Bedeutung innerhalb des **gesamten Vermögens- und Wirtschaftsrechts** zu. Das kann man an Folgendem besonders gut erkennen: Als Konsequenz einer der früheren großen Krisen, der sog. Ostasienkrise Mitte/Ende der neunziger Jahre des letzten Jahrhunderts, wurde auf Initiative der G 7-Staaten das Financial Stability Board gegründet, das als Teil seiner Ordnungs- und Kontrollfunktion ein Compendium of Standards erstellt hat, das zwölf für die Finanzstabilität eines jeden Landes unabdingbare Bereiche auflistet: Zu ihnen zählt das Insolvenzrecht! Mehr noch als etwa Gesellschaftsrecht ist diese Materie also essentiell für die Konjunktur insgesamt.

2 Das hängt nun allerdings nicht allein mit der Aufgabe dieser Rechtsmaterie zur **Marktbereinigung** zusammen, sondern auch und besonders mit der zusätzlichen Funktion, **die Marktfähigkeit wiederherzustellen**. Der erste Fall ist die seit buchstäblich Jahrtausenden praktizierte Liquidation, der zweite die auch noch im Rahmen eines Insolvenzverfahrens mögliche Reorganisation oder (im Folgenden bedeutungsgleich verwendete) Sanierung des Schuldners. Die Besonderheit dieser recht jungen Alternative innerhalb des Insolvenzrechts im eigentlichen Sinne ist deswegen so hervorhebenswert, weil sie dem bislang so gefürchteten und daher mit aller Kraft zu vermeidenden Worst-Case-Szenario der Zerschlagung des schuldnerischen Vermögens eine Option an die Seite stellt, die eine Zukunftschance eröffnet:

II. Die herausragende Bedeutung des Insolvenzrechts

Statt unweigerliches Ende nunmehr also alternativ die **Chance zur Sanierung**. Während diese Option seit der Einführung des berühmten Chapter 11-Verfahrens in den USA 1978 weltweit Nachahmer gefunden hat, geht der oben (sub I) beschriebene jüngste Entwicklungsschritt noch einen konsequenten Abschnitt weiter, indem er die Insolvenz überhaupt zu vermeiden versucht; das englische, französische und US-amerikanische Recht haben dies vorexerziert, europäische Gesetzgebung ist dem gefolgt.

Damit geht für das Insolvenzrecht natürlich eine Neuverortung in der Gesamtordnung zumindest des Wirtschaftsrechts einher. Es ist nicht länger mehr eine separate Materie, die man getrost den Spezialisten für die rechtlichen „Aufräumarbeiten" überlassen kann; vielmehr ermöglicht die Sanierungs- bzw. Vermeidungschance nunmehr strategisches Handeln, das weit in das bislang noch allein dem **Gesellschaftsrecht** vorbehaltene Terrain hineinreicht. Dadurch kommt es verstärkt zu Überlappungen beider Rechtsmaterien. Darüber hinaus lässt sich in der Praxis zunehmend beobachten, dass sich zu diesem Mix auch noch das **Recht anderer Staaten** gesellt: Führt doch die Europäische Insolvenzverordnung in Verbindung mit der Niederlassungsfreiheit dazu, dass Unternehmen bzw. Berater regelmäßig überprüfen, ob nicht ausländisches Gesellschafts- bzw. Insolvenzrecht dem einheimischen gegenüber vorzugswürdig ist und damit Anlass gibt, den Sitz zu verlegen oder sich sonstwie einer anderen Rechtsordnung zu bedienen.

Das Insolvenzrecht ist aber nicht nur eng mit Gesellschaftsrecht und Rechtsvergleichung bzw. internationalem Recht verzahnt; Gleiches gilt für das **Kreditsicherungsrecht**, dessen Hauptzweck gerade darin besteht, den Gläubiger eines Kredits vor dem Insolvenzrisiko zu schützen. Aber auch das **Arbeitsrecht** hat ganz besonders intensive Verbindungslinien mit dem Insolvenzrecht; sind doch die Arbeitnehmer grundsätzlich diejenigen, die durch eine Insolvenz ihres Arbeitgebers am nachhaltigsten in ihrer Existenz erschüttert werden. Indem das Insolvenzrecht so etwas wie eine Meta-Ebene des Rechts einnimmt, weil ein Insolvenzverfahren querschnittsartig nahezu sämtliche Rechtsverhältnisse des Schuldners in irgendeiner Weise beeinflusst, ist es nicht verwunderlich, dass die Implikationen des Insolvenzrechts noch wesentlich weiter reichen. Ein paar Beispiele mögen genügen: **Schuldrechtliche Rechtsinstitute** wie etwa Zug-um-Zug-Leistung, Diskussionen um den Zugang von Willenserklärungen oder Vorschriften wie § 433 I 2 BGB werden erst durch Kenntnis des Insolvenzrechts verständlich; der letztgültige Prüfstein für die Dinglichkeit – und damit fürs **Sachenrecht** – ist die Insolvenz; und wenn diese eine Sanierungschance darstellt, werden sich über kurz oder lang Probleme mit dem

Wettbewerbsrecht oder auch dem **Übernahmerecht** ergeben; schon heute sind Materien des öffentlichen Rechts wie das **Steuer- oder Sozialrecht** in nahezu allen Insolvenzverfahren eine zentrale Größe – gelegentlich sogar auch das Umweltrecht. Darüber hinaus hat die jüngste Finanzkrise weltweit eine Debatte darüber ins Rollen gebracht, ob es tragbar ist, dass Unternehmen so groß werden, dass ein Staat es sich nicht mehr leisten kann, diese in ein Insolvenzverfahren gehen zu lassen (**too big to fail**) und dadurch erpressbar wird; damit ist vielleicht eine spezielle Variante von **kartellrechtlichem Kontrollverfahren** auf den insolvenzrechtlichen Plan gerufen. Die Liste der weiterhin betroffenen Rechtsmaterien ist damit bei weitem noch nicht ausgeschöpft – gleichwohl mag noch der Hinweis auf das **Völkerrecht** gestattet sein, in dessen Rahmen sich ganz allmählich eine Vorstellung von einem vielleicht ja doch hilfreichen Staateninsolvenzrecht (§ 3 Rn. 12) herauszukristallisieren beginnt.

III. Geschichtliches

5   Der tatsächliche Ausgangspunkt des Insolvenzrechts, dass nämlich ein Schuldner seinen ihm von Rechts wegen auferlegten Pflichten gegenüber dem Gläubiger nicht nachkommt, dürfte fast so alt sein, wie es derartige rechtliche Verpflichtungen gibt. Deren Verletzung wurde lange Zeit – übrigens bis weit in die Neuzeit hinein – ganz archaisch geahndet: mit der **Todesstrafe**! Die Römer haben im Verlauf der republikanischen Zeit den Umschwung geschafft, das Verfahren weg von der Zerstörung der physischen Person (also der Rache) zu ziehen hin zur **Verteilung des schuldnerischen Vermögens** – bzw. von dem Rest dessen, was davon noch übrig war. Allerdings ging die Schonung des Schuldners nicht auch so weit, dass man ihm seine Ehre belassen hätte. Die römische Infamie als Nebenfolge des Konkurses hat in Gestalt einer Stigmatisierung (der „Makel des Konkurses") wirkungsmächtige, weil gesellschaftlich-psychologisch wirkende Konsequenzen bis in die heutige Zeit hinein. Die Europäische Kommission unternimmt seit einigen Jahren den Versuch, diesen Makel im Bereich ihrer Mitgliedstaaten einzudämmen; der deutsche Gesetzgeber ist dem mit dem ESUG (s. § 3 Rn. 209) und dem StaRUG (s. § 2 Rn. 3) mit (bescheidenem) Erfolg gefolgt.

6   Diese Erscheinungsform, in der also das Restvermögen des Schuldners liquidiert und der Erlös unter den Gläubigern verteilt wurde, stellte für die nachfolgenden Jahrtausende das Grundmuster des Konkursrechts dar. Insbesondere im Umfeld von **Handelszentren** fanden sich regelmäßig Ausprägungen dieses Musters – etwa in den oberitalieni-

schen Staaten der Renaissance-Zeit, in den großen Handelsmetropolen entlang den Handelsrouten (in Deutschland etwa Augsburg, Nürnberg, Freiburg, Lübeck, Magdeburg), der Hanse, Antwerpen, Lyon, London, etc. Während das Liquidationsmuster einheitlich ist, gibt es Differenzierungen hinsichtlich der Frage, wie intensiv der **staatliche Einfluss auf das Verfahren** sein soll oder darf. Hier schwenkt das Pendel bis in die heutige Zeit zwischen den Extremen eines rein gerichtlichen Verfahrens und dem eines allein den Gläubigern überantworteten.

Es war die „neue Welt", die an diesem Grundmuster rüttelte. Aus den USA kommt seit dem 19. Jh. die Erkenntnis, dass den Gläubigern besser geholfen sein kann, wenn das schuldnerische Vermögen nicht liquidiert, sondern der Schuldner selbst saniert würde. **Ein weiter Weg**: von der Tötung des Schuldners hin zur Hilfestellung! Das ist (natürlich) nicht Folge einer zunehmend humanisierten Welt, sondern die Konsequenz einer sich wandelnden Wirtschaftsstruktur. In der zunehmend Bedeutung gewinnenden Dienstleistungswirtschaft sind die dominierenden Vermögensgüter im Gegensatz zu den traditionellen, auf Produktion von Gütern ausgerichteten Vermögensgegenstände wie Mobilien, Immobilien und Forderungen weniger marktfähig, weil sie stärker an die individuellen Personen gebunden sind: Wissen, Know-How, Good Will, Charisma, etc. Diese Vermögensgegenstände lassen sich nun einmal am besten (oder auch: nur) durch den Schuldner aktivieren. Diese neue Option des Insolvenzrechts findet sich zwischenzeitlich nahezu weltweit in allen Ländern – in Deutschland ist sie durch die Insolvenzordnung in Gestalt des **Planverfahrens** der §§ 217 ff. eingeführt worden. 7

IV. Zwecke des Insolvenzrechts

Aus § 1 folgt, dass primärer Zweck des Insolvenzrechts die gemeinschaftliche **Befriedigung der Gläubiger** ist; hieraus folgt eine Parallelisierung mit dem Recht der Zwangsvollstreckung. Aus dem Zusammenspiel mit anderen Vorschriften, hauptsächlich den §§ 38, 60, 160 ff., und aus einer Jahrhunderte währenden Tradition ergibt sich, dass die angesprochene Gemeinschaftlichkeit dahingehend zu präzisieren ist, dass die Gläubigerbefriedigung grundsätzlich anteiligparitätisch und bestmöglich erfolgen soll. Ein sekundärer Zweck besteht in der Restschuldbefreiung des redlichen Schuldners; er soll die Chance haben, zumindest nach einiger Zeit den lähmenden Beschränkungen seiner Verpflichtungen zu entkommen und damit die Chance zu einem Neuanfang zu erhalten. 8

9 In Anbetracht der eingangs bereits erwähnten zunehmenden Internationalität im Insolvenzgeschehen verdient hervorgehoben zu werden, dass es schon an dieser einleitenden Stelle **nationale Divergenzen** gibt; das gilt natürlich gleichermaßen für alle weiteren Ausführungen in diesem Büchlein. So ist andernorts primärer Zweck des Insolvenzrechts beispielsweise die Rettung von Unternehmen und Arbeitsplätzen (etwa Frankreich) oder gar die Förderung von Unternehmertum (etwa USA oder England). Je nach Zweckrichtung werden dann natürlich die Stellschrauben des Verfahrens unterschiedlich angezogen; allen Verfahrensvarianten sollte jedoch gemeinsam sein, dass sie eine faire, d.h. transparente und ex ante kalkulierbare Bewältigung des durch die schuldnerische Insolvenz ausgelösten common pool-Problems anbieten.

10 § 1 teilt auch noch mit, wie der dem deutschen Insolvenzrecht zugrunde liegende Zweck erreicht werden soll – nämlich mittels Vermögensverwertung plus Erlösverteilung oder abweichend davon mittels eines Insolvenzplans. Diese sprachliche Vagheit ist bewusst gewählt. Denn die erste Variante, die Liquidation, hat sich in der Praxis zu einem zweigestaltigen Vorgang entwickelt: zur **eigentlichen Liquidation**, bei der sämtliche Vermögensgüter einzeln verkauft werden, alternativ zur sog. **übertragenden Sanierung**. Die Besonderheit dieser zweiten Form besteht darin, dass ein Unternehmen bzw. ein selbstständiger Teil als Ganzes (genauer (wegen des sachenrechtlichen Spezialitätsgrundsatzes): die Vermögensgegenstände, *assets*) veräußert und somit als solches gerettet wird. Im Gegensatz dazu steht die **Sanierung des Schuldners** selbst (etwa unter Beibehaltung der bislang agierenden Inhaber oder mittels einer Veräußerung der Anteile, *shares*, an dem Unternehmen an Dritte), also **des Unternehmensträgers**, für die das Planverfahren vorgesehen ist, ohne dass diese Zielrichtung allerdings zwingend vorgeschrieben wäre.

V. Mittel des Insolvenzrechts

11 Um die gemeinschaftliche – und auch anteilig-paritätische sowie bestmögliche – (Teil-)Befriedigung der Gläubiger zu erreichen, setzt das (aus psychologischen Gründen üblicherweise erst lange nach Eintritt der tatsächlichen Voraussetzungen – diese bezeichnet man als **materielle Insolvenz** – angerufene) Insolvenzrecht einige Kunstgriffe ein, die dem Verfahren insgesamt zu größerer Effizienz verhelfen und auf sämtliche Beteiligten einen disziplinierenden Einfluss ausüben sollen. Das beginnt mit der Verhängung eines – wie man vielleicht sagen kann – **haftungsrechtlichen Regimes**, in dem die Privatautonomie des herkömmlichen Geschäftsverkehrs mit seinem Vermögensrecht ganz erheblichen Einschränkungen unterfällt. Erreicht wird dies vornehmlich dadurch, dass nicht nur dem Schuldner, sondern auch den Gläubigern mit Eröffnung eines Insolvenzverfahrens prinzipiell untersagt wird, weitere Rechtshandlungen bezüglich des schuldnerischen Vermögens vorzunehmen (automatic stay, s. § 3 Rn. 127). Der bis zu diesem Zeitpunkt grundsätzlich bestehende Antagonismus zwischen Schuldner und Gläubigern wird dadurch neutralisiert, dass beide gleichsam in ein und dasselbe Boot verfrachtet werden – technisch gesagt: Es wird eine **Verlust- bzw. Zwangsgemeinschaft** aus ihnen gebildet. Insbesondere darin kommt das dem Insolvenzrecht insgesamt zugrunde liegende öffentliche Interesse zum Ausdruck, dass die mit jeder Insolvenz nun einmal einhergehende kritische Situation in geordneten Bahnen bereinigt und überwunden wird.

Dem **Schuldner** wird nämlich gem. § 80 die Verwaltungs- und Verfügungsbefugnis über sein Vermögen entzogen, und den **Gläubigern** wird durch § 87 auferlegt, ihre Forderungen einzig und allein nach Maßgabe der Insolvenzordnung zu realisieren. Das auf diese Weise vor dem begehrlichen Zugriff der Beteiligten bewahrte und geschützte schuldnerische Vermögen – technisch: die **Insolvenzmasse** – wird gleichzeitig dem **Insolvenzverwalter** überantwortet; er erhält zwar nicht Eigentum bzw. Inhaberschaft an diesem Vermögen, wohl aber die Verwaltungs- und Verfügungsbefugnis. Seine Aufgabe besteht darin, den o. g. Zweck des Insolvenzverfahrens zu realisieren. **12**

Das folgende Prüfungsschema verschafft einen groben Überblick darüber, wie ein typisches Insolvenzverfahren ohne davor eingeschaltetes Restrukturierungsverfahren abläuft: **13**

Prüfungsschema 1: Ablauf eines Insolvenzverfahrens

I. Materielle Insolvenz
II. Antrag beim Insolvenzgericht
III. Eröffnungsphase
IV. Eröffnung durch das Insolvenzgericht
V. Prüfung und Sammlung der Masse durch den Verwalter
VI. Berichts- und Prüfungstermin mit Entscheidung über
   1. Planverfahren oder
   2. Liquidation
VII. Beendigung des Verfahrens

Testfragen zu § 1

1. Was spricht für die Gläubigerbefriedigung als obersten Zweck eines Insolvenzverfahrens, was für die Erhaltung von Unternehmen und was für die Ermöglichung eines Neustarts für den Schuldner?
2. Welche Rechtfertigung lässt sich dafür anführen, dass ein Insolvenzverfahren nicht mehr nur das schuldnerische Vermögen versilbert und an die Gläubiger verteilt, sondern nunmehr auch Mittel – welches? – für die Sanierung des Schuldners anbietet?
3. Inwiefern führt das neuartige Angebot des Insolvenzrechts zur Sanierung eines Unternehmens zu einer Veränderung der Grenzziehung zwischen Gesellschafts- und Insolvenzrecht?
4. Ist es gerechtfertigt, die Insolvenz eines Verbrauchers in demselben Gesetz zu regeln wie die Insolvenz eines Unternehmens?

§ 2 Restrukturierungsrecht

1 Wie schon zuvor (oben § 1 Rn. 1b) angedeutet, finden die auch bisher schon wohl immer geführten Vergleichsgespräche eines Schuldners mit seinen (allen oder doch den wichtigsten) Gläubigern seit Einführung des StaRUG nicht mehr „im Schatten" des Insolvenzgerichts statt, sondern in dem ungleich ressourcenschonenderen Schatten des Resolvenzgerichts. Indem es allein dem Schuldner vorbehalten ist, bei diesen Verhandlungen einem sich dem überwiegenden Konsens verschließenden Gläubiger (üblicherweise „Akkordstörer" oder „hold-out" genannt) damit zu drohen, dass er mittels des Restrukturierungsverfahrens nach dem StaRUG eine die dissentierende Minderheit bindende Mehrheitsentscheidung herbeiführen kann, wird es für einen hold-out schwieriger, sich seine Zugeständnisse durch andere Sondervergünstigungen entgelten zu lassen.

2 Was insoweit wie ein blue chip für den Schuldner klingt, ist allerdings an eine Vielzahl von Voraussetzungen und Verhaltensgeboten geknüpft, die dafür Sorge tragen sollen, dass es in der Beziehung zwischen Schuldner und seinen Gläubigern zu keinen einseitigen Vorteilen kommt. Wenn man bedenkt, dass diese Beziehung schon seit jeher und überall auf der Welt die Züge eines Machtkampfes (man bedenke nur die früher weltweit verbreitete Möglichkeit eines Gläubigers, seinen Schuldner in Schuldhaft werfen lassen zu können) an sich trug, trägt und tragen wird, ist ein solches Streben nach Ausgewogenheit unabdingbar.

3 Es beginnt bei den genannten Verhandlungen im Schatten des Restrukturierungsgerichts damit, dass der – restrukturierungsfähige (dazu unten Rn. 5) Schuldner beim Gericht die Einsetzung eines **Sanierungsmoderators** beantragen kann, §§ 94 ff. (gemeint ist nachfolgend in diesem Abschnitt immer das StaRUG). Diese dem französischen conciliateur nachempfundene natürliche, vom Schuldner und den Gläubigern unabhängige Person, die das Gericht auswählt und ernennt, § 94, hat für einen begrenzten Zeitraum von drei Monaten, § 95, die Aufgabe, bei den Verhandlungen vermittelnd einzuwirken, § 96. Um das tun zu können, muss ihm der Schuldner Einblicke in seine Unterlagen geben. Da der Sanierungsmoderator überdies unter der Aufsicht des Restrkturierungsgerichts steht, § 96 V, und diesem fortlaufend Bericht erstatten muss, trägt seine Einbeziehung zur Vertrauensbildung bei den Gläubigern bei. Wenn das dazu führt, dass alle Gläubiger den Veränderungen zustimmen, so hat das in Vertragsform gegossene Re-

sultat der Verhandlungen nichts mit einem Restrukturierungsplan nach dem StaRUG zu tun, sondern vermutlich immer allein mit einem Vergleichsvertrag gem. § 779 BGB. Der liegt bekanntlich vor, wenn Schuldner wie Gläubiger jeweils von ihrer Maximalposition abrücken. Nur wenn die Einstimmigkeit nicht erzielt wird, sehr wohl aber die weiter unten noch vorzustellende qualifizierte Mehrheit, die für die Annahme eines Restrukturierungsvergleichs erforderlich ist (Rn. 13), kann der Schuldner eine gerichtliche Bestätigung des Verhandlungsresultats beantragen, § 97 – wenn denn dieses Resultat den Anforderungen eines Restrukturierungsplanes genügt.

4 Wie ernst es dem StaRUG mit der Insolvenzvermeidung ist, zeigt sich aber nicht allein an der Sanierungsmoderation. In § 1, s. auch §§ 101 f., ist für alle Geschäftsleiter vorgeschrieben, was es etwa bei der Aktiengesellschaft, § 92 AktG, schon seit langem gibt, nämlich die Einführung und Beachtung von Frühwarnsystemen, also Indikatoren, die eine Verschlechterung der wirtschaftlichen Lage zur Folge haben können (etwa Verlust eines Großkunden, Kündigung durch essentielle Mitarbeiter, Auslaufen von Kreditlinien bis hin zu politischen oder pandemischen Störungen, wenn davon beispielsweise die eigene Lieferkette betroffen sein könnte).

I. Restrukturierungsplan

5 Der Restrukrurierungsplan ist das Kernstück eines Restrukturierungsversuchs nach dem StaRUG. Wir vorstehend bereits erwähnt, schlägt seine große Stunde, wenn es nicht zu einer allseits einvernehmlichen Lösung der schuldnerischen Probleme kommt. Sofern der Schuldner zu dieser Zeit **drohend zahlungsunfähig** iSd § 18 InsO (dazu § 3 Rn. 70 ff.) ist, § 29 I, **aber noch nicht** zahlungsunfähig oder überschuldet (§ 3 Rn. 68 ff.), § 33 II, wenn er überdies unternehmerisch tätig ist, § 30 (Restrukturierungsfähigkeit), dann kann ein den nachfolgend beschriebenen Anforderungen genügender Restrukturierungsplan über die fehlende Einstimmigkeit der Betroffenen hinweghelfen und doch wie ein Vertrag alle binden, sobald er die Bestätigung durch das Restrukturierungsgericht erhält. Diese bislang vornehmlich einem eröffneten Insolvenzverfahren vorbehaltene Besonderheit erklärt, warum die Vorschriften der §§ 2–28 in weitgehender Parallele zu den Vorschriften über den Insolvenzplan der §§ 217 ff. InsO ausgestaltet sind.

I. Restrukturierungsplan 11

1. Inhalt und Struktur

Was den **persönlichen Anwendungsbereich** anbelangt, schließt 6
§ 30 I Verbraucher von der Nutzung des StaRUG aus; das ist eine interessante Annäherung an das französische Recht, in dem das Insolvenzrecht seit jeher allein für unternehmerisch tätige Personen reserviert ist. Wer danach berechtigt ist, ein Restrukturierungsverfahren durchzuführen, kann sich also die Gläubiger herausgreifen, mit deren Hilfe er seine Rettung betreiben will. § 4 schließt von dieser Auswahlmöglichkeit einige Gruppen aus, hauptsächlich Forderungen von Arbeitnehmern und solche aus vorsätzlich begangenem Delikt. § 2 dagegen listet auf, welche Forderungen einbezogen werden können: An erster Stelle stehen Restrukturierungsforderungen, also Forderungen, die gegen eine durch § 30 I bestimmte Person begründet sind; dieses „Begründet"-Sein kommt etwa noch in den §§ 404 BGB, 38 InsO vor und bringt zum Ausdruck, dass es für derartige Forderungen genügt, dass ihr Rechtsgrund bereits gelegt ist, ohne dass sie bereits entstanden zu sein bräuchten.

Außer den Restrukturierungsforderungen können auch Sicherungs- 7
rechte einbezogen werden, die an Gegenständen des Schuldners oder die gegenüber gruppenverbundenen Unternehmen bestehen; und es können Forderungen gegen Anteilsrechte ausgetauscht werden (debt-equity-swap), § 2 III. Mit einem derartigen **Tausch einer Forderung gegen Inhaberschaft** lassen sich einerseits Not leidende Kredite (NPLs = non-performing loans) reduzieren (und Unternehmen außerhalb des Übernahmerechts übernehmen), andererseits können sie zur (nicht per se verdammungswürdigen) Übernahme reizen (loan-to-own Strategie); es liegen also auch hier, wie bei jeder Medizin, Segen und Fluch nah' beieinander.

§ 5 schreibt die äußere Struktur eines Restrukturierungsplanes vor; er 8
muss einen darstellenden und einen gestaltenden Teil enthalten und mit Anlagen, §§ 14 f., angereichert werden. Im darstellenden Teil, § 6, werden im Wesentlichen (s. etwa zusätzlich § 12: neue Finanzierung) all die Grundlagen und Auswirkungen präsentiert, die die Gläubiger als Grundlage für eine informierte Abstimmung benötigen. Die Auswahl der betroffenen Gläubiger überlässt § 8 dem Schuldner, worin der große – und eben ressourcenschonende – Unterschied zum alle(s) erfassenden Insolvenzverfahren liegt. Was diesen Gläubigern abverlangt wird, in welchem Maße und Umfang also in ihre Rechtsstellung eigegriffen werden soll, ist sodann im gestaltenden Teil, § 7, anzuführen. Hierzu zählen auch eventuelle Änderungen der sachenrechtlichen Verhältnisse, § 13.

Die planbetroffenen Gläubiger sind überdies in **Gruppen** einzutei- 9
len, was für die Abstimmung über den Plan von essentieller Bedeutung

ist. Gemäß § 9 I sind dabei, wenn einschlägig, bestimmte Gruppenformationen obligatorisch, ansonsten herrscht hier aber große Gestaltungsfreiheit. Der für das Insolvenzrecht der InsO im Ausgangspunkt zentrale Grundsatz der Gläubigergleichbehandlung (*par condicio creditorum*) gilt beim Restrukturierungsplan nur eingeschränkt, nämlich nur innerhalb der Gruppen, nicht auch zwischen den Gruppen, § 10: Den Finanzgläubigern kann also beispielsweise etwas anderes abverlangt werden als den Lieferanten.

2. Angebot und Annahme des Restrukturierungsplanes

10 Indem die §§ 17 ff. von Angebot und Annahme sprechen und sich somit bewusst an die Dogmatik der §§ 145 ff. BGB anlehnen, macht das Gesetz deutlich, dass man im Rahmen der dem StaRUG unterfallenden Restrukturierungen nach wie vor im Vertragsrecht verankert ist, während das Insolvenzrecht lediglich Mechanismen zur erleichterten Erzielung des Vertragsschlusses zur Verfügung stellt.

11 Der vom Schuldner unterbreitete Plan, der entweder dem entsprechen kann, den der Schuldner seinen Gläubigern bereits im Falle der oben angesprochenen Vorverhandlungen zur Annahme gestellt hat und dabei gescheitert ist, oder den er anschließend noch angepasst oder verändert hat, muss nicht nur die vorbeschriebene Struktur aufweisen, sondern auch noch den Anforderungen des § 17 entsprechen. Ist das der Fall, muss der Schuldner den betroffenen, also den von ihm ausgewählten Gläubigern, eine Annahmefrist von regelmäßig 14 Tagen (sofern der Schuldner elektronische Teilnahme ermöglicht: 7 Tage, § 20 II) einräumen, § 19. Alternativ kann der Schuldner, § 20, oder auch ein Gläubiger, § 21, eine Versammlung der Betroffenen einberufen, in der unter Vorsitz des Schuldners über den Plan diskutiert, er verändert, s. § 20 IV, und über ihn gegebenenfalls auch abgestimmt wird. All das muss minutiös dokumentiert werden, § 22, um nur ja nicht eine eventuell nachträglich erforderliche gerichtliche Bestätigung zu gefährden, § 63 III.

12 Sofern bei der Abstimmung Einstimmigkeit erzielt wird, liegt auch hier wieder ein Vertragsschluss vor, der sämtliche Parteien gemäß dem Grundsatz des *pacta sunt servanda* bindet. Nur wenn das nicht der Fall ist, aber doch nur eine Minderheit (dazu unten Rn. 13) das Angebot nicht angenommen hat, kann der Schuldner den nachfolgend zu beschreibenden Weg wählen, unter Einbeziehung des Gerichts (und gegebenenfalls eines Restrukturierungsbeauftragten) eine Annahme herbeizuführen, bei der auch die dissentierenden Gläubiger an den Plan gebunden sind.

3. Technische Details

§ 24 präzisiert die in der praktischen Anwendung eminent wichtige Frage des Stimmrechts, deren Beantwortung sich dem Grundsatz nach an dem nominellen Wert der Forderung oder Sicherheit orientiert. Das ist deswegen so wichtig, weil § 25 die gleichsam juristische Magie regelt, ab wieviel Zustimmung von Seiten der Betroffenen der Plan als angenommen gelten kann – platt formuliert: wieviele Jas benötigt man für einen allseits bindenden Vertrag, um die Neins ignorieren zu dürfen oder können? Hier kommen durch § 25 wieder die Gruppen, § 9, ins Spiel, in die der Schuldner die Gläubiger eingeteilt hat. Gemäß § 25 müssen in jeder Gruppe mindestens **75% der Gruppenmitglieder** (also nicht nur der an der Abstimmung beteiligten) zustimmen, um als Ja-Stimme dieser Gruppe gelten zu können.

Wenn alle Gruppen auf diese Weise ein „ja" abgegeben haben, kommt eine bindende Vereinbarung dadurch zustande, dass das Gericht den Plan bestätigt. Was die Voraussetzungen dafür sind, wird unten (Rn. 33 ff.) noch vorzustellen sein. Die gerichtliche Kontrolle kompensiert damit also die fehlende Einstimmigkeit (sofern einzelne Gruppenmitglieder innerhalb der Gruppenabstimmung mit „nein" votiert haben).

Es geht aber mit der bindenden Wirkung noch einen Schritt weiter! Wenn nicht einmal alle Gruppen mit „ja" gestimmt haben, erlaubt § 26 dann sogar noch eine gruppenübergreifende Mehrheitsentscheidung, gern auch *cross-class cram-down* genannt. Da wird also nicht nur das „nein" eines einzelnen Gläubigers beiseitegeschoben, sondern es wird das „nein" einer ganzen Gruppe in ein „ja" umgedeutet. Dass das nicht so ohne weiteres möglich sein kann, wird jedem einleuchten. So müssen denn auch die drei kumulativ erforderlichen Voraussetzungen vorliegen, die in § 26 I aufgelistet sind. Aus Nr. 2 dieser Liste ergibt sich die Notwendigkeit der angemessenen Beteiligung dieser ihre Stimme versagenden Gläubiger an dem wirtschaftlichen Wert des avisierten Planes (Planwert).

Was unter dem Planwert zu verstehen ist, leuchtet in der Theorie schnell ein, bereitet aber in der praktischen Umsetzung immer wieder erhebliche Schwierigkeiten. § 27 hilft dabei, indem sie die sog. *absolute priority rule* für maßgeblich erklärt. Vereinfacht gesagt, bekommt nach dieser absoluten Priorität ein Gläubiger erst dann etwas, wenn er gleich behandelt wird wie alle Gläubiger seines Ranges, § 27 I Nr. 3. Das mit dem Rang bezieht sich auf eine Fiktion: Man muss so tun, als befände man sich in einem Insolvenzverfahren; da gibt es, wie noch weiter unten zu zeigen sein wird, Rangstufen zwischen den Gläubigern. Sie sind entscheidend dafür, wann bzw. ob man was bekommt bei der

Verteilung der Masse. Das ist erst dann der Fall, wenn die über einem selbst stehende Rangklasse zu 100% befriedigt ist. Diese fingierten Berechnungen sind nicht einfach; § 28 mildert die Schwierigkeiten der § 27 I Nrn. 3 und 2 ein wenig ab, indem es die dann noch einmal komplexere Möglichkeit einer relativen Priorität erlaubt – zumindest unter den dort genannten Umständen. Da kann man also bereits dann etwas bekommen, wenn die höhere Rangklasse noch nicht komplett befriedigt ist.

4. Zwischenergebnis

17   Für diesen in seiner Komplexität hier nur angedeuteten Weg hin zu einer erfolgreichen Abstimmung über den vom Schuldner vorgelegten Restrukturierungsplan gibt es keinen Zwang. Wenn er sich sicher ist, dass er ein einstimmiges Votum von seinen Gläubigern erlangen wird, kann der Schuldner all diese Komplikationen ignorieren. Wann aber kann man denn hinsichtlich des Abstimmungsverhaltens seiner Gläubiger sicher sein?

18   Falls auch nur einer widerspricht, benötigt der Plan zu seiner Bindungswirkung die Beteiligung des Restrukturierungsgerichts. Das ist nicht nur für die Planbestätigung, sondern auch noch für weitere Unterstützungswerkzeuge der Planerstellung zuständig.

II. Der Werkzeugkasten

19   Wie bei allen juristischen Verfahren müssen bestimmte Voraussetzungen erfüllt sein bzw. werden, um zu dem gewünschten Ergebnis kommen zu können. Bevor also die vier Werkzeuge erläutert werden, müssen zunächst bestimmte Formalien gesehen und verstanden werden, wobei insbesondere der Restrukturierungsberater eine bedeutsame Rolle spielt.

1. Formalien

20   § 29 listet die vier verbliebenen Werkzeuge auf, nachdem gleichsam auf den letzten Metern das von der zugrundeliegenden Richtlinie (EU) 2019/1023 an sich zusätzlich vorgesehene Instrument der Vertragsbeendigung aus dem Gesetzesentwurf gestrichen worden war. Mit Hilfe dieser vom Schuldner in nahezu beliebiger Kombination verwendbaren Werkzeuge kann er die Annahme seines Restrukturierungsplanes zu verwirklichen versuchen. Freilich geht das nur in Gestalt eines Verfah-

rens – denn es ist ja nunmehr das Gericht immer in die Restrukturierungssache involviert.

a) Anzeige

Die Restrukturierungssache, s. § 31 III, beginnt damit, dass der die 21
Voraussetzungen des § 30 erfüllende Schuldner dem Restrukturierungsgericht gegenüber anzeigt, dass er die Restrukturierungsinstrumente – jetzt oder demnächst, § 31 IV – in Anspruch zu nehmen beabsichtigt. Diese Anzeige muss den **formalen Anforderungen des § 31 I und II** genügen, setzt also durchaus intensive Vorbereitung und Beschäftigung voraus. Dass er in diesem Zusammenhang auch Mitteilung darüber zu machen hat, ob nach dem beabsichtigten Plan KKMUs (Kleinst-, Klein- und mittlere Unternehmen) betroffen sein sollen oder ob ein *cross-class cram-down* zu erwarten ist, hängt mit der Notwendigkeit der Bestellung eines Restrukturierungsbeauftragten zusammen (Rn. 29). Eine derzeit besonders umstrittene (mit dem OLG Stuttgart aber zu verneinende, NZI 2024, 832) Frage stellt es dar, ob der Geschäftsführer einer GmbH von den Gesellschaftern eigens ermächtigt sein muss, um eine wirksame Anzeige machen zu können.

Zu den unmittelbaren Folgen der Anzeige durch den Schuldner zählt 22
zunächst einmal, dass damit die Rechtshängigkeit der Restrukturierungssache hergestellt ist, § 31 III. Die Anzeige hat ihrerseits zur Folge, dass das Gericht nach Maßgabe des § 33 seine eigene Zuständigkeit überprüft bzw., ob etwa einer der in § 33 I und II aufgelisteten Gründe dafür bestehen, die Restrukturierungssache aufzuheben.

Eine weitere Folge der Anzeige besteht darin, dass der Schuldner in 23
das ziemlich strikte **Pflichten- und Haftungskorsett** der §§ 32, 43 gesteckt wird. Auf der anderen Seite ist die Pflicht eines Schuldners, gemäß § 15a InsO (s. § 3 Rn. 89) mit Eintritt eines Insolvenzgrundes nach den §§ 17 bzw. 19 InsO einen Insolvenzantrag beim Insolvenzgericht stellen zu müssen, ersetzt durch die (straf- und schadensersatzbewehrte) Pflicht einer Anzeige dessen beim Restrukturierungsgericht, § 42. Der Unterschied zwischen Antrag dort und Anzeige hier besteht darin, dass das Restrukturierungsverfahren gleichwohl noch weitergeführt werden kann, § 33 II 1, wenn das nach Einschätzung des Gerichts im besseren Interesse der Gläubiger zu sein scheint.

Eine schließliche Folge der Anzeige bzw. Rechtshängigkeit (neben 24
§ 89) ist, dass § 44 sog. *ipso-facto Klauseln* die Wirksamkeit entzieht. Dabei handelt es sich um sehr weit verbreitete Vertragsklauseln, hierzulande auch Lösungsklauseln genannt (§ 3 Rn. 171), die eine automatische (oder sonstwie herbeizuführende) Vertragsbeendigung vorsehen, wenn bestimmte Ereignisse eintreten; ein besonders prominentes dieser

Ereignisse ist natürlich die Eröffnung eines Insolvenzverfahrens, oder aber die Einleitung eines Insolvenzvermeidungsverfahrens.

b) Restrukturierungsgericht

25 § 34 stellt diese neue Gerichtskategorie vor, die insofern ein begrüßenswertes Novum enthält, als hier eine Gerichtskonzentration direkt und unverrückbar angeordnet ist. Aus den 192 Insolvenzgerichten Deutschlands (viele von ihnen haben pro Jahr vielleicht 3–5 Fälle, so dass kein Richter dort wirklich Insolvenzexpertise entwickeln kann), sind 24 ausgewählt, die ausschließlich, vgl. § 12 ZPO, zuständig sind für Restrukturierungssachen. Wie das Insolvenzgericht ist das Restrukturierungsgericht damit auch eine **Abteilung eines Amtsgerichts**.

26 Was die örtliche Zuständigkeit anbelangt, knüpft § 35 primär an die §§ 12, 13, 17 ZPO, sekundär an Art. 3 I der unten kurz vorzustellenden EuInsVO (§ 4 Rn. 23 ff.) an. Der Grund für Letzteres ist die Möglichkeit einer automatischen Anerkennung eines Restrukturierungsverfahrens in allen Mitgliedstaaten der EU. Das ist natürlich bei grenzüberschreitenden Fällen ein erheblicher Vorteil – und besonders aktuell bei konzernverbundenen Unternehmen. Für diese gilt als eine Art Erfahrungssatz, dass die Insolvenz eines der Unternehmen die der anderen wie einen Dominoeffekt auslöst.

27 Die Konzernverbundenheit gibt es freilich nicht nur grenzüberschreitend, sondern auch im Inland. Dafür ist sogar in § 37 eine eigene Zuständigkeit für alle Konzerngesellschaften vorgesehen, um mit dieser prozeduralen Zusammenlegung eine erleichterte Durchführung der Restrukturierungen zu ermöglichen.

28 Ganz auf dieser Linie der Restrukturierungsförderung liegt die durch § 36 angeordnete Dauerzuständigkeit des erstbefassten Richters, aber auch die amtswegige Ermittlungspflicht nach § 39, die an sich nicht recht zu der gemäß § 38 grundsätzlich anwendbaren ZPO passt.

c) Restrukturierungsbeauftragter

29 Eine der großen Anreize für die Nutzung des StaRUG liegt darin, dass der Geschäftsführer in seinem Amt bleibt und nicht durch eine ihm vom Gericht vor die Nase platzierte Person ersetzt wird. Die sog. Eigenverwaltung gibt es zwar auch im Insolvenzverfahren (s. unten § 3 Rn. 231 ff.), ist dort aber mit größeren Ungewissheiten behaftet. Und doch geht es auch im Restrukturierungsrecht nicht ganz ohne Kontrolle. Der damit angesprochene Restrukturierungsbeauftragte erfüllt eine umfassendere Funktion als der oben bereits erwähnte Sanierungsmoderator der §§ 94 ff., wobei zwischen den Bestellungsmodalitäten zu unterscheiden ist. Es gibt Fälle, in denen seine Bestellung obligatorisch ist, §§ 73 ff., solche, in denen er nur auf Antrag des Schuldners einbezogen wird, §§ 77 ff., und solche ohne Beauftragten.

Was die erste Kategorie anbelangt, so bestellt das Gericht von Amts 30 wegen, § 73, eine natürliche Person zum Beauftragten, wobei es bei der Auswahl nach näherer Maßgabe des § 74 II den schuldnerischen Vorschlag zu einer bestimmten Person berücksichtigt oder gar befolgen muss. Voraussetzung der obligatorischen Bestellung ist, wie schon oben (Rn. 21) angedeutet, dass der mit der Anzeige unterbreitete Planentwurf etwa vorsieht, dass KKMUs oder Verbraucher als Betroffene einbezogen sein sollen, oder dass mit einem *cross-class cram-down* zu rechnen sein wird, oder dass ein sonstiger der in § 73 I, II und III erwähnten Gründe vorliegt. Die Stellung dieses Restrukturierungsbeauftragten ist sehr eng an die eines weiter unten (§ 3 Rn. 50 ff.) zu beschreibenden Insolvenzverwalters angelehnt; wie dieser steht er etwa unter der Aufsicht des Gerichts, und wie dieser haftet er persönlich für Schäden aus Pflichtverletzungen, § 75 I und IV. Was seine Pflichten sind, ergibt sich aus § 76, die je nach Bestellungsgrund, Abs. 2, oder Schutzmechanismus, Abs. 3, variieren können.

Liegt keiner der in § 73 genannten Bestellungsgründe vor, ist es 31 dem Schuldner (gegebenenfalls auch den Gläubigern) überlassen, gleichwohl einen solchen bestellen zu lassen. Aus § 79 ergibt sich, dass man diesen Schritt wohl dann gehen wird, wenn Verhandlungen im „Schatten des Restrukturierungsgerichts" nicht mehr möglich sind, wenn also die Anzeige nach § 31 bereits abgegeben worden ist; denn die Aufgaben dieses Beauftragten decken sich weitgehend mit denen des Sanierungsmoderators nach § 96. Zu seiner Position s. § 78.

Die §§ 80 ff. spielen für die Praxis eine eminent wichtige Rolle. Die 32 Auslegung dieser Vergütungsvorschriften dürfte zu einem nicht unerheblichen Teil dazu beitragen, ob dem StaRUG im Rechtsleben Erfolg beschieden ist oder nicht.

2. Gerichtliche Planbestätigung

Die Planbestätigung wird unbeschadet ihrer Positionierung im Ge- 33 setz deswegen hier an erster Stelle genannt, weil sie das wichtigste Instrument sein dürfte. Sie nämlich macht aus dem nur mehrheitlich konsentierten – und damit nach allgemeinen vertragsrechtlichen Grundsätzen unverbindlichen – Plan (Vertragsvorschlag) ein alle Beteiligten bindendes Regelungswerk.

Gemäß § 60 kann der Schuldner wählen, wann er den Plan bestätigt 34 haben will; er kann das auch erst während eines eventuell im Rahmen der nachfolgend thematisierten gerichtlichen Planabstimmung anberaumten Erörterungs- und Abstimmungtermin beantragen. Er wird einen solchen Antrag aber auch gar nicht stellen, wenn bei dieser (oder, wenn sie noch vor jeglicher Gerichtsbeteiligung, also in dem oben angesprochenen Schatten des Restrukturierungsgerichts erfolgten) Abstimmung Einstimmigkeit erzielt worden ist; denn dann ist die Vereinbarung ohnedies für alle bindend gemäß den §§ 145 ff. BGB.

35 Wenn aber auch nur ein Gläubiger nicht zugestimmt hat, bedarf es der gerichtlichen Bestätigung. Wie sich aus § 63 III ergibt, wird danach differenziert, in welchem Kontext die Abstimmung über den Plan erfolgt ist. Geschah das in besagtem Schatten des Restrukturierungsgerichts und nicht unter dessen Ägide, gehen Unklarheiten, Ungenauigkeiten und Abweichungen von dem gesetzlich aufgezeigten Weg, §§ 2–28, zu Lasten des Schuldners. Im Umkehrschluss heißt das, dass der unter gerichtlicher Leitung durchgeführte Abstimmungsprozess einen sichereren Weg hin zum erstrebten Plan darstellt.

36 Gleichwohl überprüft das Gericht in jedem Fall von Amts wegen, gegebenenfalls nach Anhörung der Betroffenen, § 61, ob einer der in § 63 aufgelisteten Versagungsgründe vorliegt, bevor es sich verneinendenfalls zu einer Bestätigung entschließt. Aus § 66 ergeben sich die Einzelheiten zu der möglichen Rechtsbeschwerde auch einzelner Betroffener gegen die Bestätigung, s. dazu auch Abs. 2, bzw. deren Versagung.

37 Zu den Wirkungen des bestätigten Planes s. unten Rn. 48 f.

3. Gerichtliche Planabstimmung

38 Wenn man sich den soeben schon erwähnten § 63 III noch einmal vergegenwärtigt und dessen Aussage in Relation setzt zu dem wirklich nicht einfachen Weg hin zu einem hieb- und stichfesten Abschluss eines Planverfahrens, wird wahrscheinlich, dass viele restrukturierungswillige Schuldner das Instrument der gerichtlichen Planabstimmung, §§ 45 f., wählen werden – vermutlich gleich in Verbindung mit dem Antrag auf Bestätigung für den Fall, dass es bei der Abstimmung Nein-Stimmen geben sollte.

39 Auf einen entsprechenden Antrag hin setzt das Gericht für die Betroffenen einen **Termin** fest, an dem der Plan erörtert werden und anschließend über ihn abgestimmt werden soll, § 45. Die Gläubiger werden in der Ladung darauf hingewiesen, dass Termin und Abstimmung auch ohne ihre Anwesenheit durchgeführt werden können. Beides findet unter der Leitung des Gerichts statt, § 45 IV. Um die Erfolgschancen zu vergrößern, kann der Schuldner gemäß § 46 eine (von der Vorprüfung des § 47 zu unterscheidende) Vorprüfung des Planes

insgesamt oder einzelner Teile davon beantragen. Die Initiative dazu kann allerdings auch einmal vom Gericht selbst ausgehen, § 46 III.

4. Vorprüfung

Auch wenn der Schuldner das vorbeschriebene Instrument der gerichtlichen Planabstimmung nicht in Anspruch nehmen will, kann er gerichtliche Hilfe in Gestalt der §§ 47 f. in Anspruch nehmen, um einen Hinweis von Seiten des Gerichts zu erhalten, wie es eine bestimmte, für die gerichtliche Bestätigung erforderliche Problematik (Frage) beurteilt. Das Gesetz setzt den Richter mit § 48 II zwar unter Zeitdruck für seine Antwort, aber es statuiert nicht, dass das Gericht an seine eigene Interpretation bei einer anschließenden Bestätigung des Planes gebunden wäre; das wird man wohl aus der Entscheidungsform „Hinweis", § 48 II, erschließen müssen, für die der § 318 ZPO nun einmal nicht gilt, § 38. **40**

5. Stabilisierung

Während die vorerwähnten Instrumente alle unmittelbar auf das Zustandekommen des Planes ausgerichtet sind, und nachdem ganz am Schluss des ohnedies blitzschnell verlaufenen Gesetzgebungsverfahrens noch das in der Richtlinie an sich anempfohlene Instrument der Vertragsauflösung ersatzlos gestrichen worden war, stellt das Instrument der Stabilisierung (ein anderes, ungleich gebräuchlicheres Wort dafür ist ‚**Moratorium**') nach den §§ 49 ff. das einzige flankierende Schutzmittel (neben der Ausschaltung von ipso-facto Klauseln, § 44) dar. Bei diesem geht es darum, die Restrukturierungsbemühungen nicht dadurch konterkarieren zu lassen, dass Gläubiger im Wege der Zwangsvollstreckung das Vermögen des Schuldners „filetieren". Um das zu verhindern, kann der Schuldner eine Vollstreckungs- oder, wenn die Dinge in der Zwangsvollstreckung bereits weiter vorangeschritten sind, eine Verwertungssperre beantragen, § 49. **41**

In dem (besser nicht leichtfertig zu stellenden, s. die Haftungsnorm des § 57) Antrag ist gemäß § 50 anzugeben, gegen welche(n) Gläubiger sich diese Maßnahme richten soll. Daraus folgt, dass auch einmal eine allgemeine Sperre in Frage kommen kann. Auch hier genügt natürlich nicht allein der Antrag, sondern zum Erlass einer Stabilisierunganordnung kommt es erst und nur, wenn das Gericht die in § 51 aufgezählten Ablehnungsgründe geprüft und positiv verbeschieden hat. **42**

Die Sperre wird üblicherweise für **drei Monate** angeordnet, § 53, – beachte, dass Banken von Gesetzes wegen Forderungen als gefährdet behandeln müssen, wenn ein Verzug von 90 Tagen vorliegt –, kann **43** aber auch mal um einen weiteren Monat verlängert werden, §§ 53 II, 52.

44 Folge der Anordnung ist nach § 54, dass der Schuldner dem betroffenen Gläubiger(n) Ersatz für eventuellen Wertverlust in Gestalt von laufenden Zahlungen zu zahlen hat. Dafür schränkt § 55 die nach allgemeinem Vertragsrecht bestehenden Zurückbehaltungs- und Kündigungsrechte der betroffenen Gläubiger ein, und § 58 nimmt ihnen das ansonsten nach den §§ 13, 14 InsO eingeräumte Recht zur Stellung eines Insolvenzantrags gegenüber dem Schuldner.

45 Wegen dieser nicht unbeträchtlichen Einschränkung der Rechte der Gläubiger ist verständlich, dass § 59 eine recht ausführliche Liste von Gründen enthält, aufgrund derer das Restrukturierungsgericht eine Stabilisierungsanordnung aufheben bzw. beenden kann.

6. Antrag auf Veröffentlichung

46 Aus den §§ 84 ff. ergibt sich eine Besonderheit, deren Tragweite und praktische Bedeutsamkeit man erst richtig ermessen kann, wenn man sich ein wenig mit dem grenzüberschreitenden Insolvenzrecht beschäftigt hat (das werden wir unten, in § 4, tun). Deswegen hier nur der formalistische Hinweis darauf, dass es dem Schuldner anheimgestellt ist, ob er das von ihm eingeleitete Verfahren auf die ansonsten für gerichtliche Verfahren übliche Weise veröffentlicht haben will oder nicht. Der Vorteil für letzteres besteht darin, dass der Restrukturierungsversuch, der von einigen ja durchaus als wirtschaftliches Schwächezeichen und damit als Alarmsignal angesehen werden kann, nicht an die breite Öffentlichkeit dringt.

47 Der Vorteil einer Veröffentlichung besteht demgegenüber darin, dass über die Europäische Insolvenzverordnung eine einmal rechtshängig gemachte Restrukturierungssache ohne weitere Zwischenschritte im gesamten Bereich der EU-Mitgliedstaaten die hier beschriebenen Wirkungen entfaltet. Der Schuldner sollte sich also Gedanken darüber machen, was er mit dem Plan erreichen will, und wie er sein Ziel am besten erreichen kann.

III. Wirkungen des bestätigten Planes

48 Wenn ein Plan das vorbeschriebene Verfahren erfolgreich durchlaufen hat und vom Gericht schließlich bestätigt worden ist, ergibt sich aus den §§ 67 ff., welche Wirkungen er dann entfaltet. Da ist zunächst einmal der gestaltende Teil des Planes, § 7, dessen dort vorgesehenen Rechtsgestaltungen von diesem Moment an wirksam sind; es sind dann also beispielsweise die Forderungen der Gläubiger der ersten Gruppe um 30% reduziert und die Fälligkeit der Forderungen der Gläubiger der zweiten Gruppe um ein Jahr verlängert, etc. Es gelten auch Willenserklärungen als abgegeben, und es treten sachenrechtliche Veränderungen ein, § 68.

Darüber hinaus wirkt die Eintragung eines Gläubigers in den Plan **49** wie ein Titel gemäß §§ 704, 794 ZPO; in Verbindung mit einer Vollstreckungsklausel kann also vollstreckt werden. Sofern im Plan vorgesehen, kann es außerdem noch dazu kommen, dass der Restrukturierungsbeauftragte die Durchführung der nach dem gestaltenden Teil des Planes eventuell vorgesehenen Handlungen oder Maßnahmen überwacht, § 72. Und § 90 schließlich schränkt (s. auch § 89) die Anfechtbarkeit nach den §§ 129 ff. InsO (§ 3 Rn. 172 ff.) bestimmter, im Rahmen des Planvollzugs vorgenommener Rechtshandlungen ein.

Testfragen zu § 2

1. Welche Voraussetzugen muss ein Schuldner erfüllen, um das StaRUG nutzen zu können?
2. Welche Frühwarnindikatoren kennen Sie aus anderen Gesetzen?
3. Welche Rolle spielt der Restrukturierungsbeauftragte nach dem Gesetz?
4. Was spricht aus der Perspektive eines Schuldners für ein „geheimes", was für ein öffentliches Restrukturierungsverfahren?

§ 3. Nationales Insolvenzrecht

Die Insolvenzordnung normiert in den §§ 1–334 (nachfolgend ist immer die InsO gemeint, wenn nicht anders angegeben) diejenigen Insolvenzverfahren, die sich innerhalb der Grenzen Deutschlands abspielen. Das ist regelungstechnisch sehr erfreulich, weil damit das Insolvenzrecht in einem Gesetz komprimiert ist; es gibt Länder, die haben für Insolvenzen stattdessen bis zu fünf verschiedene Gesetze.

Zur Darstellung des geltenden Rechts werden zunächst die maßgeblichen Akteure, Institutionen und Begriffe eines Insolvenzverfahrens vorgestellt. Das sind der Schuldner (I.), die Gläubiger (II.), das Insolvenzgericht (III.), der Insolvenzverwalter (IV.), die Insolvenzeröffnungsgründe (V. 1), die Antragsnotwendigkeit (V. 2) und der Vermögensbeschlag (VI.). Im Anschluss daran werden in den Abschnitten VII.–XII. der Ablauf eines regulären Insolvenzverfahrens und in Abschnitt XIII. das Verbraucherinsolvenzverfahren sowie einige weitere Sonderverfahren beschrieben.

I. Schuldner

Die Frage, wer denn überhaupt als Schuldner eines Insolvenzverfahrens in Betracht kommt, scheint auf den ersten Blick leicht beantwortet werden zu können. Das ist auch im Hinblick auf die §§ 11 und 12 eine durchaus zutreffende Einschätzung. Und doch zeigen sich bei genauerer Betrachtung auch hier Probleme.

1. Natürliche Personen

Zunächst einmal ist dem deutschen Insolvenzrecht schon seit langem die Besonderheit zu eigen, dass es gemäß § 11 I einschränkungslos sämtliche **natürliche Personen** seinem Regelungsregime unterwirft. Einen allein auf kaufmännisch tätige natürliche Personen beschränkten Anwendungsbereich des Insolvenzgesetzes kennt das deutsche Recht im Gegensatz zu den meisten romanischen Rechten (allen voran Frankreich) nicht, s. jetzt aber oben § 2 Rn. 6 zu § 30 StaRUG.

Gleichwohl zieht es eine Trennlinie, nämlich in § 304. Sie entscheidet darüber, ob die in Frage stehende natürliche Person dem Verbrau-

cherinsolvenzverfahren unterfällt (dazu unten Rn. 284 ff.) oder dem sog. Regelinsolvenzverfahren. Sofern die natürliche Person
- eine **selbständige Tätigkeit** ausübt oder ausgeübt hat und
- ihre **Vermögensverhältnisse nicht ganz überschaubar** (s. Abs. 2) bzw. **Forderungen aus einem Arbeitsverhältnis gegen sie gerichtet** sind,

finden auf ihre Insolvenz die allgemeinen Vorschriften der §§ 1–303 Anwendung. Von ihnen ist nachfolgend die Rede. Im Hinblick auf die §§ 315 ff. ist aber noch hervorzuheben, dass auch ein Erbe einmal Schuldner eines Nachlassinsolvenzverfahrens sein kann; das ist dann der Fall, wenn der Erbe die in den §§ 1975, 1980 BGB vorgesehene Haftungsbeschränkung auf den Nachlass erreichen will. In Anbetracht der durchgängig eingehaltenen Tradition des deutschen Rechts, Rechtsobjekte einem Rechtssubjekt zuzuweisen, wird man die etwas kryptische Formulierung des § 11 II Nr. 2 nicht als die Deklaration der Insolvenzfähigkeit des Nachlasses als solchen verstehen dürfen, sondern nur als Klarstellung, dass nur ein Vermögensteil des Erben – nämlich der Nachlass – dem Verfahren unterfällt.

2. Juristische Personen des Privatrechts und Gesellschaften ohne Rechtspersönlichkeit

7   Die vom Recht eingeräumte Möglichkeit, das Risiko wirtschaftlichen Scheiterns auf einen Teil seines eigenen Vermögens zu beschränken, indem man sich eine **virtuelle – eben juristische – Person** zulegt und mit ihrer Hilfe nur diesen beschränkten Vermögensteil dem Insolvenzrisiko aussetzt, bildet den besonderen Bezugspunkt des Kapitalgesellschaftsrechts zum Insolvenzrecht. Jede juristische Person des Privatrechts ist mithin gemäß § 11 I insolvenzfähig.

8   Während dies keine Neuerung gegenüber dem alten Recht darstellt, ergab sich eine solche aus § 11 II 1. Dort sind nämlich rechtsfähige Personengesellschaften aufgelistet, die insolvenzfähig sind. Das war bei der OHG und KG schon immer so, und seit 1999 wurde (neben weiteren Gesellschaftsformen) dann auch die **Gesellschaft bürgerlichen Rechts** (GbR) ausdrücklich miteinbezogen. Damit hat eine Entwicklung ihren Abschluss gefunden, die sich schon vor dem Inkrafttreten der InsO angebahnt hatte und die den modernen wirtschaftlichen Gegebenheiten Rechnung trägt. Waren die §§ 705 ff. BGB ursprünglich bspw. für die Kammermusikrunde oder die gemeinsam geplante und durchgeführte Fahrt in die Ferien konzipiert, hatten sich die tatsächlich gravierenden Probleme dieses Rechtsinstituts im Laufe der letzten Jahrzehnte aus den diversen Wirtschaftskonstellationen wie

ARGEn, Kartellen oder Sozietäten ergeben. Damit stellt die nunmehr erfolgte Anerkennung der Insolvenzfähigkeit der GbR eine Anpassung an die heutige Wirtschaftsrealität dar. Der bislang letzte Schritt auf diesem Weg stellt die Gewährung einer eigenen Rechtsfähigkeit für die GbR dar, die das MoPeG von 2024 in § 705 II und III BGB zuerkennt.

3. Konzerne

Es gibt eine Vielzahl von Gründen, die es für Gesellschaften attraktiv machen, sich zu einem Verbund zusammenzuschließen, um aus dieser Synergie wirtschaftliche, steuerliche oder sonstige Vorteile zu erzielen. Gesellschaftsrechtlich handelt es sich bei einem derartigen Verbund regelmäßig um einen Konzern. Die Praxis zeigt vielfach, dass die in dem Konzern zusammengefassten Gesellschaften (in der Insolvenzordnung „gruppenangehörige Schuldner" genannt) ganz besonders eng zusammengefasst sind – man denke etwa nur an das weit verbreitete cash pooling, bei dem eine Gesellschaft die Finanzangelegenheiten jedes der anderen Konzernmitglieder abwickelt. So vorteilhaft eine derartige Verzahnung auch sein mag, sie führt regelmäßig dazu, dass dann, wenn ein Konzernmitglied ins Straucheln – und damit in die Insolvenz – gerät, die anderen wie Dominosteine mitgerissen werden. Hier stellt sich die Frage, wie das Insolenzrecht darauf reagieren soll. Soll es, wie das der Insolvenzordnung in der Tat vorschwebt, die zuvor noch bestehende wirtschaftliche Einheit ignorieren und die Einzelteile, also die Konzernmitglieder, als das behandeln, was sie rechtlich sind – also als je eigenständige (juristische) Person? Die Praxis hat sich bisher nahezu durchgängig an dieses Gebot gehalten und hat das die Gleichung geprägt: **eine Gesellschaft, eine Insolvenz, ein Verfahren**. 9

Es fragt sich aber, ob das der Weisheit letzter Schluss ist – insbesondere, wenn die wirtschaftliche Einheit des Konzerns im Wege der **Sanierung** (sei es des Unternehmens oder des Unternehmensträgers) angestrebt wird? Während es ja noch angehen mag, bei einer Liquidation den Verkaufsprozess durch verschiedene Personen und Verfahren durchführen zu lassen, ist das bei einer Sanierung des ganzen Konzerns oder enzelner Teile davon deutlich weniger vernünftig. Hierzu ist seit einigen Jahren viel geschrieben worden, und der Gesetzgeber hat darauf reagiert. Zwar wird der Konzern nicht als eine Einheit im Rechtssinne gesehen (das nennt man *substantive consolidation*); doch sind nunmehr Möglichkeiten geschaffen, verfahrenstechnische Verknüpfungen vorzunehmen (sog. *procedural consolidation*) wie etwa einheitlicher Gerichtsstand, vgl. §§ 3a ff. (Rn. 49a), 13a, die Bestellung eines Insolvenzverwalters für alle oder mehrere Verfahren, § 56b, oder doch die Verfahren miteinander abzustimmen, §§ 269a ff. (Rn. 282a). 10

Darüber hinaus gibt es nun auch schon einzelne Durchbrechungen in andere Gruppenmitglieder hinein, vgl. § 223a (§ 2 IV StaRUG).

11 Da die Konzernbildung natürlich nicht an den nationalen Grenzen Halt macht, sondern, ganz im Gegenteil, gerade im grenzüberschreitenden Verkehr gewissermaßen an der Tagesordnung ist – grenzüberschreitende Insolvenzverfahren betreffen nahezu immer Konzerninsolvenzen –, ist es nicht verwunderlich (und verdient auch an dieser Stelle erwähnt zu werden), dass **UNCITRAL** Vorschläge zur Behandlung sog. Konzerninsolvenzen sowohl auf nationaler als auch grenzüberschreitender Ebene ausgearbeitet hat. Und auch die EuInsVO enthält Regelungen über ein derartiges „Konzerninsolvenzrecht".

4. Juristische Personen des öffentlichen Rechts

12 § 12 I erklärt den Bund und die Länder sowie einzelne, vom Landesrecht für „insolvenzresistent" bestimmte juristische Personen des öffentlichen Rechts für nicht insolvenzfähig (etwa § 44 BBankG; § 13 I KredAnstWiAG; § 45 AGGVG). Dieser Ist-Zustand gerät durch die nachhaltig leeren Kassen nicht nur vieler Gemeinden, sondern auch der Länder und gar des Bundes selbst allmählich ein wenig ins Schwanken. Nicht nur, dass es für die verfahrensmäßige Behandlung insolventer Gemeinden Vorbilder gibt – etwa in Gestalt des US-amerikanischen Konkursgesetzes, das für Gemeinden (z.b. New York oder Detroit) ein spezielles Verfahren vorsieht (Chapter 9); auch auf der Ebene der Staatengemeinschaft war etwa der Internationale Währungsfonds (IWF) bemüht, unter besonderem Eindruck der seinerzeitigen argentinischen Krise, eine Art **Insolvenzverfahren für Staaten** (Sovereign Debt Restructuring Mechanism) einzurichten. Zumindest auf der Ebene der Wissenschaft wurde weiterhin an dieser Thematik – besonders unter dem Stichwort **Resolvenzverfahren** – gearbeitet, was anlässlich der von Griechenland ausgehenden Finanzierungskrisen innerhalb der Eurozone mit einem Mal auf großes politisches Interesse gestoßen war.

Testfragen zu Kapitel I

1. Wer ist im insolvenzrechtlichen Sinne Verbraucher?
2. Was bedeutet Insolvenzfähigkeit? Kann über das Vermögen einer GbR ein Insolvenzverfahren eröffnet werden? Über das einer Gemeinde? Über das eines Staates?
3. Warum kann man nicht eine Unternehmensgruppe als Ganzes als insolvenzfähig behandeln?

Natürliche Personen	Juristische Personen des Privatrechts und Gesellschaften ohne Rechtspersönlichkeit	Juristische Personen des Öffentlichen Rechts
§ 11 I 1 Fall 1, II Nr. 2	§ 11 I 1 Fall 2, II Nr. 1	§ 12 I, II
keine Beschränkung auf kaufmännisch tätige natürliche Personen	Gesellschaften ohne Rechtspersönlichkeit sind u.a.: oHG, KG, GbR. Nach § 11 I 2 InsO gehören auch nicht rechtsfähige Vereine zu den juristischen Personen	Ausnahmen: Bund, Länder, vom Landesrecht bestimmte juristische Personen des öffentlichen Rechts

Übersicht 1: Schuldner eines Insolvenzverfahrens

II. Gläubiger

Es wurde bereits darauf hingewiesen, dass das deutsche Insolvenzrecht ausweislich des § 1 das primäre Ziel verfolgt, die Gläubiger (zumindest anteilig) zu „befriedigen" – in Anbetracht des § 362 BGB wohl eher: anteilig am Verlust zu beteiligen. Demnach stellt diese Personengruppe gewissermaßen die zentrale Größe, zumindest aber Ausgangspunkt und Ziel des Insolvenzverfahrens dar. Denn ihre – unbefriedigten – Forderungen sind der (regelmäßige) Auslöser des Verfahrens, und mit dessen Hilfe sollen sie in der finanziellen Krise des Schuldners so gut wie eben noch möglich befriedigt werden. An dieser Stelle findet sich vielfach der Hinweis, dass das Insolvenzverfahren dieses Ziel dadurch zu erreichen versucht, dass es an die Stelle des außerhalb des Insolvenzverfahrens möglichen „Ellenbogen-Einsatzes" zu Gunsten der allein am eigenen Interesse ausgerichteten Befriedigung (Prioritätsprinzip; in den USA nennt man diesen Zustand plastisch „grab race") das Prinzip der Gleichbehandlung, die **par condicio creditorum**, setzt.

Das ist zwar eine im Grundsatz durchaus zutreffende und als mahnendes Gebot an den Gesetzgeber unabdingbare, in der legislativen Praxis aber leicht in die Irre führende Aussage. Man kann nämlich mit ebenso gutem Recht die Feststellung treffen, dass das Insolvenzrecht seit jeher und überall von einem Kampf der Gläubiger um Vorrechte begleitet war und ist. Schon immer haben die Gläubiger versucht, einen speziellen Gegenstand des Schuldners zu bekommen, durch dessen Versilberung sie sich im Notfall möglichst vollständig befriedigen könnten; seit jeher hat sich der Staat für seine Forderungen einen Vorrang (bereits tief in der Rechtsgeschichte etwa als der „Prinzen-Pfennig" oder „Crown's Privilege" bezeichnet) eingeräumt; und seit langem schon stellen viele Insolvenzrechte dieser Welt bestimmte Gläubigergruppen aus sozialpolitischen Erwägungen besser als die anderen (nicht selten steckt dahinter auch massive Lobbyarbeit). Der Grundsatz der Gleichbehandlung der Gläubiger gilt infolgedessen nur für diejenigen Gläubiger, die sich in ein und derselben Befriedigungsrangklasse befinden. Es gibt also sehr wohl eine ganze Reihe von **unterschiedlichen Gläubigerkategorien**, die nachfolgend vorzustellen sind.

14a Vorab aber ist ein kurzer Hinweis auf eine Entwicklung angezeigt, die sich möglicherweise zu einem systemsprengenden Trend verdichtet: Die Rede ist von dem anlässlich der jüngsten Finanzkrise mehrfach beobachteten Paradoxon, dass die modernen Sicherungsmöglichkeiten (Derivate, hier insbesondere Credit-Default-Swaps, CDS; ebenso sog. loan-to-own-Strategien) Gläubigern **Anreize gerade für den Untergang eines Unternehmens** bieten können. Damit sind die traditionellen Verbindungen zwischen Rechtsstellung und Erhaltungsinteresse, zwischen Herrschaft und Haftung gekappt (sog. de-coupling, das es allerdings in den §§ 43, 52 in sehr eng begrenztem Umfang schon seit geraumer Zeit gibt), was potentiell – gerade wenn es, wie heute in wachsendem Ausmaß, als gezielte Strategie eingesetzt wird – erhebliche Auswirkungen auf die künftige Grundstruktur des Insolvenzrechts insgesamt haben könnte (s. auch Rn. 35).

1. Aussonderungsberechtigte Gläubiger

a) Allgemeines

15 Diese in den §§ 47 f. erwähnte Gläubigergruppe ist deswegen an erster Stelle zu erwähnen, weil Gegenstände, auf deren Herausgabe (= **Aussonderung**) ein Gläubiger einen Anspruch hat, im vollstreckungsrechtlichen Sinne gar nicht zum Vermögen des Schuldners gehören. Im Vermögensrecht insgesamt gilt nämlich der Grundsatz, dass den Gläubigern zwar das gesamte Vermögen ihres Schuldners haftet, aber eben auch nur dieses. Mit Ausnahme der unpfändbaren Gegenstände etwa der §§ 811 und 850 ff. ZPO sind die Gläubiger also berechtigt, die Befriedigung ihrer Forderungen aus allen Vermögensgegenständen zu erlangen, die ihrem Schuldner gehören oder zustehen. Im Umkehrschluss heißt das aber zugleich, dass sie Gegenstände, die ihm nicht gehören, unberührt lassen müssen. Tun sie das nicht, gibt es im Recht der Zwangsvollstreckung in Gestalt des § 771 ZPO die Drittwiderspruchsklage, die auf die Freigabe des fraglichen Gegenstandes gerichtet ist.

§ 35 I knüpft an diesen Ausgangspunkt an und definiert dementsprechend als **Insolvenzmasse** das „gesamte Vermögen, das dem Schuldner zur Zeit der Eröffnung des Verfahrens gehört ...". Diese Masse – sie wird weiter unten (Rn. 92 ff.) gesondert darzustellen sein – stellt das den Gläubigern zugewiesene haftende Vermögen dar, das auch als **Soll-Masse** bezeichnet wird. Diese begriffliche Präzisierung erfolgt deswegen, weil der vom Insolvenzverwalter zu Beginn seiner Tätigkeit regelmäßig vorgefundene Ist-Zustand des schuldnerischen Vermögens üblicherweise nicht fein säuberlich zwischen „mein und dein" scheidet. Bspw. hat das soeben insolvent gewordene Unternehmen Fahrzeuge in seinem Fuhrpark, die einem anderen Unternehmen gehören, oder der Verbraucher hat in seinem Haushalt eine ganze Reihe von ausgeliehenen Gebrauchsgegenständen. Folglich muss diese zur Zeit der Verfahrenseröffnung vorgefundene „Ist-Masse" im Laufe des Insolvenzverfahrens um diejenigen Vermögensgegenstände reduziert werden, die dem Schuldner nicht gehören und ihm auch nicht haftungsrechtlich zugewiesen sind. Es ist genau dieser Vorgang der Abschichtung im Rahmen der Transformation des Ist-Zustands hin zum Soll-Zustand, der Aussonderung genannt wird. Gemäß § 48 erstreckt sich dieser Abschichtungsvorgang auch noch darauf, dass der Aussonderungsberechtigte Abtretung des Anspruchs auf die eventuell noch ausstehende Gegenleistung verlangen kann, sofern der Schuldner bzw. der Insolvenzverwalter die betreffende Sache unberechtigterweise veräußert hat. Man nennt das **Ersatzaussonderung**. 16

b) Schuldrechtliche Herausgabeansprüche

Aus der Abschichtungsfunktion erklärt sich auch, warum **§ 47** die Aussonderung nicht nur im Falle eines dinglichen, sondern auch in dem eines persönlichen – also eines rein schuldrechtlichen – Rechts (Anspruchs) zulässt. Zwar stellt § 985 BGB den Prototyp eines dinglichen Anspruchs für eine Aussonderung dar. Doch wenn der Schuldner Gegenstände in seinem Vermögen hat, die er etwa entliehen hat und die infolgedessen seinen Gläubigern nicht als Haftungsmasse zur Verfügung stehen, kann es keinen Unterschied machen, ob der Verleiher Eigentümer des betreffenden Gegenstands ist oder nur ein Besitzer (etwa weil er die Sache von einem Dritten gemietet hat); denn der 17

Zufall, ob man vom Eigentümer oder von einem Nicht-Eigentümer ausleiht, kann für die Befriedigungsberechtigung der Gläubiger keinen Unterschied ausmachen.

18 An dieser Stelle ist allerdings Vorsicht geboten – nicht jeder schuldrechtliche Anspruch berechtigt zu einer Aussonderung. Sonst gäbe es keine Insolvenzgläubiger, und das ganze Insolvenzrecht wäre hinfällig. Das maßgebliche Kriterium, das ein persönlicher Anspruch erfüllen muss, um zur Aussonderung zu berechtigen, besteht darin, dass er **gerade auf Herausgabe** gerichtet ist – wie das etwa in den Fällen der §§ 546, 604 BGB angeordnet ist. Der Gegensatz dazu ist ein auf Verschaffung eines Rechts gerichteter persönlicher Anspruch; ein solcher macht den Gläubiger zum Insolvenzgläubiger, berechtigt also nicht zur Aussonderung. Paradebeispiel hierfür ist der aus einem Kaufvertrag resultierende Anspruch auf Übertragung des Eigentums an der gekauften Sache; hier muss der betreffende Gegenstand erst noch übereignet werden, § 433 I BGB – das Eigentumsrecht (das seinerseits zur Aussonderung berechtigen würde) muss also erst noch verschafft werden.

19 So klar diese Abgrenzung erscheinen mag; es gibt Konstellationen, in denen sie nicht wirklich weiterhilft, weil zusätzliche Erwägungen überlagernd hinzutreten. Ein prominentes Beispiel dafür ist die **Treuhand**, die es bekanntlich in einer eigennützigen und in einer fremdnützigen Variante gibt. Im letzteren Fall gilt hinsichtlich dieser sog. **Verwaltungstreuhand**, dass der Treugeber in der Insolvenz des Treuhänders aussondern kann, sofern dieser kein Besitzrecht mehr hat; in der Insolvenz des Treugebers dagegen gehört das Treugut zu dessen haftender Insolvenzmasse (Besonderheiten gelten allerdings etwa bei § 7e SGB IV). Im Falle der eigennützigen, also der sog. **Sicherungstreuhand** ist mancherlei umstritten; doch ist derzeit einigermaßen geklärt, dass dann, wenn der Treugeber die gesicherte Forderung begleicht oder wenn sonstwie der Sicherungszweck entfallen ist, er das Treugut aus der Ist-Masse des insolventen Treuhänders aussondern darf. Fällt aber der Treugeber in die Insolvenz, so kann der Treuhänder als gesicherter Gläubiger regelmäßig vorzugsmäßige (abgesonderte) Befriedigung verlangen (vgl. § 51 Nr. 1). Freilich ist der Insolvenzschutz in beiden Varianten regelmäßig hinfällig, wenn der Treuhänder sich **treuwidrig** verhalten hat, weil dann das gesamte Treugut regelmäßig als Eigenvermögen des Treuhänders anzusehen sein wird.

2. Gesicherte Gläubiger

20 Wer zu diesen, auch **absonderungsberechtigt** genannten Gläubigern zählt, ist in den **§§ 49–51** aufgelistet. Sie haben gemeinsam, dass ihnen ein Recht auf abgesonderte Befriedigung zusteht. Anders als die

vorerwähnten, aussonderungsberechtigten Gläubiger haben sie das Recht, auf einen Gegenstand zuzugreifen, der grundsätzlich zum haftenden Vermögen des Schuldners gehört. Ihnen steht nämlich an diesem Gegenstand ein Recht auf **vorzugsweise Befriedigung** zu (so die plastische Bezeichnung der vollstreckungsrechtlichen Parallelnorm des § 805 ZPO). Im Krisenfall ist also dieser spezielle Gegenstand vorrangig für die Befriedigung gerade dieses einen Gläubigers reserviert. Bevor nachrangig gesicherte Gläubiger oder überhaupt die anderen, ungesicherten Gläubiger (bzw. der Insolvenzverwalter) darauf zugreifen dürfen, kann sich dieser grundsätzlich erst einmal in toto aus diesem Gegenstand befriedigen (zu den Einzelheiten s. allerdings noch die §§ 165 ff. sowie unten Rn. 252 ff.). In diesem Kontext ist das praktische Bedürfnis und das rechtliche Problem der Übersicherung i.S.d. § 138 BGB zu sehen; dabei geht es um die Frage: Wie viel des schuldnerischen Vermögens darf ein Gläubiger für seine bevorzugte Befriedigung reservieren und dadurch die Befriedigungschancen der ungesicherten Gläubiger entsprechend vermindern?

Reicht allerdings der Erlös zur vollen Befriedigung nicht aus – bspw. weil der Sicherungsgegenstand erheblich an Wert verloren hat –, ist der Sicherungsgläubiger hinsichtlich des noch ausstehenden Restbetrages ungesicherter Gläubiger – vorausgesetzt natürlich, dass er noch eine persönliche Forderung (etwa aus Darlehen) gegen den Schuldner hat (§ 52). Ist der Erlös dagegen größer als die Forderung des gesicherten Gläubigers, kommt der überschießende Betrag in die allgemeine Masse (schließlich handelt es sich um einen Gegenstand aus dem Vermögen des Schuldners) und damit den nachrangig gesicherten bzw. den restlichen Gläubigern zugute. **21**

Diese wenigen Erläuterungen verdeutlichen bereits, dass eine insolvenzfeste Sicherung regelmäßig in Gestalt eines dinglichen Rechts daherkommt, welches dann die oben so bezeichnete Reservierung des betreffenden Gegenstands vornimmt – also etwa Pfandrecht, Sicherungseigentum, Grundschuld, Forderungsabtretung etc. Dies sind die Realsicherheiten. Der Grund für diese Präferenz gerade für dingliche Rechte bei den Kreditsicherheiten liegt in der Definition des Insolvenzgläubigers in § 38: Zu ihnen zählen allein die „**persönlichen Gläubiger**" – also diejenigen, die lediglich einen schuldrechtlichen Anspruch gegen den Schuldner haben. Im Umkehrschluss heißt das also, dass der Gläubiger eines dinglichen Anspruchs eben kein Insolvenzgläubiger ist. Soweit sich demgegenüber das Kreditsicherungsrecht auf Personalsicherheiten – und damit doch wieder auf lediglich persönliche Ansprüche wie etwa bei der Bürgschaft oder einer Garantie – verlässt, verschafft es eine Insolvenzsicherung durch Streuung des **22**

Risikos; sie wirkt nur insoweit, als nicht auch dieser Dritte, der Sicherheitenbesteller insolvent wird.

23 Die Tatsache, dass die Realsicherheiten gemäß dem Voranstehenden insolvenzfest sind, dem gesicherten Gläubiger also zu seiner vorrangigen Befriedigung reserviert bleiben, bezeichnet der Gesetzgeber als **Marktkonformität des Insolvenzrechts**. Damit soll die (bei rechtsvergleichender Betrachtung keineswegs selbstverständliche) Aussage getroffen sein, dass das eröffnete Insolvenzverfahren nicht zu Verzerrungen dessen führen darf, was zuvor in rechtsgeschäftlich einwandfreier Weise vereinbart worden ist. Anderenfalls käme es zu unerwünschten, weil intransparenten strategischen Verhaltensweisen. Wenn also Kredite im allgemeinen Geschäftsleben deswegen billiger werden, weil bzw. insoweit für sie eine Sicherheit bestellt wird, muss das im eröffneten Verfahren zu Gunsten des Gesicherten berücksichtigt werden (zur Durchbrechung dieses Prinzips durch die Aufrechnung s. allerdings unten Rn. 135 ff.). Denn Kreditsicherheiten dienen hierzulande vor allem dem Schutz vor den Gefahren eines Vermögensverlusts in der Insolvenz des Schuldners.

24 Diese Einsicht ist freilich nichts umwerfend Neues: Vielmehr haben die gesicherten Gläubiger auch schon unter der Ägide früherer Konkursgesetze eine entsprechende Vorzugsstellung innegehabt. Sie war dort sogar noch ausgeprägter, weil die Absonderungsberechtigten gemäß dem zunächst berühmten, dann aber immer berüchtigteren § 4 II KO an dem Insolvenzverfahren gar nicht teilzunehmen brauchten. Sie blieben also von der Verfahrenseröffnung völlig unberührt. Das hatte allerdings regelmäßig zur Folge, dass diese Gläubiger mit Hereinbrechen der Krise das ihnen zugewiesene oder reservierte Sicherungsgut an sich nahmen und (mehr oder weniger) in Eigenregie verwerteten – ohne Rücksicht darauf, ob das fragliche Gut vielleicht für eine vorläufige oder gar dauerhafte Fortführung des schuldnerischen Betriebs erforderlich wäre. Um die durch diesen Mechanismus ausgelöste, praktisch unausweichliche Präjudizierung des Verfahrens auf die Liquidation zu unterbinden, hat die Insolvenzordnung **die gesicherten Gläubiger in das Verfahren mit eingebunden**, so dass auch sie sich grundsätzlich nicht mehr unabhängig von der Verfahrenseröffnung Befriedigung verschaffen können. Freilich verlangt die Marktkonformität dann wiederum, dass für die verzögerte Herausgabe bzw. gar die Einbehaltung des Sicherungsgegenstands ein adäquater Ausgleich aus der Masse zu bezahlen ist (§ 172). Anderenfalls würden die ungesicherten Gläubiger einen unberechtigten Vorteil aus dem Verfahren ziehen. Die Einzelheiten werden weiter unten dargestellt (Rn. 252 ff.).

II. Gläubiger 33

3. Massegläubiger

Die Behandlung dieser Gläubigergruppe ist in den §§ 53 ff. geregelt. 25
Darin werden außer den das Gericht, den Verwalter und die Mitglieder
des Gläubigerausschusses betreffenden Verfahrenskosten (§ 54) diejenigen Gläubiger zusammengefasst, die erst nach Eröffnung des Insolvenzverfahrens (bzw. unter bestimmten Umständen auch schon vorher
– zwischen Antragstellung und Eröffnung, vgl. §§ 55 II, 270b III) zu
Gläubigern des Schuldners geworden sind. Wenn also bspw. der Insolvenzverwalter während des Verfahrens zur Fertigstellung der laufenden
Produktion – etwa der Herbstkollektion des insolventen Modehauses –
neue Verträge abschließt, ist es ein Gebot allerschlichtester Rationalität, dass diese Neugläubiger **im Befriedigungsrang** denjenigen Gläubigern **vorgehen**, die diese Position schon vor Verfahrenseröffnung
innehatten. Während sich für diese zuletzt Genannten das allgemeine
Insolvenzrisiko verwirklicht hat, haben die Neugläubiger mit einem
Verwalter kontrahiert bzw. zu tun gehabt, der zwar im Rahmen der
Haftungsverwirklichung, aber doch im Wege verkehrsgeschäftlichen
Gebarens tätig geworden ist. Würde diesen Gläubigern kein Vorrang
eingeräumt, würde schwerlich je irgendjemand irgendwelche Geschäfte
mit einem Verwalter abschließen, und dieser könnte schon gar nicht
einen Schuldner je sanieren.

Gegenüber dem soeben dargestellten Grundprinzip der Masseschul- 26
den stellt es einen gewissen Bruch dar, wenn § 123 II Ansprüchen aus
einem nach Verfahrenseröffnung aufgestellten Sozialplan oder § 55 IV
Steuerschulden den Rang von Masseverbindlichkeiten einräumt. Ersteres
lässt sich nur mit sozialpolitischen Erwägungen rechtfertigen bzw. begründen, letzteres eigentlich mit gar nichts. Diese Feststellung leitet über
zu der nachfolgend kurz zu adressierenden (rechtspolitischen) Frage, ob
es eine Privilegierung von bestimmten Gläubigern geben soll oder gibt.

4. Problem: Privilegierte Gläubiger

Es kann nicht nachdrücklich genug hervorgehoben werden, dass die 27
Insolvenzordnung dem Vorbild Österreichs folgt, indem sie die noch in
der damaligen Konkursordnung reichlich vorhandenen **Vorrechte**
(Privilegien) einzelner Gläubigergruppen **abgeschafft** hat. Für die
Arbeitnehmer (als die üblicherweise Hauptbetroffenen einer Unternehmensinsolvenz) ist das nur deswegen tolerabel, weil der deutsche
Sozialstaat hinreichende Auffangnetze in anderen Gesetzen bereit hält.
Dass aber auch das sog. Fiskusprivileg (also die Selbstbevorzugung des
gesetzgebenden und damit die „Spielregeln" festlegenden Staats) auf

den gleichen Rang wie die allgemeinen Gläubiger zurückgetreten ist, ist nicht nur aus historischer Perspektive von Interesse.

28 Dahinter steckt nämlich auch ein Anliegen, das der Gesetzgeber mit dem Erlass des neuen Gesetzes insgesamt verfolgte: Während sich unter der Ägide der Konkursordnung seit den Ölpreis-Schocks Mitte der Siebziger Jahre eine 75%-Marge von Verfahren verfestigt hatte,, die mangels Masse gar nicht erst eröffnet wurden, sollte das neue Gesetz dazu verhelfen, diese Marge deutlich zu senken; schließlich war eine solche Ausfallquote ein permanentes Mahnmal für die mangelnde Akzeptanz und Funktionstauglichkeit der früheren Konkursordnung.

29 Um die neue Insolvenzordnung vor einem vergleichbaren Schicksal zu bewahren, wurden ein paar Mechanismen (s. etwa § 18 sowie §§ 270 ff.) eingeführt, die zu einer früheren Verfahrenseröffnung führen sollen. Es gilt nämlich die seit jeher und allüberall bestätigte Prämisse, dass **umso mehr Masse vorhanden ist, je früher ein Verfahren eröffnet wird**. Einer dieser Mechanismen besteht darin, dem Fiskus das „Ruhekissen" der zu Zeiten der Konkursordnung noch gewährten, bevorzugten Behandlung zu nehmen. Damit kann er eben nicht mehr, wie früher noch auf Grund der Bevorzugung, mehr oder weniger entspannt zuwarten, ob nicht der Steuerpflichtige vielleicht doch noch seine Schulden begleichen wird. Vielmehr soll, so die Überlegung, der Fiskus nunmehr den Antrag auf Eröffnung eines Insolvenzverfahrens früher stellen, wenn ein Steuerschuldner seinen Verpflichtungen nicht nachkommt. Nachdem er so etwas wie der omnipräsente Gläubiger des Insolvenzrechts ist, und da Schuldner erfahrungsgemäß im Falle ihrer dahinschwindenden Zahlungsfähigkeit als erstes die Zahlung von Steuern einstellen, könnte dieser Privilegienentzug denn auch in der Tat zu einer schnelleren und damit früheren Antragsstellung führen (also eine Art **Frühwarnsystem**).

30 Allerdings hat sich der Fiskus mit dieser, wie er es (in gründlicher Verkennung essentieller insolvenzrechtlicher Prinzipien) sieht, Benachteiligung nicht zufriedengeben wollen und hat nun in Gestalt des § 55 IV eine (erste?) Kerbe in die Gleichbehandlung geschlagen, indem er alle bereits im Eröffnungsverfahren entstehenden Steuerverbindlichkeiten zu Masseschulden im (erst nachfolgend!) eröffneten Insolvenzverfahren erklärt. Um Entsprechendes kämpfen übrigens auch die Sozialversicherungsträger.

5. Allgemeine Gläubiger

a) Gleichrang

31 Die Konsequenz der im voranstehenden Abschnitt beschriebenen, weitestgehenden Abschaffung der Privilegien ist, dass nunmehr sämtliche Gläubiger grundsätzlich auf gleichem Rang stehen, dass also tatsächlich die **par condicio creditorum** das hiesige Insolvenzrecht weitgehend beherrscht. Wer **Insolvenzgläubiger** ist, umschreibt der § 38: Demnach muss es sich um „persönliche Gläubiger" handeln, die einen zur Zeit der Verfahrenseröffnung „begründeten Vermögensanspruch gegen den Schuldner haben". Es wurde bereits darauf hingewiesen, Rn. 22, dass es diese Formulierung ist, die die Bedeutsamkeit der Realsicherheiten im allgemeinen Wirtschaftsleben erklärt.

Wenn also, um ein beliebiges Beispiel aus der Praxis herauszugrei- 32 fen, Kabelfasernutzungsverträge regelmäßig auf die Dauer von 20 Jahren dergestalt abgeschlossen werden, dass der Nutzer gleich anfänglich die gesamte Nutzungsgebühr bezahlt und sich für seinen Nutzungsanspruch keinen dinglich wirkenden Schutz einräumen lässt, hat ein solcher Nutzungsberechtigter in der Insolvenz des „Providers" das Nachsehen. Da er vorgeleistet hat, liegen die Voraussetzungen der potentiell vorrangig zu berücksichtigenden §§ 103 ff. nicht vor. Infolgedessen wird seine auf die Nutzungsüberlassung gerichtete Forderung, also eine Sachleistung, gemäß § 45 in eine Geldforderung umgerechnet, hinsichtlich derer er sodann an der anteiligen Befriedigung teilhat. Das freilich nützt ihm wenig für sein primäres Interesse, von der ihm eingeräumten Nutzung der Kabelfasern für die Übertragung von Inhalten Gebrauch zu machen. Für Abhilfe hätte da etwa die Einräumung eines dinglichen Nießbrauchrechts gesorgt.

Dieses Beispiel steht für eine Unmenge tagtäglich vorkommender Ein- 33 zelfälle. Selbst wenn jemand juristischen Rat für seine Geschäftspläne einholt, wird der Worst Case, also das Insolvenzrisiko, von den Beratern oftmals übersehen – sei es aus Unkenntnis der Rechtsmaterie, oder sei es aus einem Nicht-Wahr-Haben-Wollen dieses Szenarios. Dabei ist freilich zuzugestehen, dass sich das klassische Kreditsicherungsgeschehen auf die Sicherung der Rückforderung von Geldbeträgen konzentriert hatte – in der Regel also auf den Kontext von Darlehensforderungen. Mit dem zunehmenden Bedarf an einer Sicherung von Sachleistungen, wie etwa die Nutzung einer Kabelfaser oder einer lizenzierten Software, ändern sich jedoch diese Ausgangsbedingungen, so dass hier von theoretischer wie auch praktischer Seite in der Tat noch erheblicher Ideen-Lieferbedarf für die Kautelarjurisprudenz besteht.

Das Gesetz hält in den §§ 40-46 noch einige Regelungen **für be-** 34 **stimmte Kategorien von Forderungen** bereit. So wie der bereits erwähnte § 45 auf Sachleistung gerichtete Forderungen in Geldforderungen transformiert, fingiert § 41 nicht fällige Forderungen als bereits fällige; und § 42 ignoriert auflösende Bedingungen bis zum Eintritt der Bedingung. Gläubiger aufschiebend bedingter Forderungen können gleichfalls am Verfahren teilnehmen, vgl. § 77 III Nr. 1 (beachte aber die

Modifikationen in § 191). Die in § 40 angesprochenen familienrechtlichen Unterhaltsansprüche sind im Zusammenhang mit § 100 zu lesen und bilden damit einen Beleg dafür, dass die Familie des Schuldners partiell wie eine Schicksalsgemeinschaft in die Misere des Schuldners miteinbezogen ist. Der Gläubiger eines Gesamtschuldverhältnisses darf gemäß § 43 in der Insolvenz eines dieser Gesamtschuldner die gesamte Forderung anmelden; in Fortsetzung seiner allgemeinen vermögensrechtlichen Freiheit (§ 421 BGB) ist er also nicht gehalten, erst einmal bei den solventen Mitschuldnern Befriedigung zu suchen, um den insolventen (bzw. dessen Gläubiger) zu schonen. § 44 untersagt demgegenüber Gesamtschuldnern, ihren aus den §§ 426 II bzw. 774 I BGB resultierenden Rückgriffsanspruch anzumelden, wenn und solange noch nicht geklärt ist, dass der Gläubiger seine Forderung in dem Insolvenzverfahren nicht anmeldet. Zins- oder Unterhaltsansprüche sind typische wiederkehrende Leistungen i.S.d. § 46; sie sind danach zu kapitalisieren und als Gesamtforderung anzumelden.

35 Schließlich ist noch eine Besonderheit der Gläubigerschaft anzusprechen, die sich aus der Gesetzeslektüre nicht erschließt, die aber die Insolvenzpraxis zunehmend beeinflusst: die **Änderung der Zusammensetzung der Gläubiger**. Der lange Zeit in der Theorie, aber auch in der Praxis vorherrschende und für unverrückbar gehaltene Eindruck nämlich, dass „die Gläubiger" eines Schuldners eine – zumindest ab dem Zeitpunkt der Eröffnung eines Insolvenzverfahrens – fixierte, homogene Masse seien, täuscht. In dem Maße nämlich, in dem Forderungen Gegenstand eines immer intensiveren Handels sind – nicht nur, aber ganz besonders, wenn es sich dabei um Not leidende Forderungen (*non-performing* oder *distressed debts*, **NPLs**) handelt –, ändert sich die Zusammensetzung der Gläubiger zunehmend; das kann sogar auch während des Verfahrens der Fall sein. Für einen Insolvenzverwalter werden die Dinge dadurch auf alle Fälle komplizierter, nicht aber notwendigerweise schlechter: So kann etwa eine Zustimmung im Planverfahren (dazu Rn. 224 ff.) von einem Gläubiger leichter zu erlangen sein, wenn dieser für die Forderung nur etwa 30% des Nominalwerts bezahlt hat und ihm nunmehr 50% Befriedigungsquote angeboten wird, als von dem ursprünglichen Gläubiger, der bei diesem Angebot 50% verliert. Andererseits kann es sein, dass der Verwalter bei der Abstimmung mit anderen Gläubigern zu tun hat als denjenigen, mit denen er im Vorfeld Sondierungsgespräche (etwa für den von ihm vorgestellten Plan) geführt hat. An dieser Stelle schlägt die Schnelllebigkeit des Geschehens am Kapitalmarkt unmittelbar auf die Insolvenzpraxis durch, die sich ihrerseits im Gegenzug verstärkt der dortigen Instrumentarien bedient (s. auch Rn. 14a und 38).

b) Nachrang

Im vorstehenden Abschnitt wurde eingangs nicht ohne Grund gesagt, dass der Gleichrang der Gläubiger, die par condicio creditorum, nur „grundsätzlich" besteht. Es gibt nämlich Ausnahmen: Sie sind in § 39 geregelt. Danach nehmen die dort genannten Gläubigergruppen erst dann an einer Verteilung teil, wenn alle anderen der bisher aufgeführten Gläubigergruppen **volle Befriedigung** erhalten haben. Derartige 100%-Verfahren kommen in der Praxis zwar gelegentlich tatsächlich vor, doch sind sie naturgemäß äußerst selten.

36

	Gläubigerstellung	Folge
Aussonderungsberechtigte Gläubiger, §§ 47 f.	Gläubiger eines dinglichen Anspruchs bzw. eines schuldrechtlichen Herausgabeanspruchs (im Gegensatz zum Verschaffungsanspruch)	Gegenstand gehört nicht zur Soll-Masse
Massegläubiger, §§ 53 ff.	Insbesondere Kostengläubiger und Neugläubiger ab Verfahrenseröffnung (bzw. Antragstellung)	Vorrangige Befriedigung aus der Soll-Masse
Absonderungsberechtigte Gläubiger, §§ 49 ff.	Gläubiger hat ein vorrangiges Zugriffsrecht auf einen Gegenstand aus dem haftenden Vermögen des Schuldners	Abgesonderte Befriedigung aus dem Gegenstand; im Übrigen ggf. Insolvenzgläubiger
Insolvenzgläubiger, § 38	Persönlicher (im Gegensatz zu dinglichem) Gläubiger eines Vermögensanspruchs bei Verfahrenseröffnung	Quotale Befriedigung durch Verteilung der verbliebenen Masse
Nachrangige Gläubiger, § 39	Gläubiger eines der in § 39 genannten Ansprüche (bspw. Zinsen, Kapitalersatz)	Quotale Befriedigung in der Reihenfolge des § 39 (wenn die Befriedigung nach § 38 einen Rest hinterlässt)

Übersicht 2: Gläubigerkategorien

37 Die in § 39 gewählte Reihenfolge ist streng zu beachten, denn auch innerhalb ihrer gilt, dass erst die Mitglieder der vorangehenden Klasse vollständig befriedigt sein müssen, bevor irgendetwas zur Verteilung der nachfolgenden Klasse ansteht. Wenn demnach die Ansprüche auf eine unentgeltliche Leistung im vierten Rang und die auf **Rückgewähr von Gesellschafterdarlehen** gar erst im fünften Rang zu befriedigen sind, ist klar, dass es hier nur in den allerseltensten Fällen zu einer (quotalen) Auszahlung kommen wird. Beachte, dass § 39 I Nr. 5 eine durch das MoMiG Ende 2008 eingeführte kapitalgesellschaftsweite Verallgemeinerung des davor allein für GmbH geregelten Eigenkapitalersatzrechts enthält. Das betrifft auch den von dieser Vorschrift erfassten Gläubiger; gemäß § 44a muss eine von einem Gesellschafter gestellte Sicherheit zunächst einmal verwertet werden, bevor dann dieser Gläubiger eine Quote erhalten kann auf den offen gebliebenen Betrag seiner Forderung.

6. Organisation der Gläubiger

38 Die vorbeschriebenen Gläubigerkategorien setzen sich aus einer Vielzahl von einzelnen Individuen zusammen, die üblicherweise alle **unterschiedliche Interessen** haben: Die einen wollen schnellstmöglich wenigstens die Quote erhalten, andere sind bestrebt, die Geschäftsverbindung mit dem Schuldner nicht zu verlieren; wieder andere sind Konkurrenten des Schuldners und sehen diesen am liebsten vom Markt verschwinden, während nochmals andere gern Teilbereiche des schuldnerischen Unternehmens aufkaufen würden. Es gilt also auch hinsichtlich der im Spiel stehenden Interessen, dass es sich bei „den Gläubigern" keineswegs um eine homogene Gruppierung handelt. Das ist auch bei ihrer Organisation in Rechnung zu stellen.

a) Gläubigerversammlung

39 Diese Divergenz der Interessen kommt am deutlichsten in einer Gläubigerversammlung zum Ausdruck. Sie umfasst nämlich jeden einzelnen (und damit die Gesamtheit) der Gläubiger des Schuldners. Das Gesetz weist diesem Gremium eine Vielzahl von **Aufgaben** zu; es kann etwa gemäß § 57 den Insolvenzverwalter abwählen, oder es entscheidet im Anschluss an den Berichtstermin über den Fortgang des Verfahrens, § 157, oder es muss einer Betriebsveräußerung an besonders Interessierte gemäß § 162 zustimmen, etc. Die Versammlungen werden regelmäßig vom Insolvenzgericht (ggf. auf Antrag gemäß § 75) einberufen (§ 74) und geleitet (§ 76 I); ihre Beschlüsse erfordern die Summenmehrheit der Forderungen der abstimmenden Gläubiger (§ 76 II). Unter den engen, in

§ 78 I genannten Voraussetzungen kann ein einmal gefasster Beschluss der Gläubigerversammlung durch das Insolvenzgericht wieder aufgehoben werden.

Nicht alle Gläubiger haben allerdings neben ihrem Teilnahmerecht bei einer Abstimmung auch ein **Stimmrecht**: So sind die nachrangigen Gläubiger des § 39 ausgeschlossen (§ 77 I 2), während die absonderungsberechtigten Gläubiger mit ihrer zugleich bestehenden persönlichen Forderung sehr wohl ein Stimmrecht haben, § 52, nachdem sie nunmehr in das Verfahren mit einbezogen sind. Indem sie – wie auch die Gläubiger des § 43 (oder die durch einen credit-defalt-swap gesicherten) – ein Stimmrecht in Höhe ihrer vollen Forderung haben, ist bei ihnen allerdings das Proportionalitätsprinzip vom Gleichlauf von rechtlichen Befugnissen und wirtschaftlicher Betroffenheit ausgehebelt; dadurch kann es zu Interessenverzerrungen kommen, die sich zu Lasten derjenigen Gläubiger auswirken, die das traditionelle Interesse der bestmöglichen Gläubigerbefriedigung verfolgen, s. oben § 1 Rn. 8. Diejenigen Forderungen dagegen, die in dem weiter unten noch zu beschreibenden Feststellungsverfahren (Rn. 200 ff.) bestritten sind, gewähren gemäß § 77 II ein Stimmrecht nur dann, wenn sich die erschienenen und stimmberechtigten Gläubiger mit dem Verwalter entsprechend verständigt haben, bzw. wenn das Gericht eine entsprechende Entscheidung getroffen hat.

In praktischer Hinsicht ist allerdings anzumerken, dass die Gläubigerversammlung unbeschadet ihrer theoretischen Bedeutung und Wichtigkeit von vielen Gläubigern gemieden wird und dadurch viel von ihrer kontrollierenden und lenkenden Effizienz einbüßt, die ihr das Gesetz an sich zugedacht hat (s. insbesondere § 79). Diese Verweigerungshaltung wird jedoch sofort einsichtig, wenn man sich etwa einen auswärtigen Gläubiger vergegenwärtigt, der bestenfalls (wie üblich) eine geringe Quote zu erwarten hat und nunmehr für mehrere Stunden in einen anderen Ort zur Versammlung fahren müsste. Die damit verbundenen Kosten und der Zeitaufwand stehen vielfach in keinem Verhältnis zu dem realistischerweise zu erwartenden wirtschaftlichen Ertrag. Man spricht dabei von „**rationaler Apathie**", wenn dieser Gläubiger nicht zum Versammlungstermin kommt. Hier wird man auf Abhilfe sinnen müssen, wie dieses Element von Verfahrensdemokratie wieder gestärkt werden kann – etwa mittels virtueller Treffen.

b) Gläubigerausschuss

Während die Gläubigerversammlung zwangsläufig in jedem Verfahren existiert, ist die Einberufung eines Gläubigerausschusses lediglich eine Option und kann auch schon gleich zu Beginn (§ 67) eines Verfahrens erfolgen oder schon zuvor (§§ 21 Ia, 22a, s. Rn. 113). Diesem Gremium sollen laut Abs. 2 der vorgenannten Norm bestimmte **Gläubigerrepräsentanten** angehören; doch ist es nicht unbedingt erforderlich, dass die einzelnen Personen tatsächlich auch Gläubiger sind. Aufgabe des Ausschusses ist die Unterstützung, aber auch die Kontrolle des Insolvenzverwalters (§ 69). Wie das im Einzelnen aussieht, ist im jeweiligen Themenkontext geregelt; darauf wird wiederholt zurückzukommen sein.

43 Die Entscheidung darüber, ob ein bereits vom Gericht eingesetzter Ausschuss beibehalten bzw. überhaupt eingesetzt werden soll, obliegt gemäß § 68 der Gläubigerversammlung. Die einzelnen Mitglieder des Ausschusses können aus wichtigem Grund entlassen werden (§ 70). Außerdem stehen sie unter dem „Damokles-Schwert" einer speziellen Haftung (§ 71), erhalten dafür aber – gewissermaßen kompensatorisch – eine in § 73 näher umschriebene Vergütung für ihre Tätigkeit. Beschlüsse kommen in einem hinreichend besetzten Ausschuss nach dem Mehrheitsprinzip zustande (§ 72).

44 Die Einsetzung eines Gläubigerausschusses empfiehlt sich etwa dann, wenn das Verfahren halbwegs **komplex** und die **Anzahl der Gläubiger** so groß ist, dass das notwendigerweise immer unter Zeitdruck stehende Verfahren allzu erheblichen Verzögerungen ausgesetzt wäre, wenn die nach dem Gesetz erforderlichen Abstimmungen über einzelne Vorgehensweisen immer mit der Gesamtheit der Gläubiger erfolgen müssten. Zwar sind bestimmte Rechte bzw. Aufgaben der Gläubigerversammlung unentziehbar zugesprochen – auch darauf wird im Weiteren immer wieder hingewiesen; doch ist es ein Gebot der Praktikabilität, wenn die wichtigsten Alltagsentscheidungen des Verwalters nur mit dem deutlich kleineren Kreis des Gläubigerausschusses abgestimmt werden müssen.

c) Gläubigervertreter

45 Das zuletzt Gesagte leitet zu einer Institution über, die es hierzulande nur an recht entlegener Stelle, § 19 SchVG, gibt, sehr zentral aber bspw. in Frankreich – nämlich den sog. Gläubigervertreter. Hier ist die mit der Vielzahl der Gläubiger und ihrer divergierenden Interessen einhergehende Komplexität ganz drastisch auf eine einzelne Person reduziert. Die generelle Übernahme dieser Rechtsfigur steht in Deutschland nicht zur Debatte, sollte aber gleichwohl aus den zuvor angedeuteten Gründen vielleicht nicht ganz unbeachtet bleiben; Österreich hat etwa in Gestalt des sog. Kreditschutzverbands von 1870 eine nicht uninteressante Variante dieser Institution.

Testfragen zu Kapitel II

1. Warum ist ein Gläubiger, der gegen den Schuldner einen Anspruch aus § 433 I BGB hat, Insolvenzgläubiger i.S.d. § 38, während ein Gläubiger, der als Nichteigentümer einen Anspruch aus § 546 I BGB hat, dies nicht ist? Um was für einen Gläubiger handelt es sich bei letzterem?
2. Worin besteht der Unterschied zwischen einem absonderungsberechtigten und einem aussonderungsberechtigten Gläubiger? Wodurch rechtfertigt sich diese Unterscheidung?
3. Wodurch ist sichergestellt, dass ein Insolvenzverwalter über das Vermögen einer Schweinemästerei einen Verkäufer findet, der ihm das notwendige Futter verkauft?
4. Kann der Staat ohne weiteres als Forderung anmelden, was der Schuldner zuvor auf Grund Verfalls gem. §§ 73, 73a StGB nach einer Verurteilung aufzugeben hatte? (s. OLG Karlsruhe NZI 2009, 684).
5. Fallen Ihnen Mittel und Wege ein, wie man die rationale Apathie der Gläubiger überwinden kann?

III. Insolvenzgericht

Das Insolvenzgericht ist gemäß § 2 eine **Abteilung des Amtsgerichts**. Von der in Abs. 2 angesprochenen Konzentrationsmöglichkeit haben die Länder bislang leider nur zurückhaltenden Gebrauch gemacht. Sie soll die Spezialisierung der betreffenden Richter fördern, was bei der komplizierten Insolvenzmaterie an sich unabdingbar ist; zu den Kenntnissen, die von Richtern und Rechtspflegern in Insolvenzsachen erwartet werden, vgl. §§ 22 VI 2–3 GVG, 18 IV 2–3 RPflG. Die örtliche Zuständigkeit richtet sich nach § 3 (beachte Abs. 2, falls zuvor schon ein StaRUG-Verfahren durchgeführt worden war); sie befindet sich regelmäßig dort, wo der Schuldner seinen allgemeinen Gerichtsstand i.S.d. §§ 12 ff. ZPO, ggf. aber auch mal dort, wo er den Mittelpunkt seiner selbständigen wirtschaftlichen Tätigkeit hat. Hinsichtlich der funktionellen Zuständigkeit sind §§ 3 Nr. 2e, 18 RPflG zu beachten, wonach ab Eröffnung des Verfahrens grundsätzlich der Rechtspfleger zuständiger gerichtlicher Akteur ist. Soweit die Insolvenzordnung nicht besondere Regeln vorsieht, sind auf das gerichtliche Verfahren die Vorschriften der **ZPO entsprechend** anzuwenden (§ 4). Es handelt sich also nicht etwa um ein Verfahren der Freiwilligen Gerichtsbarkeit. Gleichwohl schreibt § 5 dem Gericht eine Amtsermittlungspflicht vor, die allerdings nach Ansicht des BGH erst dann zum Tragen kommt, wenn ein zulässiger Antrag gestellt worden ist. Im Übrigen eröffnet sich über § 4 etwa die Möglichkeit zur Akteneinsicht gemäß § 299 I ZPO oder die Anwendung der

§§ 166 ff. ZPO bei Zustellungen; vermutlich könnte der Insolvenzrichter sogar über § 278 V 2 ZPO die Anregung zu einem **Mediationsverfahren** geben, was etwa in den USA an vielen Gerichten als Option längst schon zur Verfügung steht.

47 Die Aufgaben des Gerichts sind im Wesentlichen auf die **Kontrolle** eines korrekten Verfahrensablaufs beschränkt. Anders etwa als das österreichische, schweizerische oder US-amerikanische Recht lehnt das deutsche Recht also eine *vis attractiva concursus* ab. Diese Ablehnung bedeutet, dass das hiesige Insolvenzgericht eben nicht über sämtliche, im Zusammenhang mit einem Insolvenzverfahren auftretende Streitfragen entscheidet. Kommt es etwa zu einem Streit um die Berechtigung einer Forderung des Fiskus, geht der Rechtsstreit hierzulande ggf. an die Finanzgerichtsbarkeit; im Falle einer Umwelthaftung an die Verwaltungsgerichte; und wenn Anfechtungsklagen erhoben werden, muss das bei den Zivilgerichten oder bei den Arbeitsgerichten geschehen. Auf diese Weise macht man sich zwar die Spezialkenntnisse der einzelnen Gerichtsbarkeiten zunutze, doch wächst damit natürlich die Gefahr einer Rechtszersplitterung des einheitlichen Insolvenzrechts. Das ist besonders unangenehm, wenn die obersten Gerichte bei sachlich entsprechenden Problemen unterschiedlicher Ansicht (immer mal wieder zu beobachten im Verhältnis zwischen BGH, BAG; BSG und BFH) sind.

48 Bei der Beantwortung der Frage, wie viel **Rechtsschutz** in einem Insolvenzverfahren zu gewähren ist, bewegt sich jeder Gesetzgeber zwischen der „Skylla" der in einem Insolvenzverfahren nun einmal notwendigen Verfahrensbeschleunigung und der „Charybdis" des rechtsstaatlich gebotenen Schutzniveaus. § 6 löst diesen Konflikt dergestalt, dass es die sofortige Beschwerde (vgl. § 567 ZPO) einräumt – aber nur in den Fällen, in denen sie das Gesetz ausdrücklich einräumt. Im Übrigen gibt es Rechtsschutz nur – und zwar nach Maßgabe der ZPO –, wenn Entscheidungen zur Debatte stehen, die nicht spezifisch insolvenzrechtlicher Natur sind.

49 Von den durch § 4 in Bezug genommenen Vorschriften ist diejenige Gruppe besonders hervorzuheben, die die Prozesskostenhilfe regelt (vgl. §§ 114 ff. ZPO). Diese Verweisung war nämlich zu Beginn des neu eingeführten Verbraucherinsolvenzverfahrens einer der Brennpunkte in der Debatte um diesen Verfahrenstyp. Die überschuldeten Personen beriefen sich darauf, um mit Hilfe einer derartigen (Insolvenz-)Kostenhilfe überhaupt erst in die Lage versetzt zu werden, das zu ihrer Restschuldbefreiung unabdingbare Verfahren der §§ 304 ff. durchlaufen zu können. Dagegen wurde eingewandt, dass dieser als Privileg gedachte Weg nicht auch noch vom Staat gepflastert werden könne. Resultat dieser Debatte sind die §§ 4a–4d, die als Kompromiss eine **Stundung der Verfahrenskosten** (s. noch Rn. 277) vorsehen.

Für Fälle einer Konzerninsolvenz (vgl. Rn. 9 ff.) sehen die §§ 3a ff. nunmehr eine Möglichkeit vor, dass ein Gericht zuständig für alle konzernbetroffenen Verfahren wird. Zunächst muss es sich bei dem Zusammenschluss um einen Konzern i.S.d. § 3e handeln, also um inländische Unternehmen, die durch die Möglichkeit eines beherrschenden Einflusses miteinander verbunden sind bzw. unter einheitlicher Leitung stehen. Ist ein im Ausland belegenes Unternehmen mit einbezogen und insolvent, müssen die Vorschriften der EuInsVO (s. unten § 4 Rn. 23 ff.) angewendet werden. Wenn einer der Schuldner (oder auch sein bereits bestellter Insolvenzverwalter) bei dem Gericht, bei dem er seinen zulässigen Antrag eingereicht hat, den Antrag stellt, dass dieses Gericht nunmehr für sämtliche Konzernmitglieder das zuständige Gericht sein soll, und wenn der antragstellende Schuldner eine gewisse Größenordnung aufweist, vgl. § 3a, dann kann das Gericht einen entsprechenden Beschluss fassen und wird dadurch zum Gruppen-Gerichtsstand. Alle anderen schon zuvor oder nachfolgend angegangenen Gerichte können ihr jeweiliges Verfahren an dieses Gericht verweisen. **49a**

Testfragen zu Kapitel III

1. Was versteht man unter „vis attractiva concursus"?
2. Was spricht für eine solche „vis", was dagegen?

IV. Insolvenzverwalter

Wenn im Folgenden vom Insolvenzverwalter die Rede ist, wird nicht mehr eigens hervorgehoben, dass es seit Einführung der Insolvenzordnung in Deutschland auch die Möglichkeit einer **Eigenverwaltung** gibt (§§ 270 ff.), die in vorsichtiger Anlehnung an das US-amerikanische Vorbild eines Debtor in Possession ausgestaltet ist (s. dazu noch Rn. 231 ff.). Die vielfach gehegten Vorbehalte gegen diese Rechtsfigur („damit wird der Bock, der den Karren gegen die Wand gefahren hat, zum Gärtner gemacht, der Wand und Karren wieder reparieren solle") haben sich in einer Gesetzesnovelle von 2021 niedergeschlagen, mit der der Regelungskomplex neu gestaltet wurde. **50**

Abgesehen einmal davon, dass es eine Eigenverwaltung in der (zugegebenermaßen selten genutzten) Vergleichsordnung von 1935 sehr wohl bereits gab, ist diese Rechtsfigur gewisslich nicht für jedes Verfahren geeignet. In dem Maße aber, in dem Insolvenzen als Folgeerscheinungen **51** komplexer wirtschaftlicher Verwicklungen auftreten, stimmt das Bild vom Bock und Gärtner eben nicht mehr. Um im Bilde zu bleiben: Es gibt gar nicht einmal so selten die Situation, in der der Karren des Gärtners an die Wand gefahren wird, ohne dass „der Bock" wesentlich hätte gegensteuern können. In dieser Situation ist es schlichtweg unsinnig, auf das Know-how des Schuldners zu verzichten, bloß weil die Tradition einen jeden Schuldner zu einer makelbehafteten Person macht. Nichts hat diese Überlegung deutlicher vor Augen geführt als der lockdown zur Pandemiezeit.

1. Aufgaben

52   Der Insolvenzverwalter ist die Zentralfigur des Insolvenzverfahrens. Er ist derjenige, der den Verfahrensablauf unmittelbar gestaltet, ohne freilich Vertreter des Staates zu sein. Zu diesem Zweck überträgt § 80 ihm die **Verwaltungs- und Verfügungsbefugnis**, die dem Schuldner mit Eröffnung des Verfahrens entzogen wird. Auch wenn der Schuldner weiterhin Vermögensträger bleibt, sind ihm doch, im rechtlichen Sinn, die Hände gebunden. An seine Stelle tritt der Verwalter, der folglich vom Eröffnungszeitpunkt an der Pflichtige bspw. für die Erstellung von Bilanzen, die Entrichtung von Steuern und Abgaben, die Umwelthaftung, die Arbeitgeberaufgaben, die Mitteilungs- und Veröffentlichungspflichten nach dem WpHG, den Datenschutz und noch vieles Weitere ist. Dieser Überblick vermittelt bereits einen ersten Eindruck von der Herausforderung, mit der ein Verwalter mit jedem neuen Fall konfrontiert ist. Wenn es darauf ankommt, muss er bspw. – möglichst kurzfristig – das Unternehmen eines Telefonanbieters weiterführen, einen Interessenten oder (besser noch) Käufer für bspw. zehn Flugzeuge finden, Gelder schnellstmöglich auftreiben, um einige tausend (jetzt schon vor Hunger quiekende) Schweine eines pleite gegangenen Zuchtbetriebes füttern zu können; außerdem muss er gleichzeitig mit den Arbeitnehmern sprechen, um diesen eine Perspektive aufzuzeigen; muss er die meist nicht(!) vorhandene Buchhaltung überprüfen bzw. rekonstruieren; muss er einen Plan nach Maßgabe der §§ 217 ff. entwerfen (dazu ausführlich noch Rn. 217 ff.), muss er bei einem asset deal die Vorschriften des Datenschutzrechts beachten, etc. Das alles tritt neben die spezifisch insolvenzrechtlichen Aufgaben wie bspw. Kommunikation mit den Gläubigern (s. § 5 V), Geltendmachung eines Gesamtschadens (§§ 92 f.), Inbesitznahme, Sammlung, Verwaltung und Verwertung der Masse (§§ 148 ff.), Führung der Insolvenztabelle und Prüfung der angemeldeten Forderungen (§§ 174 ff.), Verteilung des Erlöses (§§ 187, 195 f.) etc. Weitere Pflichten des Verwalters sind in vielen der Normen der InsO teils explizit, teils implizit enthal-

ten, etwa in den §§ 8, 22, 58, 60 f., 69, 79, 85 f., 92, 97, 99, 100, 103 ff., 120 ff., 129 ff., 148, 150 ff., 166 ff., 175 f., 188 ff., 207 ff., 218, 232, 235 ff., 258, 261, 315 ff., 339, 341, 342, 344, 357, 358.

Für den Fall, dass ein Verwalter während eines laufenden Verfahrens einmal in eine Situation gerät, in der er sich einem Interessenkonflikt ausgesetzt sieht – ein Szenario, das bei der Bestellung in mehreren Verfahren von konzernverbundenen Unternehmen durchaus denkbar ist, vgl. § 56b, –, oder wenn die Gläubigerversammlung bestimmte Handlungen oder Gegebenheiten, vgl. etwa § 79 S. 2, von dritter Seite überprüfen lassen will, hat sich in der Praxis der Typus des **Sonderinsolvenzverwalters** herauskristallisiert. Er hat für den ihm vom bestellenden Gericht übertragenen Aufgabenkreis die Befugnisse – auch dem Insolvenzverwalter gegenüber –, die er zu dessen Realisierung benötigt. 53

Die Arbeit des Insolvenzverwalters beim Schuldner beginnt freilich selten erst mit Verfahrenseröffnung. Vielmehr wird das Gericht häufig schon durch ein Vorgespräch mit dem Schuldner, § 10a, auf einen Antrag vorbereitet. Ist dieser dann eingegangen, kommt das Insolvenzgericht seiner Amtsermittlungspflicht des § 5 regelmäßig in der Weise nach, dass es zur Prüfung der Begründetheit dieses Antrags einen **Gutachter** bestellt, der dann alsbald zum **vorläufigen Verwalter** und nach Eröffnung zum endgültigen Verwalter bestellt wird (s. allerdings auch § 56a, Rn. 57). Dadurch ergibt sich üblicherweise eine gewisse Einarbeitungsmöglichkeit in die Besonderheiten des schuldnerischen Vermögens bzw. Unternehmens. Unbeschadet dessen, dass diese Gepflogenheit einer Personenidentität vernünftig (weil effizienzsteigernd) ist, ist doch klar, dass dadurch vielfach bereits bei der Bestellung eines Gutachters die entscheidenden Weichen für das gesamte Verfahren gestellt werden. Deswegen kommt der nunmehr darzustellenden Auswahl dieser Person ein besonders großes Gewicht zu. 54

2. Notwendige allgemeine Qualifikation

Die Verwalterbestellung ist eines der immer schon hitzig diskutierten Themen – gerade auch innerhalb der Verwalterzunft, dreht es sich dabei doch um die Verteilung einer Aufgabe, die in der Blendung großer Fälle gerne als „ein großer Kuchen" angesehen wird. Darüber darf aber natürlich nicht vergessen werden, dass der Alltag auch hier üblicherweise aus den sprichwörtlichen „kleinen Brötchen" besteht. Da diese aber alle zusammen die **volkswirtschaftlich** relevante Größe des Insolvenzgeschehens ausmachen, ist es unabdingbar, dass die entsprechenden Akteure nicht unbeträchtliche Qualitätsstandards erfüllen, um der mit diesem Amt verknüpften Verantwortung gerecht zu werden. 55

Die Auswahl erfolgt in zwei Schritten – einer allgemeinen Auswahl, mit der ein Pool von Verwaltern begründet wird, und einer konkreten, in 56 der der Verwalter für den Einzelfall festgelegt wird. Im Gegensatz zu vielen anderen ausländischen Gesetzen (etwa dem englischen) vermengt § 56 diese beiden Schritte. Was den ersten anbelangt, so fordert diese Vorschrift als **allgemeine Qualifikation**, dass es sich bei den dazu bereiten Individuen um eine geschäftskundige und unabhängige Person handeln muss. Darin liegt gewisslich keine Festlegung gerade auf den Juristenstand; qualifiziert sind vielmehr auch etwa Steuerberater, Wirtschaftsprüfer oder auch mal frühere Geschäftsführer. Gerade was die Wirtschaftsprüfer anbelangt, ist zu vermerken, dass der Umstand, dass § 56 ausdrücklich auf eine „natürliche Person" abstellt, Ergebnis eines Abwehrkampfes der Anwaltschaft gegen insbesondere die Wirtschaftsprüfungsgesellschaften ist. Das *BVerfG* hat diesem Ergebnis seinen „Segen" erteilt. Auf Grund der Vielzahl rechtlicher Vorgaben und Schritte innerhalb des Verfahrens sind jedenfalls erhebliche juristische Kenntnisse auch bei einem Wirtschaftsprüfer oder Steuerberater natürlich unabdingbar.

3. Auswahl für den konkreten Fall

57   Was den **zweiten Schritt** anbelangt, den der Festlegung des Verwalters im konkreten Einzelfall, so schreibt § 56 vor, dass es sich um eine „für den jeweiligen Einzelfall geeignete" Person handeln muss. Diese Festlegung nimmt der Insolvenzrichter vor, indem er die Auswahl aus dem Kreis der ihm bekannten (keineswegs notwendigerweise örtlich gebundenen) und von ihm für geeignet gehaltenen Verwalter (nach dem gebotenen fehlerfreien Ermessen) trifft. Freilich soll, vgl. § 56a I, III, vor der Bestellung der vorläufige Gläubigerausschuss gehört werden; hat der einstimmig eine Präferenz, kann der Richter nur unter den in § 56a II (oder denen des § 56b II) genannten Voraussetzungen von diesem Vortum abweichen. Dabei ist zu beachten, dass die geforderte Unabhängigkeit nicht dadurch ausgeschlossen wird, dass der Verwalter von einem Gläubiger oder dem Schuldner vorgeschlagen wurde, dass er den Schuldner im Vorfeld in allgemeiner Hinsicht über das Verfahren beraten hat, oder dass er in einem vorangegangenen Restrukturierungsverfahren als Beauftragter (s. oben § 2 Rn. 29) tätig gewesen ist, § 56 I.

58   Wie auch immer die konkrete Wahl aussehen mag; sie muss auf jeden Fall der Besonderheit Rechnung tragen, dass es unbeschadet der oben angedeuteten individuellen „Kuchen-Verteilungsmentalität" im volkswirtschaftlichen Interesse liegt, dass die **Insolvenzverwaltung bestmöglich durchgeführt** wird. Um dieser Anforderung gerecht zu werden, sind neben persönlicher Qualifikation u.a. große Vorhaltungskosten vorauszusetzen, die sich natürlich nur dann rentieren, wenn sie zu dem zu erwartenden Einkommen in gebührender Relation stehen. Man hat es also auch

hier wieder mit einem Problem zu tun, bei dem Einzelfallgerechtigkeit und Gesamtnutzen in einem erheblichen Spannungsverhältnis stehen.

4. Haftung

Die zentrale Stellung des Verwalters innerhalb eines Verfahrens gewährt ihm Macht, die ihrerseits kontrolliert werden muss. Das geschieht auf zweierlei Weise: zum einen durch eine (oben bereits angesprochene) **Überwachung von Seiten des Gerichts** (§ 58), der Gläubiger in Gestalt des Gläubigerausschusses (§ 69) und der Gläubigerversammlung. Eine in anderen Rechtsordnungen vorgesehene zusätzliche Kontrollinstanz in Gestalt etwa einer Aufsichtskammer (nach dem Vorbild etwa der Rechtsanwaltskammer) oder eines Ombudsmannes gibt es hierzulande (bislang) nur in der sehr abgeschwächten Form einer Verlautbarung von Berufsgrundsätzen (soft law), die der Verband der Insolvenzverwalter Deutschlands aufgestellt hat. 59

Der andere Kontrollmechanismus besteht in der dem Verwalter auferlegten strengen **persönlichen Haftung** (§§ 60 ff.). Nach § 60 I ist der Verwalter (nach Ansicht des BGH gilt Gleiches für den eigenverwaltenden Schuldner) allen „Beteiligten" gegenüber persönlich haftbar, wenn er die ihm obliegenden, **spezifisch insolvenzrechtlichen** Pflichten schuldhaft verletzt. Der so gezogene Anwärterkreis potentieller Schadensersatzgläubiger ist immens; er reicht sogar über den Kreis der Beteiligten hinaus, erfasst etwa auch die Gesellschafter des schuldnerischen Unternehmens. In Fällen, in denen es etwa Hunderte von Arbeitnehmern gibt, kommt man dann schnell in Bereiche, die jenseits der Versicherbarkeit liegen. Eine vergleichbare Weite trifft auch für die angesprochenen Pflichten zu; sie umfassen das gesamte Aufgabenspektrum des Verwalters, das überdies um die Kategorie der **Insolvenzzweckwidrigkeit** erweitert ist; sie liegt bei objektiver Evidenz und konkreter Erkennbarkeit durch die andere Seite vor. Insgesamt ergibt sich der Maßstab für die „im Verkehr erforderliche Sorgfalt" aus § 60 I 2, der zufolge ein ordentlicher und gewissenhafter Insolvenzverwalter Pate steht. Das gilt auch für die in **§ 61** angesprochene Verfehlung, wenn nämlich ein Massegläubiger keine vollständige Befriedigung seiner Forderung erhält. Folge dessen ist, dass sich ein Verwalter in praktisch jeder Phase des Verfahrens prognostisch absichern muss, dass durch ihn begründete Ansprüche auch tatsächlich von der Masse gedeckt sind. Beide Haftungsansprüche verjähren gemäß § 62 in drei Jahren ab Kenntnis des Schadens oder der schadensbegründenden Umstände. 60

5. Vergütung

61 Die Vergütung des Insolvenzverwalters ist in einer eigenen Insolvenzrechtlichen Vergütungsverordnung (InsVV) geregelt. Ihr Ziel ist es, eine Balance zu treffen zwischen einerseits attraktiver Bezahlung, um möglichst qualifizierte Verwalterpersönlichkeiten garantieren zu können und den Risiken der Tätigkeit gerecht zu werden, und andererseits nach Möglichkeit Schonung der Masse, denn diese ist es, die für diese Ausgaben aufzukommen hat. Damit gilt wie bei kommunizierenden Röhren, dass den Gläubigern entzogen wird, was der Verwalter erhält – und andersherum.

6. Rechtsstellung

62 Der Verwalter übt ein privates Amt aus, ist also nicht etwa ein Träger hoheitlicher Aufgaben. Darüber besteht Einigkeit; nicht aber darüber, wie seine zivilrechtliche Stellung denn nun genau zu definieren wäre. In der schon lange währenden, gemessen an ihrem praktischen Nutzertrag jedoch verwunderlichen Debatte wird etwa vorgeschlagen, den Verwalter als Organ der Masse (**Organtheorie**) zu verstehen und damit eine Grundfeste des deutschen Vermögensrechts zu opfern, der zufolge Rechtsobjekte einem Rechtssubjekt zugeordnet sein müssen, also nicht selbst Rechtssubjektivität haben können. Die Idee, den Verwalter als Vertreter des Schuldners zu sehen und zu behandeln (**Vertretertheorie**), passt für ihn, der den Interessen aller Beteiligten verpflichtet ist, nicht und würde in letzter Konsequenz zu In-sich-Prozessen führen, wenn Verwalter und Schuldner etwa über die Massezugehörigkeit eines Vermögensgegenstands stritten. Gleiches gilt für diejenigen, die den Verwalter als Vertreter der Gläubiger verstanden wissen wollen.

63 Der Ausweg, den Verwalter nicht als Vertreter, sondern als Verwalter eben eines privaten Amts zu behandeln (**Amtstheorie**), entspricht denn auch schon seit langem der hM. Dementsprechend wird dort, wo sich dieser Streit um die adäquate dogmatische Einordnung in der Praxis hauptsächlich auswirkt – nämlich im Prozess –, der Verwalter seit jeher als Partei kraft Amtes angesehen. Diese Prozesskategorie ist in § 116 ZPO angesprochen; sie führt dazu, dass der Verwalter Prozesse im eigenen Namen über fremde Rechte führt, dass er also aktiv wie passiv als Prozessstandschafter agiert.

Vor Bestellung	U.U. Einarbeitungsmöglichkeit als Gutachter und/oder vorläufiger Verwalter
Bestellung	**1. Schritt: Allgemeine Auswahl potentieller Verwalter, § 56** *Qualifikation:* geschäftskundige, unabhängige Personen (insbes. Steuerberater, Wirtschaftsprüfer, Juristen) **2. Schritt: Konkrete Auswahl des Verwalters für den Einzelfall, § 56** *Qualifikation:* „für den jeweiligen Einzelfall geeignete Person" (Auswahl durch das Insolvenzgericht, § 27 I)
Rechtsstellung	Ausübung eines privaten Amtes (kein Träger hoheitlicher Aufgaben)
Aufgaben	⇒ **Verwaltungs- und Verfügungsbefugnis** über das zur Masse gehörende Vermögen (§ 80) ⇒ **unmittelbare Gestaltung des Verfahrensablaufs** – Geltendmachung des Gesamtschadens und der persönlichen Haftung eines Gesellschafters, §§ 92, 93 – Verwaltung und Verwertung der Masse, §§ 148 ff. – Führung der Insolvenztabelle und Prüfung der angemeldeten Forderungen, §§ 174 ff. – Verteilung des Erlöses, §§ 187, 195, 196 – ggf. Erstellung eines Plans, § 218
Vergütung	Insolvenzrechtliche Vergütungsverordnung
Haftung	⇒ **Überwachung von Seiten des Gerichts** (§ 58) und der Gläubiger (Gläubigerausschuss, -versammlung) ⇒ **Strengere persönliche Haftung**, §§ 60 ff. – Schadensersatz bei schuldhafter Pflichtverletzung ggü. *allen* Beteiligten, § 60 I – Schadensersatz bei unvollständiger Befriedigung der Massegläubiger, § 61 I

Übersicht 3: Der Insolvenzverwalter

Testfragen zu Kapitel IV

1. Nach welchen Kriterien wird eine bestimmte Person zum Verwalter über ein bestimmtes Insolvenzverfahren ausgewählt? Fallen Ihnen Alternativen zu diesem Vorgehen ein?
2. Haftet der Verwalter gegenüber einem Bürgen nach § 60, wenn die gesicherte (Insolvenz-)Forderung noch nicht auf den Bürgen übergegangen ist? (vgl. § 44)

3. Muss der Insolvenzverwalter den steuer- und handelsrechtlichen Buchführungs- und Rechnungslegungspflichten des Schuldners nachkommen? (vgl. § 155)
4. An wen können sich die Gläubiger möglicherweise halten, wenn der Insolvenzverwalter eingezogene Massegelder durch diverse Kontoverschiebungen unterschlagen und anschließend im Casino verspielt hat?
5. Sollten juristische Personen zum Verwalter bestellt werden können?

V. Auslöser

1. Sachlich (Eröffnungsgründe)

64 Das, was hier als sachlicher Auslöser – gemeinhin **Insolvenzeröffnungsgrund** genannt – bezeichnet wird, ist die Beschreibung einer für das gesamte Wirtschaftsrecht an Bedeutsamkeit kaum überbietbaren Trennlinie. Dieser Auslöser legt nämlich den Übergang fest vom allgemeinen Geschäftsverkehr mit der Geltung des allgemeinen (jedermann mehr oder minder bekannten) Vermögens- und Wirtschaftsrechts hin zur Haftungsrealisierung im Anwendungsregime des (nur wenigen bekannten) Insolvenzrechts. Das ist wie mit dem Flüsschen Rubikon, das Caesar seinerzeit überschritt: Ist diese Grenzlinie einmal überschritten, ist es vorbei mit der Privatautonomie und dem zugelassenen, eigensüchtigen Handeln sowohl des Schuldners als auch der Gläubiger. Stattdessen kommt es nun zu der eingangs schon vorgestellten Verlust- bzw. Zwangsgemeinschaft (§ 1 Rn. 11), die allen Beteiligten Opfer abverlangt bzw. auferlegt und ihren Aktionsradius erheblich beschränkt. In den Rubikon – um im Bilde zu bleiben – ist nunmehr freilich in Gestalt des StaRUG eine Insel geschaffen worden, die gleichweit vom vertragsrechtlichen und insolvenzrechtlichen Ufer entfernt ist.

65 Von dem soeben erwähnten „Abverlangen" ist der **Schuldner** naturgemäß am heftigsten betroffen. Zwar verbleibt ihm die Rechtszuständigkeit, doch darf er über die ihm gehörenden (und der zwangsvollstreckungsrechtlichen Pfändung unterliegenden) Vermögensgegenstände weder verfügen noch darf er sie verwalten (§ 80). Diese Gegenstände werden nunmehr gleichsam in den ausschließlichen Dienst der Gläubigerbefriedigung gestellt. Überdies treffen den Schuldner mehrere Mitwirkungspflichten, die im Einzelnen in den §§ 97 ff. aufgelistet sind.

66 Aber auch die **Gläubiger** müssen nunmehr Einschränkungen hinnehmen: Es ist ihnen jetzt insbesondere verwehrt, unter Zuhilfenahme der viel zitierten Ellenbogen nach Maßgabe des Prioritätsprinzips vorzugehen.

Stattdessen müssen sie jetzt mit allen anderen Gläubigern abwarten, bis ihnen der Insolvenzverwalter „grünes Licht" gibt – und das auch nur zu eingeschränkten Handlungsvarianten (§ 87). Die Sicherungsgläubiger kann es treffen, dass sie u. U. mit der Verwertung des ihnen reservierten Sicherungsgutes zuwarten müssen (§§ 166 ff.); und die ungesicherten Gläubiger sind im Wesentlichen auf die Hoffnung verwiesen, dass es für sie eine vom Verwalter auszuschüttende Befriedigungsquote gibt.

Diese knappe Beschreibung dürfte bereits hinlänglich klar gemacht 67 haben, dass der sachliche Auslöser gewissermaßen **zwei völlig unterschiedliche juristische Welten** trennt. In der einen herrscht – wenn auch kanalisiert – individuelle Freiheit, und in der anderen dominiert ein Recht, das seinen weiten Zwangsmechanismus durch seine Ausrichtung an dem übergeordneten, gemeinsamen Interesse vornehmlich der Gläubiger legitimiert. Angesichts dessen ist es also evident, dass die Antwort auf die Frage, wo denn dieser Rubikon genau belegen ist, von essentieller Bedeutung für das gesamte Wirtschaftsleben ist (s. auch § 16).

a) Bestehende oder zukünftige Zahlungsunfähigkeit

aa) Aktuelle Zahlungsunfähigkeit

Der deutsche Gesetzgeber hat sich dafür entschieden, besagte Fest- 68 legung des „Rubikon" in der Weise vorzunehmen, dass er recht abstrakt die Voraussetzungen des **Common Pool-Problems** (s. oben § 1 Rn. 1d) umschreibt. In **§ 17** benennt er denjenigen Insolvenzgrund, der in der Praxis am häufigsten bei einer Antragstellung benannt wird – die Zahlungsunfähigkeit. Sie ist ausweislich des § 17 II 1 immer dann anzunehmen, wenn der Schuldner „nicht in der Lage ist, die fälligen Zahlungspflichten zu erfüllen". Dieser Tatbestand soll regelmäßig dann vorliegen, wenn der Schuldner seine Zahlungen eingestellt hat.

Die Legaldefinition ist in dreierlei Hinsicht weiter gefasst, als man 69 den Tatbestand noch unter dem alten Recht angenommen hatte. Dort kam nämlich noch hinzu, dass der Schuldner „dauerhaft" nicht in der Lage war, seine „wesentlichen" Zahlungspflichten zu erfüllen, obgleich sie die Gläubiger „ernsthaft einforderten". Diese Straffung im neuen Recht soll der früheren Einleitung von Verfahren dienen. Demgemäß heißt es heute: Wer schon nicht „die Semmeln beim Bäcker bezahlt, hat anscheinend erst recht kein Geld, um seine großen Gläubiger zu befriedigen". Allerdings … wenn der Schuldner einmal nur kurzfristig kein Geld zur Begleichung einer Schuld zur Hand hat – wenn also eine bloße Zahlungsstockung vorliegt –, soll eine solche vorübergehende Illiquidität die Definition „selbstverständlich" noch nicht erfüllen – denn nach allgemeinem Verständnis umschreibt § 17 II 1 nach wie vor eine **Zeitraumilliquidität** (statt einer Zeitpunktilliquidität). Nur ist eben jetzt der Zeitraum des „vorübergehend" kürzer geworden – der BGH hat klargestellt, dass Zahlungsunfähigkeit regelmäßig dann vorliegt, wenn der Schuldner 10% oder mehr seiner fälligen Gesamtverbindlichkeiten binnen der nächsten drei Wochen nicht erfüllen kann; und auch bei einem niedrigeren Prozentsatz sei sie dann gegeben, wenn absehbar ist, dass die 10%-Marge demnächst erreicht werde. Das „ernsthafte Einfordern" hat der BGH schließlich doch wieder in den § 17 hineingelesen, so dass man jetzt fast schon wieder beim alten Ausgangspunkt angelangt ist.

bb) Drohende Zahlungsunfähigkeit

70   Gegenüber dem Vorgängergesetz der Konkursordnung stellt es eine Neuerung dar, dass in Gestalt des **§ 18** ein weiterer Insolvenzeröffnungsgrund gegeben ist – nämlich der der drohenden Zahlungsunfähigkeit. Die Einführung dieses Tatbestands ist im Zusammenhang damit zu sehen, was bereits oben (Rn. 29 f.) bei der Einordnung des Fiskus in die allgemeine Klasse der ungesicherten Insolvenzgläubiger angesprochen worden ist: dass nämlich eine frühestmögliche Eröffnung eines Insolvenzverfahrens erreicht werden soll. Deswegen sei noch einmal hervorgehoben, dass der Erfahrungssatz gilt, dass umso mehr Masse vorhanden ist, je früher ein Verfahren eröffnet wird. Und als Folge daraus gilt, dass die Chancen für eine Sanierung umso größer sind, je mehr Masse vorhanden ist. (Aus diesem Grund übrigens gibt es im US-amerikanischem Bankruptcy Code gar keinen Eröffnungsgrund; es wird vom Richter lediglich geprüft, ob der Antrag „in good faith" erfolgt).

71   Ausweislich des § 18 II 1 kann ein Verfahren bereits dann eröffnet werden, wenn der Schuldner „voraussichtlich nicht in der Lage sein wird, die bestehenden Zahlungspflichten im Zeitpunkt der Fälligkeit zu erfüllen". Hierbei muss gemäß Abs. 2 S. 2 eine Prognose angestellt werden, die regelmäßig einen **Zeitraum** von zwei Jahren umfasst. Dabei sind alle zum Zeitpunkt der Prognoseerstellung existierenden Forderungen in Rechnung zu stellen sowie diejenigen, die zwar noch nicht entstanden sind, die aber – wie etwa Lohn- oder Mietzahlungen – aus der derzeitigen Perspektive mit Sicherheit entstehen werden.

72   Die Berufung auf diesen Insolvenzauslösungsgrund ist allein **dem Schuldner vorbehalten** (bei juristischen Personen und Gesellschaften ohne Rechtspersönlichkeit ist allerdings das Einstimmigkeitsgebot in § 18 III, ansonsten § 15 II, zu beachten) – und zwar als Option, nicht dagegen als Pflicht; nur er darf unter Berufung auf die ihm drohende Zahlungsunfähigkeit einen Insolvenzantrag stellen – oder aber sich für das Restrukturierungsverfahren nach dem StaRUG entscheiden (§ 2 Rn. 5). Nicht nur diese Auswahl, sondern auch die Entscheidung zugunsten eines Insolvenzverfahrens sollten Schuldner (bzw. ihre Berater)

als Chance zu erkennen lernen: Denn nicht nur, dass damit lästige bzw. existenzbedrohende Vollstreckungsmaßnahmen oder Verträge ausgehebelt werden können – wird nämlich ein Insolvenzverfahren eröffnet, werden bestimmte Pfändungen (vgl. Rn. 128) auf Grund der Rückschlagsperre in § 88 automatisch unwirksam und es können bestimmte Verträge nach § 103 ff. annulliert werden. Vielmehr bietet diese vorzeitige Eröffnungsmöglichkeit auch noch zusätzlich die Chance zur Sanierung eines „schlingernden" Unternehmens; sie in Verbindung mit dem weiter unten (Rn. 232) noch zu präsentierenden sog. Pre-Packaged-Plan erleichtern Restrukturierungsmaßnahmen noch über die Möglichkeiten des StaRUG hinaus nicht unerheblich.

Dass nicht auch die Gläubiger dieses Recht haben, hängt insbesondere 73 mit dem Risiko zusammen, dass Gläubiger u. U. allzu sehr versucht sein könnten, mit Hilfe dieses Insolvenzgrundes ihrem Schuldner Schaden zuzufügen und ihn dann – gleichsam wie bei einer „Self-Fulfilling Prophecy" – gerade mit Hilfe dieses Antrags tatsächlich in die Insolvenz zu treiben.

b) Überschuldung

Der Insolvenzeröffnungsgrund der Überschuldung ist in **§ 19** geregelt 74 und ist allein den juristischen Personen vorbehalten.

Nach Abs. 2 dieser Vorschrift liegt Überschuldung vor, wenn die 75–76 Aktiva des Schuldners die Passiva nicht mehr decken – es sei denn, dass die Fortführung des Unternehmens in den nächsten zwölf Monaten nach den Umständen „überwiegend wahrscheinlich" ist. Aus dieser Regelung ergibt sich eine **zweistufige** Prüfungsreihenfolge: Wenn die Passiva die Aktiva überwiegen, ist Insolvenzantrag zu stellen (§ 15a), sofern nicht eine positive Fortführungsprognose für die kommenden zwölf Monate erstellt werden kann. Ist letzteres aber möglich, muss kein Antrag gestellt werden, und es drohen keine Schadensersatzpflichten nach § 823 II BGB. Nur wenn die Fortführungsprognose negativ ausfällt, also ein Weitermachen nicht überwiegend wahrscheinlich ist, muss die Eröffnung beantragt werden.

So einleuchtend dieser Insolvenzeröffnungsgrund auf den ersten Blick 77 erscheinen mag, so schwierig ist er in der Praxis tatsächlich festzustellen und so gering ist dort auch seine primäre Bedeutung. Das hängt insbesondere damit zusammen, dass die **Bewertung von Vermögensgegenständen** ein – milde gesprochen – bislang noch keineswegs (und schon gar nicht allseits) zufriedenstellend gelöstes Problem darstellt. Die sekundäre Bedeutung des Überschuldungstatbestandes ergibt sich aus dem Zusammenhang mit der unten (Rn. 88) darzustellenden Antragspflicht; sie nötigt (de iure) Schuldner dauerhaft dazu, sich über ihre Vermögensverhältnisse Klarheit zu verschaffen und auf dem Laufenden zu halten. Diese Vorschrift wirkt daher etwa wie ein Frühwarnsystem. § 19 II 2 statuiert eine vorher vom BGH eingeführte Regel, derzufolge Gesellschafterdarlehen i.S.d. § 39 I Nr. 5 in die Überschuldungsbilanz einzustellen sind, es sei denn, dass ein qualifizierter Nachrang vereinbart worden ist.

c) Exkurs: Fixierte Tatbestände

78   Während sich also die InsO für weitgehend (s. aber § 17 II 2) abstrakt formulierte Eröffnungstatbestände entschieden hat, haben andere Länder teilweise wesentlich konkretere Tatbestände für die Kennzeichnung ihres „Rubikon"; man nennt solche konkreteren Tatbestände vielfach „Acts of Bankruptcy". Ein solcher, vor allen Dingen in der Geschichte weit verbreiteter Tatbestand war – und ist es auch heute noch in vielen Ländern (etwa der Schweiz, Estland oder der Mehrzahl der von der englischen Rechtsordnung beeinflussten Rechtsordnungen) – die **Flucht des Schuldners**. Dahinter steckt die ebenso schlichte wie fundamentale Erkenntnis, dass, wer sich seinen Gläubigern heimlich entzieht, diese offenbar nicht befriedigen kann. In England übrigens war früher der Flucht gleichgestellt, wenn der Schuldner sein Haus nicht mehr verließ; die allseits bekannte Aussage „my home is my castle" war nämlich in erster Linie ein juristischer Grundsatz des Schuldnerschutzes.

79   Einen anderen fixierten Insolvenzeröffnungstatbestand findet man etwa in der Schweiz und in Finnland (oder auch im antiken Rom): Die **Nichterfüllung einer titulierten Forderung** bzw. einen vergeblichen Vollstreckungsversuch. Letzterer wird zwar auch hierzulande immer wieder einmal zur Voraussetzung einer erfolgreichen Antragstellung gemacht, aber daran schließt sich nicht gleichsam automatisch die Eröffnung des Verfahrens an.

79a   Das ist aus deutscher Perspektive angesichts eines brennenden Problems hervorhebenswert, das letzten Endes das rechtsstaatliche Fundament unseres Gemeinwesens bedroht. Die Rede ist von Gläubigern, die auf rechtsstaatlichem Weg einen Titel errungen haben, ihn aber im Wege der Zwangsvollstreckung nur höchst verzögerlich – und damit im Ergebnis regelmäßig vergeblich – durchsetzen können, weil das vom Staat zur Verfügung gestellte Vollstreckungspersonal viel zu überlastet ist. Nicht wenige dieser Gläubiger sinnen auf alternative Abhilfe und bedienen sich dabei zunehmend durchaus auch äußerst zweifelhafter Hilfe, die auch die Grenze zum Kriminellen überschreiten kann.

Bestehende Zahlungsunfähigkeit, § 17	= *allgemeiner Insolvenzgrund für Schuldner- und Gläubigerantrag* – Schuldner ist nicht in der Lage, fällige Zahlungspflichten zu erfüllen, § 17 II 1 (Zeitraumilliquidität); wird bei Einstellung der Zahlungen vermutet, § 17 II 2 – Faustregel (BGH): wenigstens 10% der fälligen Forderungen können binnen drei Wochen nicht erfüllt werden
Drohende Zahlungsunfähigkeit, § 18	= *Insolvenzgrund nur für Schuldnerantrag* – Schuldner ist voraussichtlich nicht in der Lage, bestehende Zahlungspflichten bei Fälligkeit zu erfüllen, § 18 II – Ermittlung im Rahmen einer Prognosebeurteilung durch die Aufstellung eines Liquiditätsplans

Überschuldung, § 19	= *Insolvenzgrund für juristische Personen (§ 19 I, II) und haftungsabgeschirmte Gesellschaften (§ 19 III)*
	– Vermögen des Schuldners deckt bestehende Forderungen nicht mehr (Überwiegen der Passiva), § 19 II
	– *3-stufige Überschuldungsprüfung* (Art. 6 III FMStG):
	  1. Überschuldungsbilanz nach Liquidationswerten?
	  2. positive Fortführungsprognose?
	  3. ggf.: Überschuldungsbilanz nach Fortführungswerten?

Übersicht 4: Sachliche Insolvenzeröffnungsgründe

Angesichts einer derartigen „Privatisierung" der Zwangsvollstreckung, die von niemandem wirklich gewollt sein kann, liegt zwar der Ruf an den Staat nahe, das Vollstreckungspersonal drastisch aufzustocken. Doch die leeren Kassen allerorten machen jegliche Hoffnung auf ein Erhören dieses Rufes wohl von vornherein zunichte. Als ein eventuell gangbarer Lösungsweg böte sich unter den gegebenen Umständen an, diese **unerwünschte Selbsthilfe** zurückzudrängen und durch einen rechtsstaatlichen Verfahrensmodus zu ersetzen, indem die Befriedigung dergestalt privatisiert und damit den öffentlichen Gerichtsvollziehern entzogen würde, dass ein Insolvenzverfahren eingeleitet werden könnte. Der Staat könnte sich auf diese Weise die – ohnedies nicht vorhandenen – Mittel für die Neueinstellung von Gerichtsvollziehern ersparen, hätte gleichwohl aber dafür Sorge getragen, dass die Schuldeneintreibung in Gestalt eines rechtsstaatlich geordneten Verfahrens erfolgte.

2. Persönlich

Die Notwendigkeit, dass nach deutschem Recht zur Eröffnung eines Insolvenzverfahrens in jedem Fall ein Eröffnungsgrund vorliegen muss

(§ 16), beantwortet noch nicht die Frage, durch wen das Verfahren in Gang gesetzt wird. Da es hierzulande grundsätzlich keine amtswegige Eröffnung gibt (Ausnahme ist etwa der Finanzbereich, insbesondere der sog. Single Resolution Mechanism (SRM); s. auch noch unten Rn. 87), muss also immer ein entsprechender **Antrag** gestellt werden; er ist als Prozesshandlung bedingungs- und befristungsfeindlich, kann aber gemäß § 13 II ggf. wieder zurückgenommen oder auch für erledigt erklärt werden. Als Antragsteller kommen außer dem Schuldner und den Gläubigern etwa noch eine Behörde in Frage. Beispiele für alle drei Varianten finden sich auch im deutschen Recht, wobei noch zwischen einer Antragsberechtigung und einer Antragspflicht differenziert werden muss.

a) Antragsberechtigung

82 Was zunächst die Antragsberechtigung anbelangt, so findet sich die Grundregel in **§ 13 I 2**. Danach sind der Schuldner und seine Gläubiger zur Stellung eines Insolvenzantrags berechtigt. Die Terminologie dieser Vorschrift ist so weit, dass auch ein Gläubiger als Antragsberechtigter erfasst ist, der für seine Forderung völlig abgesichert ist. Ob er aber tatsächlich einen Antrag stellen darf, oder ob das als unzulässige Rechtsausübung zurückgewiesen werden muss, bemisst sich nach § 14. Danach muss ein Antrag stellender Gläubiger ein „**rechtliches Interesse**" an der Einleitung des Verfahrens haben.

aa) Gläubigerantrag

83 Ein solches hat er grundsätzlich, wenn er, erstens, seine **Forderung** und, zweitens, einen der ihm eingeräumten Eröffnungsgründe **glaubhaft** (vgl. § 294 ZPO) machen kann. Was das erste Erfordernis anbelangt, so ist klar, dass sich ein Gläubiger im Falle einer bereits titulierten Forderung mit der bloßen Vorlage des Titels begnügen kann. Andernfalls muss er seine Forderung schlüssig darlegen und ihre Existenz dem Gericht als überwiegend wahrscheinlich erscheinen lassen; dazu kann er sich aller präsenten Beweismittel bedienen. Gleiches gilt für das Vorliegen eines Eröffnungsgrundes. Gelingen ihm diese Nachweise und sind die weiteren Voraussetzungen wie etwa Insolvenzfähigkeit des Schuldners und Zuständigkeit des Gerichts erfüllt, liegt ein **zulässiger Antrag** vor, der zur Gewährung rechtlichen Gehörs des Schuldners führt (§ 14 II). **Begründet ist der Antrag**, wenn das Gericht vom Vorliegen eines Eröffnungsgrundes überzeugt ist (§ 286 ZPO) und die Forderung des Antragstellers für glaubhaft gemacht hält. Zahlungsunfähigkeit ist danach etwa dann als erwiesen anzusehen, wenn der Schuldner mit fälligen Sozialversicherungsbeiträgen von mehr als sechs Monaten im Rückstand ist.

Allerdings wird einem Gläubiger das **rechtliche Interesse abgesprochen**, wenn seine Forderung vollkommen abgesichert ist oder wenn es, ganz allgemein gesprochen, für den betreffenden Gläubiger eine einfachere Rechtsdurchsetzungsmöglichkeit gibt. Ein rechtliches Interesse wird einem Gläubiger aber auch dann abgesprochen, wenn er mit dem Antrag einen verfahrensfremden Zweck verfolgt. Das soll nach (verwunderlicher) heute weit verbreiteter Ansicht bereits dann der Fall sein, wenn der Gläubiger mit dem Antrag Druck auf den Schuldner ausüben will, das Geschuldete zu leisten. Man bedenke, dass der Gläubiger damit auf das ihm von Rechts wegen (!) zustehende Instrumentarium verweist! 84

Doch nicht nur ein Gläubiger kann in diesem Kontext Ungutes im Schilde führen; auch der Schuldner selbst hat diese Möglichkeit, indem er die in Frage stehende Gläubigerforderung geschwind erfüllt und damit den Antrag hinfällig macht. Dadurch kam es in der Vergangenheit häufig zu **Insolvenzverschleppungen**, so dass der Gesetzgeber in Gestalt des § 14 I 2 (und Abs. 3 S 1) reagieren musste; danach kann der Antrag auf Verfahrenseröffnung trotz Befriedigung der Forderung weiter bearbeitet werden. 84a

bb) Eigenantrag

Beim Eigenantrag des Schuldners – er spielt im Verbraucherinsolvenzverfahren eine wesentliche Rolle (vgl. § 287 I); bei einer juristischen Person oder einer Gesellschaft ohne Rechtspersönlichkeit sind die Anforderungen des § 15, bei einem Antrag zur Begründung eines Gruppen-Gerichtsstandes § 13a ebenso zu beachten wie die Kommunikationsmöglichkeit nach § 10a – sind die Nachweisanforderungen naturgemäß geringer; denn nicht nur, dass den Schuldner weit reichende Auskunftspflichten treffen (§ 20), es darf vielmehr auch nach schlichter Logik unterstellt werden, dass sich wohl kaum jemand ohne Not freiwillig in dieses Verfahren begibt. Allerdings ist angesichts dieser vermeintlichen Plattheit zu bedenken, dass es sehr viel früher einmal Zeiten gegeben hat, in denen ein Schuldner überhaupt nicht befugt war, einen Antrag zu stellen – so wie auch heute noch die Einzelzwangsvollstreckung ausschließlich durch einen Gläubigerantrag eingeleitet wird. Das hatte erzieherische Gründe: Ein Pleitegänger sollte sich nicht auch noch in ein Konkursverfahren (und damit in einen rechtlichen Schutzbereich) hineinflüchten können. 85

Die in diesem Fall reduzierten Anforderungen an den Nachweis der Eröffnungsvoraussetzungen sind so lange gerechtfertigt, als es hierzulande noch nicht die „Flucht in das Insolvenzverfahren" gibt, die insbesondere in den USA mit ihrem Chapter-11-Verfahren ein nicht unbeliebtes Sanierungs- und „Gläubigern-ein-Schnippchen-schlagen"-Spiel 86 darstellt. Derzeit ist eine durchaus effiziente Prävention gegen derlei Strategien jedoch das oben schon einmal angesprochene, traditionelle Bewusstsein vom „Makel der Insolvenz". Da aber die Eigenverwaltung gestärkt und der Schuldner somit bevorzugt wurde, ist es verständlich, dass dem entsprechenden Schuldnerantrag nunmehr in Gestalt der Muss-Regelung des § 13 I Sätze 4 bis 6 höhere Nachweispflichten abverlangt werden (s. auch § 13a).

cc) Behördenantrag

87 Während in anderen Ländern die Antragsberechtigung im Falle der Insolvenz eines Unternehmens bisweilen auch auf eine staatliche Behörde erstreckt wird, hat es eine derartig weit reichende Regelung hierzulande bislang noch nicht gegeben. Das scheint sich allmählich zu ändern. Denn neuerdings gibt es in § 111i II StPO ein Antragsrecht der Staatsanwaltschaft; und in dem Spezialbereich der **Kreditinstitute** gibt es eine solche behördliche Befugnis schon seit längerem – und zwar dann auch in ausschließlicher Form. So schreibt das Kreditwesengesetz in seinem § 46b I 4 vor, dass im Falle der Krise eines Kreditinstituts einzig und allein die Bundesanstalt für Finanzdienstleistungsaufsicht zur Stellung eines Insolvenzantrags befugt ist. Bis vor kurzem musste daraufhin auch gleich das Verfahren ohne wenn und aber eröffnet werden; jetzt dagegen kann und muss das Insolvenzgericht, wie bei jedem anderen Schuldner auch, das Vorliegen eines Eröffnungsgrundes prüfen. Im Übrigen gelten aber für Banken die unerfreulich komplizierten, eigenständigen Abwicklungsregelungen des SAG.

b) Antragspflicht

88 Wenn man die praktische Umsetzung und Effizienz eines Gesetzes sicherstellen will, gibt es zur Erreichung dieses Ziels grundsätzlich zwei Herangehensweisen: Entweder man bietet **Anreize** (beispielsweise die Erlangung einer Restschuldbefreiung oder etwa der Nicht-Verlust des eigenen Jobs), oder man statuiert eine **Pflicht** und sanktioniert sie. Diese Variante des allgemein bekannten Antagonismus von Zuckerbrot und Peitsche gilt, wie für jedes Gesetz, naturgemäß auch für die Insolvenzordnung – beides existierende, aber nicht ganz dornenfreie Wege, wie noch zu zeigen sein wird.

89 Es liegt daher nahe, dass es auch eine **Pflicht zur Antragstellung** gibt, und ihre Einhaltung sollte durch die Androhung von Üblem sicher gestellt sein. Das gibt es im deutschen Recht tatsächlich, und zwar bei juristischen Personen. Was zunächst eine speziell angeordnete Besonderheit einiger juristischer Personentypen gewesen ist, hat das MoMiG Ende 2008 auf alle Typen – unter Einschluss derjenigen Gesellschaften ohne Rechtspersönlichkeit, bei denen kein persönlich haftender Gesellschafter eine natürliche Person ist (klassisch: GmbH & Co. KG, gegebenenfalls: UG & Co. KG) – erstreckt, s. § 15a. Nach dieser Vorschrift müssen die dort benannten Verantwortlichen (s. auch die subsidiär wirkende Regelung des Abs. 3) bei Vorliegen eines Insolvenzgrunds Antrag auf Eröffnung eines Insolvenzverfahrens unverzüglich, spätestens aber binnen einer Frist von **drei Wochen** im Falle der Zahlungsunfähigkeit (s. allerdings § 42 II BGB) und **sechs Wochen** im Falle der Überschuldung stellen. Tun sie das nicht, vertraut der Gesetzgeber nicht etwa nur auf den zivilrechtlichen Kontrollmechanismus einer Schadensersatzpflicht aus 823 II BGB; er „sattelt" vielmehr noch einen drauf und erklärt in § 15a IV die Verletzung dieser Pflicht sogar zu einem strafwürdigen, also die Allgemeinheit tangierenden Fehlverhalten! Beachte allerdings, dass auch natürliche Personen im Falle ihres Bankrotts über § 283 StGB einer strafrechtlichen Sanktion ausgesetzt sein können; bei ihnen würde aber die Statuierung einer Antragspflicht nicht den Zugang zu einer weiteren Vermögensmasse (nämlich der persönlichen des oder der Verantwortlichen einer Gesellschaft) eröffnen.

Was die angesprochene **Schadensersatzpflicht** anbelangt – sie ist eine Variante der sog. Insolvenzverschleppungshaftung, s. dazu auch den durch das SanInsFoG zur Allgemeingeltung bei juristischen Personen gebrachten § 15b –, ist zwischen Altgläubigern und Neugläubigern zu differenzieren. Die „Alten" sind Gläubiger des schuldnerischen Unternehmens zu einer Zeit geworden, in der sich dieses noch nicht in der Krise befand; die „Neuen" sind Gläubiger aus der Zeit, in der die Drei-Wochenfrist bereits abgelaufen war – als also von Rechts wegen das Verfahren bereits hätte eingeleitet sein müssen. Die „Alten" erhalten als Schadensersatz gegen die Verantwortlichen nur den sog. **Quotenschaden** – also denjenigen Differenzbetrag, um den die ihnen ausgeschüttete Quote höher gewesen wäre, wäre das Verfahren rechtzeitig eingeleitet worden. Die „Neuen" dagegen bekommen das **negative Interesse**; denn sie hätten bei rechtzeitiger Antragstellung mit dem schuldnerischen Unternehmen gar nicht erst Kontakt aufgenommen. Auf die Geltendmachung dieser Schäden wird weiter unten noch zurückzukommen sein.

Testfragen zu Kapitel V

1. Was versteht man unter einem Quotenschaden?
2. In Österreich etwa wird ein Insolvenzverfahren auf einen Eigenantrag hin sofort eröffnet. Sollte das in Deutschland auch eingeführt werden?

VI. Vermögensbeschlag

91 Wie im Bereich der Zwangsvollstreckung wegen einer Geldforderung gilt auch – und besonders – im Insolvenzrecht der Grundsatz, dass den Gläubigern grundsätzlich das gesamte Vermögen ihres Schuldners haftet. Dies ist in § 35 mit wünschenswerter Klarheit zum Ausdruck gebracht (in § 38 IV VDuG allerdings verunklart) und als „Insolvenzmasse" (s. bereits Rn. 16) definiert. Dass dort – im Gegensatz zum früheren Recht – nunmehr auch noch das während des Verfahrens erlangte Vermögen hinzugezählt wird, wird alsbald zu erläutern sein (unten Rn. 99 f.). An dieser Stelle ist nurmehr hervorzuheben, dass es in der Einzel- und der Gesamtvollstreckung die zum Zwecke des Schuldnerschutzes bestehenden Ausnahmen gibt, denen dieser Status unbeschadet ihres weitreichenden Umfangs nach wie vor zugesprochen wird. Im Insolvenzrecht sind sie allerdings ein klein wenig enger gefasst, indem § 36 II eine Ausnahme von der Ausnahme statuiert (s. noch Rn. 97) und somit in der Zwangsvollstreckung einige unpfändbare Gegenstände nun doch in die Masse einbeziet. Generell gesehen nimmt § 36 I aber eine Parallelisierung vor, indem er die unpfändbaren Gegenstände auch als „insolvenzresistent" apostrophiert.

1. Insolvenzmasse

92 Nachdem die rechtsgeschichtliche Entwicklung seit Jahrtausenden über den Zustand hinausgekommen ist, dass die physische Person des Schuldners zur Rechenschaft gezogen wird, und dass stattdessen das Vermögen des Schuldners liquidiert bzw. zu Geld gemacht wird, ist es unmittelbar einleuchtend, dass der **Vermögensbegriff** auch und insbesondere im Insolvenzrecht eine ganz zentrale Rolle spielt. Denn es ist das Vermögen des Schuldners, das – grundsätzlich gesprochen – die Insolvenzmasse darstellt. Allerdings ist eine zufriedenstellende Definition dessen, was das Vermögen ausmacht, bislang noch nicht gelungen.

93 Jedoch gehören zu dessen festem Bestand gewisslich die seit altrömischer Zeit bekannten **Mobilien, Immobilien und Forderungen**. Schwieriger wird es aber schon mit den noch nicht so lange etablierten Vermögensgegenständen wie bspw. **treuhänderisch** gehaltenem Vermögen. Hier gilt nach zwischenzeitlich einigermaßen gefestigter Ansicht (vgl. Rn. 19), dass im Falle der Insolvenz des Treugebers sämtliches Treugut zur Masse gehört, während im umgekehrten Fall – der Insolvenz des Treuhänders – zwischen der fremd- und der eigennützigen Treuhand unterschieden werden muss: Das fremdnützig gehaltene Treugut fällt nicht in die Masse, das eigennützig gehaltene dagegen sehr wohl, s. bereits oben Rn. 19. Dass in diesem Zusammen-

VI. Vermögensbeschlag

hang naturgemäß Beweisprobleme auftreten, belegt nahezu jeder Einzelfall.

Während sich die vorgenannten Beispiele noch einigermaßen mit den aus dem Sachenrecht vertrauten Rechtsfiguren erfassen lassen, wird das bei den **modernen Vermögensgütern** wie bspw. Goodwill, Know-how oder Geschäftsgeheimnisse, Kundenstamm, Firma, Lizenzen oder – ganz aktuell – Daten (kurzum: mit vornehmlich Immaterialgüterrechten) deutlich problematischer. Hier ergeben sich Schwierigkeiten bereits daraus, dass wir Heutigen gewissermaßen in einer terminologisch-historischen Falle stecken. Denn der dem Juristen von Anbeginn seiner Laufbahn an „eingeimpfte" und vertraute Begriff „Sachenrecht" nimmt Bezug auf § 90 BGB. Dort wird der Begriff „Sache" definiert – und zwar als ein körperlicher Gegenstand. Diesem Verständnis entspricht es etwa, dass die „Übereignung" einer Forderung, d.h. also die Abtretung, nicht im Sachenrecht, sondern im Schuldrecht – in den §§ 398 ff. BGB (ganz allgemein in § 413 BGB) – geregelt ist, obgleich es sich dabei völlig unbezweifelbar um ein Verfügungsgeschäft handelt, dem eine ins Schuldrecht gehörende Causa zugrunde liegen muss. Diese sprachliche Verengung auf allein körperliche Gegenstände kommt aus dem (zu eng verstandenen) römischen Recht und gilt seit alters her. Unter diesen Begriff bzw. in dieses Verständnis davon lassen sich die besagten modernen Vermögensgegenstände nicht mehr fassen.

In sprachlicher Hinsicht öffnet sich daher der Horizont, wenn man Vermögen vorsichtig mit der aus dem anglo-amerikanischen Rechtskreis übernommenen Bezeichnung **„property rights"** gleichsetzt. Dadurch wird klar, dass diese Gegenstände Vermögenswerte darstellen und deswegen auch – zumindest grundsätzlich – in die Masse fallen müssen. Aber auch dann ergeben sich im Einzelfall immer wieder Probleme, was denn tatsächlich zum haftenden Vermögen gehört: Fallen etwa der „millionenschwere" Stürmerstar eines Profibundesligaclubs in die Masse dieses Vereins oder eine Website, mit der man bisweilen erhebliche (Werbe-)Einnahmen erzielen kann? Oder die einzelnen Lizenzrechte, die aus einem Rahmen-Bezugsvertrag resultieren? Und was ist mit den bitcoins (order allgemein **Kryptowerten**), die der Schuldner in seinem Vermögen haben mag? Was mit den Daten, die ein Unternehmen wie facebook verwaltet? Es ist allerdings allseits anerkannt, dass Persönlichkeitsrechte – wie insbesondere die Arbeitskraft des Schuldners – nicht in die Masse fallen; und § 83 belässt es in der Entscheidungsgewalt des Schuldners, ob er die ihm angefallene Erbschaft annehmen oder ausschlagen will, während § 84 die Auflösung bestimmter Gesellschaften und Gemeinschaften, an denen der

Schuldner bis zur Eröffnung beteiligt war, partiell in das Insolvenzverfahren einbezieht.

96 Aus der höchstpersönlichen Natur der soeben erwähnten Arbeitskraft folgt ein Problem, dessen Bewältigung sich § 35 II und III zum Ziel setzen. Selbständig Tätige, d.h. Freiberufler, geraten nicht einmal selten in die Insolvenz. Das Weiterarbeiten konnte und kann ihnen der Verwalter nicht untersagen, zumal die Masse durch die Einkünfte (s. sogleich Rn. 99 f) gar noch vergrößert wird. Allerdings wurden im gleichen Atemzug auch die Masseverbindlichkeiten gesteigert – und zwar üblicherweise in deutlich weiterem Umfang als die Massemehrung. Um diesem Dilemma gerecht werden zu können, räumt § 35 II dem Verwalter nunmehr die Möglichkeit zu einer eigenartigen (s. Rn. 98) **Freigabe** ein. Macht er davon Gebrauch, entlastet er die Masse von den Verbindlichkeiten in einem durchaus noch umstrittenen Umfang; so ist etwa fraglich, ob beispielsweise die Mietzinsverpflichtungen bezüglich der Praxis des insolventen Zahnarztes oder die Arbeitsverhältnisse mit den Angestellten auch von der Freigabe erfasst sind. Andererseits fallen erzielte Einnahmen bzw. Veräußerungserlöse in das insolvenzfreie Vermögen des Schuldners.

2. Gegenwärtiges Vermögen

97 Zunächst einmal ist ausweislich des § 35 das zur Zeit der Verfahrenseröffnung dem Schuldner gehörende Vermögen vom Insolvenzbeschlag erfasst. Wie schon erwähnt, legt die deutsche Parallelisierung der Gesamtvollstreckung mit der Einzelzwangsvollstreckung (s. § 1 Rn. 8) nahe, dass zum Vermögen im insolvenzrechtlichen Sinne nur all das gehört, was auch im Falle der Einzelvollstreckung dem Zugriff der Gläubiger ausgesetzt ist. In seltenen Ausnahmefällen gibt es eine massenmäßige Beschränkung – beispielsweise gem. § 11 II Nr. 2 im Fall einer Nachlassinsolvenz, gem. § 30 I PfandBG im Fall der Insolvenz einer Pfandbriefbank oder, nach Ansicht des BGH (Urt. v. 11.5.2006 – IX ZR 42/05), im Fall eines unter Testamentsvollstreckung stehenden Erbes. § 36 begrenzt die Sollmasse auf diejenigen gegenwärtigen **Vermögensgegenstände des Schuldners, die pfändbar sind**. Damit sind also die vorstehend schon angesprochenen vielfältigen, weit über die Dreiteilung von Immobilien, Mobilien und Forderungen hinaus reichenden Property Rights erfasst, während die unpfändbaren Gegenstände insbesondere der §§ 811 ZPO und 850 ff. ZPO ausgeschlossen sind. Allerdings ist von nicht ganz unerheblicher Bedeutung, dass § 36 II insbesondere die Geschäftsbücher aus dieser Parallelisierung ausnimmt. Sie gehören also sehr wohl in die Sollmasse und erleichtern damit die Veräußerung des schuldnerischen Unternehmens.

VI. Vermögensbeschlag 63

Da gemäß dem Voranstehenden auch solche Vermögensgegenstände des Schuldners zur Masse gehören, die für die Gläubiger deswegen ohne jegliches Interesse sind, weil sie etwa „bis über die Halskrause" hinaus mit Sicherungsrechten belastet sind, oder weil ihre Zugehörigkeit zur Masse einen übermäßigen finanziellen Feststellungsaufwand erfordern würde, ist dem Verwalter die Möglichkeit eingeräumt, solche Massebestandteile **freizugeben** (§ 32 III 1; s. auch Rn. 96 und 134). Es ist in diesem Kontext beispielsweise heftig umstritten, ob sich ein Verwalter dadurch der umwelthaftungsrechtlichen Beseitigungskosten entledigen kann, dass er ein kontaminiertes Grundstück freigibt. 98

3. Zukünftiges Vermögen

Während früher noch dasjenige Vermögen des Schuldners, das dieser **nach dem Zeitpunkt der Verfahrenseröffnung** erwarb, ausschließlich ihm (bzw. seinen neuen Gläubigern) zugutekam, zieht es die Insolvenzordnung in § 35 nunmehr grds. in die Insolvenzmasse. Das wird damit erklärt oder gerechtfertigt, dass die Insolvenzordnung erstmalig in der deutschen Rechtsgeschichte in den §§ 286 ff. (Rn. 270 ff.) eine Restschuldbefreiungsmöglichkeit vorsieht. Wenn nämlich, so die Argumentation, eine solche Schuldbefreiung möglich ist, soll den Gläubigern als Ausgleich für den damit hinzunehmenden Verlust wenigstens der Zugriff auf alle Vermögenswerte des Schuldners bis zum Abschluss des Verfahrens gewährleistet sein. 99

Damit ist allerdings der Zeitpunkt, ab dem der Schuldner einen „**fresh start**" durchführen kann, von dem früher noch maßgeblichen Eröffnungszeitpunkt auf den des Eintritts der Restschuldbefreiung verlagert worden. Die Konsequenzen daraus sind für die Neugläubiger – das sind diejenigen, die erst nach Verfahrenseröffnung Gläubiger werden – misslich: Für sie gibt es praktisch keine haftende Masse, denn die ist durch § 35 den Altgläubigern reserviert; s. auch § 89, der allerdings nach wohl überwiegender Ansicht nicht hinsichtlich freigegebener Massegegenstände gilt. Durch diese Regelung ist dem Schuldner ein Neuanfang wenn nicht unmöglich gemacht, so doch erheblich erschwert – eine unglückliche Unbedachtsamkeit des Gesetzgebers. 100

4. Früheres Vermögen

Es ist nicht nur eine Frage des Symmetrieempfindens, wenn an dieser Stelle auch die Frage angesprochen wird, ob neben dem existierenden und dem künftigen Vermögen etwa auch früheres Vermögen des Schuldners vom Insolvenzbeschlag erfasst sein kann. Die Antwort hierauf ist ein ebenso schlichtes wie bedeutsames: Ja. Vermögen also, 101 das der Schuldner zu früheren Zeiten – u. U. auch lange vor der Eröffnung des Insolvenzverfahrens – einmal sein Eigen genannt hat, unterliegt möglicherweise dem Insolvenzbeschlag. Einzelheiten werden weiter unten im Zusammenhang mit der **Insolvenzanfechtung** darzustellen sein (Rn. 172 ff.). An dieser Stelle genügt der Hinweis, dass es sich aus Gründen der Anreicherung der Masse und damit zum Vorteil der allgemeinen Gläubiger – also aus haftungsrechtlichen Gründen – so verhalten kann, dass der Schuldner unbeschadet einer nach dem allgemeinen Vermögensrecht wirksamen Vermögensübertragung gleichwohl noch als Zuweisungssubjekt des haftenden Vermögensobjekts gesehen wird.

Testfragen zu Kapitel VI

1. Gehören folgende Gegenstände des Schuldners in die Masse: Seine Wohnlaube? Sein Laptop (unterstellt, der Schuldner ist ein Student)? Sein Gehalt i.H.v. 1.000,- €? Seine Website?
2. Was hat § 35 mit der Restschuldbefreiung zu tun?
3. Was bedeutet Freigabe? Welche Gegenstände kann der Verwalter freigeben?

VII. Eröffnungsverfahren

102 Das Insolvenzverfahren wird also auf Stellung eines Antrags hin, nicht aber automatisch eröffnet. Daraufhin prüft das mit dem betreffenden Antrag befasste Insolvenzgericht, ob die Voraussetzungen für die Eröffnung eines Insolvenzverfahrens tatsächlich vorliegen. Bis darüber eine Entscheidung, der Eröffnungsbeschluss, § 27, ergangen ist, kann der Antrag nach § 13 II wieder zurückgenommen werden.

103 Wie schon erwähnt (Rn. 83 f.), prüft das Gericht im Falle eines **Gläubigerantrags** zunächst einmal die allgemeinen Zulässigkeitsvoraussetzungen wie etwa Insolvenzfähigkeit des Schuldners, §§ 11, 12, Gläubigereigenschaft des Antragstellers, Zuständigkeit des Gerichts und ob der Gläubiger überhaupt ein rechtliches Interesse an der Eröffnung des Verfahrens hat, vgl. § 14, ob er also sein Ziel nicht etwa auf einfachere und schnellere Art erreichen kann. Mit dieser Prüfung soll eine zusätzliche Barriere gegen missbräuchliche Anträge – sie lösen u. U. eine Haftung gemäß § 826 BGB aus – aufgebaut werden: Natürlich hat möglicherweise bereits die Antragstellung, wenn sie denn bekannt wird, nachteilige Folgen; doch sind diese noch größer, wenn ein Verfahren eröffnet wird. Ist der Gläubigerantrag nach dem Vorstehenden zulässig, muss der Gläubiger dem Gericht im Rahmen der Begründet-

VII. Eröffnungsverfahren 65

hcit noch glaubhaft machen, § 4 i.V.m. § 294 ZPO, dass ein Insolvenzeröffnungsgrund beim Schuldner vorhanden ist.

Stellt dagegen der Schuldner einen Antrag, den sog. **Eigenantrag**, 104 s. auch § 13 I und III, entfällt zwangsläufig die Nachweispflicht hinsichtlich einer Forderung. Es muss aber ebenfalls geprüft werden, ob die allgemeinen Zulässigkeitsvoraussetzungen erfüllt sind (etwa auch § 13a), ob insbesondere eine Antragsbefugnis nach § 15 gegeben ist, sowie ob ein Insolvenzeröffnungsgrund gemäß den §§ 16 ff. vorliegt.

Aus § 34 ergibt sich, welche **Rechtsbehelfe** es im Zusammenhang 105 mit einem Eröffnungsbeschluss gibt: Wird sein Erlass abgelehnt, so kann sich der Antragsteller dagegen mittels der sofortigen Beschwerde (§ 6), zu Wehr setzen; Gleiches gilt zu Gunsten des Schuldners, wenn die Ablehnung darauf beruht, dass die Masse nicht hinreichend ist, um auch nur die Verfahrenskosten zu decken (§ 26). Dieser hat aber auch dann ein Beschwerderecht, wenn der Eröffnungsbeschluss antragsgemäß erlassen und das Verfahren eröffnet wird (§ 34 II).

1. Finanzierung, Schutz

Die Prüfung des Gerichts kann sich ggf. über Monate hinziehen. 106 Das geschieht nicht immer aus faktischer Notwendigkeit, etwa weil die Nachforschungen so sonderlich schwierig wären. Vielmehr steckt hinter der vielfach gerade und ausgerechnet **dreimonatigen Eröffnungsphase** strategisches Kalkül, das aus einem international immer wieder ganz besonders heiß diskutierten Problem resultiert – nämlich wie man das allgemein propagierte Ziel der Unternehmensreorganisation erreichen kann, wo doch die zu Tage getretene Insolvenz gerade das Versiegen des Geldhahns indiziert. Um reorganisieren zu können, braucht man aber üblicherweise neues Geld. Also scheint es so, dass wenigstens hier die Quadratur des Kreises gelingen muss.

a) Insolvenzgeld

In Deutschland kommt man diesem Unterfangen recht nahe, und 107 zwar mit Hilfe des **Insolvenzgeldes**, dessen Konformität mit dem europäischen Beihilferecht freilich einige Zeit nicht über jeden Zweifel erhaben war. Für die drei – unentlohnten – Monate vor Eröffnung des Insolvenzverfahrens des Arbeitgebers übernimmt die Bundesanstalt für Arbeit die Auszahlung des Nettolohns nach näherer Maßgabe der §§ 165 ff. SGB III. Dieser Wechsel der Zahlungsstelle war ursprünglich ausschließlich als ein Schutzmechanismus für die von jeder Insolvenzeröffnung besonders hart betroffenen Arbeitnehmer geplant. Er hatte sich aber bereits unter der Ägide der alten

Konkursordnung zu einem Finanzierungsinstrument gemausert. Und das ist im Bereich der Insolvenzordnung gar noch verfeinert worden.

108 Auch wenn die Bundesanstalt das Geld erst nach Verfahrenseröffnung zur Verfügung stellt, so handelt es sich bei der auszubezahlenden Summe doch schon davor um einen derart konkretisierten Vermögenswert, dass er mit **Hilfe eines Kreditgebers** in der Eröffnungsphase vorfinanziert werden kann. Auf diese Weise – der Kreditgeber erhält als Gegenleistung die Forderungen der Arbeitnehmer auf Auszahlung abgetreten (beachte dabei freilich § 170 SGB III) –, gelangt neues Geld in das Vermögen des Schuldners. Damit eröffnen sich Chancen, die ohne ein Insolvenzverfahren nicht bestünden. Schließlich wird entweder zuvor noch gebundenes, weil für die Gehaltszahlungen reserviertes Vermögen frei, oder aber es stimmen die Arbeitnehmer gar noch einem (partiellen oder vollständigen) Zahlungsaufschub zu, so dass dann noch mehr Geld verfügbar wird.

109 Die im Jahre 1999 in Kraft getretene Insolvenzordnung hatte diese „Kreisquadratur" beinahe verschüttet. Denn sie hatte aus gleich noch darzustellenden Gründen als Hauptakteur der Eröffnungsphase den vorläufigen Insolvenzverwalter vorgesehen, der auf Grund seiner umfangreichen Befugnisse heute üblicherweise als „**starker vorläufiger Verwalter**" (dazu sogleich) bezeichnet wird. Gemäß § 55 II 1 werden Verbindlichkeiten aus u.a. Arbeitsverhältnissen zu Masseschulden, wenn solch ein starker Verwalter die Gegenleistung während der Eröffnungsphase in Anspruch nimmt. Die Brisanz dieser Anordnung ergibt sich aus dem Zusammenspiel mit § 61 S. 1: Danach haftet der Verwalter des schließlich eröffneten Verfahrens persönlich für die Begleichung von Masseforderungen, wenn die Insolvenzmasse dazu nicht ausreichen sollte. Und aus § 108 ergibt sich, dass die Arbeitsverhältnisse unbeschadet einer Verfahrenseröffnung bis zu einer etwaigen Kündigung weiterbestehen; Entgeltansprüche entstehen also in derartigen Fällen praktisch immer, und sie wären Masseforderungen und damit also vollständig zu erfüllen.

110 Um dieses Risiko zu bannen – immerhin hat der vorläufige Verwalter bestenfalls rudimentäre Kenntnisse über den wahren Zustand des Schuldners –, hat sich der Gesetzgeber dazu entschlossen, dem § 55 einen dritten Absatz anzufügen. Dieser ordnet an, dass die in der Person eines Arbeitnehmers während des Eröffnungsverfahrens „heranreifende" Masseforderung dann zu einer schlichten Insolvenzforderung mutiert, wenn Arbeitnehmeransprüche gemäß § 169 SGB III auf die Bundesanstalt für Arbeit übergehen. Das ist immer dann der Fall, wenn Insolvenzgeld beantragt wird. Somit droht also von dieser Seite her keine Gefahr mehr für einen vorläufigen starken Verwalter.

b) Schutzvorkehrungen

Gefahren drohen in der Eröffnungsphase gleichwohl – für die Gläubiger. Nicht nur, aber besonders dann, wenn die Eröffnung des Insolvenzverfahrens von einem Gläubiger beantragt wird, legt die schlichte Kenntnis menschlich-allzumenschlichen Verhaltens die Vermutung nahe, dass spätestens jetzt der Schuldner versucht sein wird, Vermögensgegenstände zum Vorteil seiner selbst oder ihm nahestehender Personen zu retten bzw. beiseitezuschaffen. Infolgedessen ist es unabdingbar, dass das Gesetz für den Zeitraum zwischen Antragstellung und Insolvenzeröffnung Vorkehrungen bereithält, die dem Schuldner solche Handlungsweisen wenn nicht unmöglich machen, so doch zumindest außerordentlich erschweren. In der Tat sehen die §§ 21 ff. derartige Mechanismen vor. Sie reichen von einzelnen Bewahrungsmaßnahmen bis hin zu der Einsetzung des bereits erwähnten vorläufigen „starken" Verwalters. 111

Die Einzelheiten finden sich in den §§ 20 ff. Der Schuldner ist danach zunächst einmal dem Gericht gegenüber auskunftspflichtig gemäß § 20. Angesichts des vielfach beklagten Fehlens eines allgemeinen Auskunftsanspruchs im deutschen Zivilrecht bedeutet das immerhin schon eine Erweiterung der Informationsmöglichkeiten. Darüber hinaus kann auch eine vorläufige Postsperre angeordnet werden (§ 21 II Nr. 4) – dahinter steckt die Erfahrung, dass durch diese Form der Korrespondenz (und seien es auch nur Rechnungen oder Mahnungen) nicht selten die erstaunlichsten Informationen über Existenz oder Verbleib schuldnerischen Vermögens zu Tage treten. 112

Praktisch bedeutsamer ist freilich die weitere, in § 21 festgehaltene Auflistung von Schutzmaßnahmen. Danach soll der Schutz an den Erfordernissen des jeweiligen Einzelfalls ausgerichtet werden (Abs. 1); das wird sodann in Abs. 2 durch Regelbeispiele konkretisiert. Es können also bspw. Zwangsvollstreckungen untersagt und die Weiterbenutzung von bestimmten mit Aus- oder Absonderungsrechten belasteten Gegenständen gestattet werden, es kann ein vorläufiger Insolvenzverwalter oder (bei Eigenverwaltung nach den §§ 270 ff., Rn. 231 ff.) ein vorläufiger Sachwalter, § 270a, bzw. auch ein vorläufiger Gläubigerausschuss (§§ 21 Ia, 22a) eingesetzt bzw. gar dem Schuldner ein allgemeines Verfügungsverbot (§§ 21 II Nr. 2, 24) auferlegt werden. Ausweislich des § 22 I geht dann, wenn die beiden letztgenannten Sicherungsmaßnahmen kombiniert werden, die Verwaltungs- und Verfügungsbefugnis über das schuldnerische Vermögen auf den Verwalter über: Dieser ist dann tatsächlich so etwas wie ein Vor-Insolvenzverwalter oder eben ein vorläufiger „starker" Verwalter, dem die Erledigung der in § 22 I 2 und III aufgelisteten Aufgaben obliegt. 113

114 Der Gegenpol zu dieser Figur ist **der „schwache" vorläufige Verwalter**, der in § 22 II und III gekennzeichnet wird; bei ihm ist der Schuldner nicht mit dem allgemeinen Verfügungsverbot belastet. Diese eingeschränkte Befugnis wird allerdings den praktischen Schutzbedürfnissen nicht immer gerecht. Jedoch schreckt das zuvor schon angesprochene Risiko, als endgültiger Verwalter für Handlungen persönlich zu haften, die sich anlässlich der vorläufigen Verwaltung als unausweichlich gezeigt hatten, davor ab, jemanden zum „starken" vorläufigen Verwalter zu ernennen. Dieses Risiko würde insbesondere schnelle Zerschlagungen bevorzugen und damit dem erklärten Sanierungsziel der Insolvenzordnung zuwiderlaufen.

115 Angesichts dieses Dilemmas haben die Gerichte noch eine weitere Variante kreiert, die sich zwischenzeitlich unter dem Schlagwort **„halbstarker" vorläufiger Verwalter** etabliert hat: Danach darf der Schuldner zwar grundsätzlich weiter schalten und walten, ohne durch ein allgemeines Verfügungsverbot belastet zu sein; doch wird dem vorläufigen Verwalter gestattet, bestimmte, im vorhinein vom Gericht so exakt wie möglich festzulegende Verpflichtungen zu Lasten der späteren Masse einzugehen. Dadurch kann der „halbstarke" vorläufige Verwalter dem „starken" de facto sehr nahekommen.

c) Aufgaben des vorläufigen Verwalters

116 Je nach individueller Ausrichtung der Befugnisse hat der vorläufige Verwalter unterschiedliche Aufgaben. Verallgemeinernd kann man sagen, dass er auf jeden Fall prüfen muss, ob ein Eröffnungsgrund vorliegt und ob der Wert des vorhandenen Vermögens voraussichtlich dazu ausreicht, die Kosten eines eröffneten Verfahrens zu decken. Ist das nicht der Fall, weist das Gericht den Antrag auf Eröffnung **„mangels Masse"** ab (§ 26). In einem solchen Fall, in dem das auf die gemeinsame Befriedigung ausgerichtete Insolvenzverfahren nicht durchgeführt werden kann, eröffnet sich wieder der Anwendungsbereich des allgemeinen Vermögensrechts mit seinem Prioritätsprinzip. Es ist evident, dass dessen Mechanismus zu Anreizverzerrungen führen kann. In dem Maße, in dem sich nämlich für einzelne Gläubiger ein Vorteil daraus ergibt, dass ein Insolvenzverfahren über das Vermögen ihres Schuldners nicht durchgeführt wird, ist die Möglichkeit der Wiedereröffnung des „Ellenbogenprinzips" ggf. eine Einladung, das Insolvenzverfahren zu umgehen bzw. zu vermeiden. Außerdem wirkt dieser Mechanismus wie eine Einladung zu den missliebigen **Bestattungen** vornehmlich von GmbHs; weitab entfernt von ihrem geschäftlichen Betätigungsfeld und den Gläubigern (gern auch im Ausland) melden sie nach einem stillen Wegzug Insolvenz an und spekulieren auf die Nichtdurchführung des Verfahrens wegen § 26.

VII. Eröffnungsverfahren 69

Eine weitere, wichtige Aufgabe des vorläufigen Verwalters besteht darin, den Zusammenhalt des im nachfolgend eröffneten Verfahren als Masse fungierenden schuldnerischen Vermögens zu sichern. Das stellt sich als eine nicht unbeträchtliche Herausforderung dar, wenn er das Unternehmen fortführen will, um den Gläubigern die Option der Sanierung im anschließend zu eröffnenden Verfahren zu wahren und somit einem herausragenden Anliegen der Insolvenzordnung Rechnung zu tragen. Hier übt der vorläufige Verwalter tatsächlich **Unternehmerfunktionen** aus, gibt also diesem Verfahrensabschnitt einen ganz erheblichen bzw. dominierenden wirtschaftlichen Anstrich, und ist daher auch den vergleichbaren Risiken eines Managers ausgesetzt: Nicht nur, dass ihn sämtliche Arbeitgeber- oder Steuerschuldner- oder Umwelthaftungspflichten etc. treffen; er ist zusätzlich mit einer Vielzahl von strafrechtlich bewehrten Pflichten belastet. 117

Speziell für den vorläufigen „schwachen" Verwalter gibt es eine besondere Gefährdung. Er kann nämlich alle seine Handlungen in dem später eröffneten Verfahren ggf. anfechten nach Maßgabe der später noch (Rn. 172 ff.) darzustellenden Insolvenzanfechtung. Das kann sich besonders im Rahmen eines Sanierungsversuchs als nachteilig herausstellen, sofern sich die Geschäftspartner dieser Bedrohung bewusst sind; die sind dann natürlich ex ante zurückhaltend, solch eine Sanierung mitzutragen. Gegen diese Gefährdung ist nicht allzu viel Kraut gewachsen, da nicht sämtliche Geschäftstätigkeiten im Wege eines Bargeschäfts im Sinne des § 142 ausgeübt werden können. 118

2. Eröffnung

Ergibt sich bei der Prüfung durch den vorläufigen Verwalter (oder den eigens dafür bestellten Gutachter), dass hinreichend Masse zur Durchführung eines Insolvenzverfahrens vorhanden ist, wird der Richter einen Eröffnungsbeschluss aussprechen (§ 27), in dem er zugleich mehreres anordnet: Nach Maßgabe des in § 56a angeordneten interaktiven Vorgehens bestellt er den endgültigen (und wohl regelmäßig mit dem vorläufigen identischen) Insolvenzverwalter, der auch der Schuldner selbst sein kann (zur Eigenverwaltung s. Rn. 231 ff.); damit verbindet er die Aufforderung an die Gläubiger, ihre Forderungen binnen einer bestimmten Frist anzumelden, sowie die Festlegung eines Berichts- und eines Prüfungstermins (§ 29). In der Zeit bis hin zu diesen Terminen (sie können auch zusammengelegt werden) muss der nunmehr endgültige Verwalter die unterschiedlichsten Aufgaben gleichzeitig in Angriff nehmen. Eine – zwangsläufig lineare – Darstellung wird allein schon deswegen den tatsächlichen Anforderungen in keiner Weise gerecht. Im Bewusstsein der Vereinfachung kann aber der 119

Aufgabenbereich in zwei Komplexe unterschieden werden: zum einen in den der Zusammenstellung der haftenden Masse (Rn. 131 ff.) und zum anderen in den der Feststellung der Gläubiger (Rn. 198 ff.).

Zuvor aber ist es für das Verständnis des weiteren Ablaufs unabdingbar, dass man sich Klarheit über die **Wirkungen** verschafft, die mit dem Erlass eines Eröffnungsbeschlusses einhergehen. Vom Wirksamwerden dieses Beschlusses an nämlich werden, wie schon erwähnt (Rn. 64) teilweise recht einschneidende **Zwänge** wirksam, die allen Betroffenen aufgenötigt werden.

a) Persönliche Folgen

120 Was hier zunächst mit den persönlichen Folgen angesprochen ist, beschränkt sich auf rechtlich Erfasstes und übergeht damit all die im Einzelfall durchaus dramatischen (emotionalen, sozialen und finanziellen) Konsequenzen, die ein eröffnetes Verfahren für die betroffenen Individuen haben kann und meistens auch tatsächlich hat.

121 Gemäß § 97 ist der Schuldner all den dort genannten Personen bzw. Gremien über alle verfahrensrelevanten Gegebenheiten auskunftspflichtig – ggf. auch nicht erst auf Nachfrage, sondern von sich aus (für Schuldner, die keine natürliche Personen sind, s. noch § 101). Darüber hinaus muss er den Verwalter bei der Erfüllung von dessen Aufgaben unterstützen, muss ihm also bspw. Vollmachten erteilen, damit dieser etwa im Ausland belegenes Vermögen (das notorische Nummernkonto in der Schweiz, eine Wohnung auf Mallorca, den private key für den Zugang zu Kryptowährungen o.Ä.) einziehen kann. Das Insolvenzgericht kann ihm sogar vorschreiben, dass er sich jederzeit zur Verfügung zu halten hat. Diese Pflichten sind sanktioniert – und zwar durchaus erheblich, wie bereits ein kurzer Blick in den § 98 belehrt.

122 Unbeschadet dieser starken „Papierform" gibt es in praxi an dieser Stelle erhebliche Probleme. Die Kooperationsbereitschaft der Schuldner ist nun einmal nicht übermäßig stark ausgeprägt. Ein Beleg dafür ist bereits die Vorschrift des § 99 (s. dazu § 102); auch wenn die Anordnung einer **Postsperre** nunmehr (anders noch als zu Zeiten der KO) an den erhöhten Nachweis der Notwendigkeit geknüpft ist und nicht etwa automatisch erfolgt, zeigt sich doch immer wieder, dass die Post sehr viel mehr an wichtigen Informationen zu verschaffen vermag, als der Schuldner bereit ist, freiwillig von sich zu geben.

123 Eine weitere Einschränkung ggf. erheblichen Ausmaßes für den Schuldner und seinen Lebensstil ergibt sich aus § 100. Danach entscheiden nunmehr die Gläubiger, ob überhaupt und, bejahendenfalls, in welchem Umfang der Schuldner – und seine Familie – **Unterhalt** aus seinem Vermögen erlangt.

b) Vermögensrechtliche Folgen

Dass die Eröffnung des Verfahrens zu einem Beschlag des schuldnerischen Vermögens führt, wurde schon zuvor (Rn. 91 ff.) dargelegt. Das bedeutet allerdings nicht, dass dem Schuldner damit auch die Inhaberschaft an seinem Vermögen entzogen würde; vielmehr ist und bleibt er weiterhin das vermögensrechtliche Zuordnungssubjekt. Aus diesem Grund muss also eine juristische Person unbeschadet ihrer etwa in § 42 I BGB oder § 262 I Nr. 3 AktG angesprochenen Auflösung für die Dauer des Verfahrens insoweit noch weiter existieren. 124

Der Schuldner verliert jedoch gemäß **§ 80 I** das Recht, die ihm gehörenden Vermögensgegenstände zu verwalten und über sie zu verfügen. Dieses Recht steht nunmehr dem Insolvenzverwalter zu, der damit im Rahmen seines Aufgabenbereichs (s. Rn. 52) – vornehmlich Sammlung und Maximierung der zu verteilenden Masse – grundsätzlich frei schalten und walten kann. Ist er, wie üblich, zum Verwalter mehrerer (unzusammenhängender; bisweilen sind einzelne Personen in mehr als 100 Verfahren bestellt) Verfahren bestellt und führt er für jedes von ihnen, wie ebenfalls üblich, (mindestens) ein Anderkonto bei seiner Bank, so ist er grundsätzlich nicht daran gehindert, all diese Konten in einem Sammel-Anderkonto zusammenzufassen und damit höhere Zinserträge zu erwirtschaften (da kann dann schon einmal ein zwei- und mehrstelliger Millionenbetrag zusammenkommen). Diese Freiheit endet erst da, wo der Verwalter in einer Weise agiert, die evidentermaßen dem Zweck eines Insolvenzverfahrens zuwiderläuft – wenn er bspw. von den soeben erwähnten Konten Überweisungen auf sein privates Konto vornimmt o.Ä. Mit derartigen Handlungen überschreitet der Verwalter eindeutig den Rahmen seiner Befugnisse – mit der Folge der Unwirksamkeit derartiger **insolvenzzweckwidriger Rechtshandlungen** (s. dazu bereits oben Rn. 60). 125

Der Übergang der Verwaltungs- und Verfügungsbefugnis impliziert, dass der Verwalter nunmehr auch die **Prozessführungsbefugnis** nach näherer Maßgabe der §§ 85 und 86 innehat, dass er also als Prozessstandschafter die richtige Partei in einem massebezogenen Rechtsstreit ist. Darauf wird noch zurückzukommen sein (Rn. 148 ff.). 126

Für die gesicherten wie ungesicherten Gläubiger folgt aus der Eröffnung eines Insolvenzverfahrens, dass sie zumindest im Grundsatz von dem Zugriff auf das schuldnerische Vermögen abgehalten werden. Im US-amerikanischen Insolvenzrecht heißt dieser Effekt „**automatic stay**", der damit plastisch zum Ausdruck bringt, dass über dieses Vermögen gleichsam eine Käseglocke gestülpt wird, um Schuldner und Gläubiger vom Zugriff abzuhalten (das ist die oben, Rn. 11, erwähnte Verlust- und Zwangsgemeinschaft) und dem Verwalter damit die 127

Gelegenheit einzuräumen, dieses Vermögen zu sammeln, zu sichten und für eine Gläubigerbefriedigung (sei dies nun durch eine Reorganisation oder durch eine Liquidation) aufzubereiten.

128 § 87 stellt demgemäß klar, dass die Insolvenzgläubiger ihre Forderungen jetzt nur noch nach den Vorschriften der Insolvenzordnung geltend machen können. Auch Zwangsvollstreckungen in die Insolvenzmasse sind nach § 89 für die Dauer des Verfahrens ausgeschlossen; Nach § 89 II gilt dieses Verbot sogar für Masse- und Neugläubiger. Gemäß § 88 gibt es sogar eine sog. Rückschlagsperre, der zufolge Sicherungen, die ein Gläubiger im Wege der Zwangsvollstreckung in dem Zeitraum von einem Monat vor Antragstellung und Eröffnung des Verfahrens erlangt hat (insbesondere also ein Pfändungspfandrecht), automatisch unwirksam sind. Und § 39 I 1 treibt den automatic stay so weit, dass die nach dem Eröffnungszeitpunkt anlaufenden Zinsen nur noch nachrangig sind, also erst und nur dann ausgezahlt werden, wenn alle Insolvenzgläubiger des § 38 vollständig befriedigt sind.

c) Rechtserwerb und Rechtsverlust

129 Dass angesichts des soeben beschriebenen „Käseglocken"-Prinzips ausgeschlossen sein muss, dass irgend jemand noch nach Eröffnung des Verfahrens Rechte am haftenden Vermögen des Schuldners erwirbt, versteht sich von selbst. Gleichwohl stellt § 91 diesen Grundsatz noch einmal ausdrücklich klar und benennt zugleich die denkbaren Ausnahmen. Das sind zunächst gemäß Abs. 2 bestimmte Erwerbsvorgänge, die bereits vor Verfahrenseröffnung eingeleitet waren und nach dem Zweck der betreffenden Vorschriften durch diese Eröffnung gerade nicht mehr sollen vereitelt werden können.

130 Als weitere Ausnahmen sind noch die §§ 81 und 82 anzuführen. Die erstere Vorschrift nimmt dabei Bezug auf Verfügungen des Schuldners, die er nach Verfahrenseröffnung vornimmt (s. dazu auch § 81 III); sie sind grundsätzlich unwirksam. Jeoch ist ein gutgläubiger Erwerb an Grundstücksrechten nach Maßgabe der §§ 892 f. BGB möglich. Hier zeigt sich, dass der sog. Insolvenzvermerk (§ 32) im Grundbuch eine erhebliche Rolle spielt, weil er gerade die Gutgläubigkeit vereitelt. § 82 adressiert diejenige Situation, in der ein Dritter nach Verfahrenseröffnung an den Schuldner leistet, obgleich die Leistung der Masse gebührt und damit an den Verwalter hätte entrichtet werden müssen. Die Erfüllungswirkung hängt demnach von dem guten Glauben des Leistenden hinsichtlich der Verfahrenseröffnung ab.

Voraussetzungen der Eröffnung	**1. Antrag, § 13 I 1 i.V.m. 14 ff.** a) durch Insolvenzgläubiger, § 13 I 2 Fall 1 b) durch Insolvenzschuldner, § 13 I 2 Fall 2 **2. Allgemeine Zulässigkeitsvoraussetzungen** a) Zuständigkeit des Gerichts, §§ 2 I, 3 I b) Insolvenzfähigkeit des Schuldners, §§ 11, 12 c) Gläubigereigenschaft des Antragstellers d) Rechtsschutzinteresse, § 14 I **3. Insolvenzeröffnungsgrund, § 16** a) bestehende Zahlungsunfähigkeit, § 17 b) drohende Zahlungsunfähigkeit, § 18 c) Überschuldung, § 19
Insolvenzgeld *(Schuldnerschutz)*	Für die drei – unentlohnten – Monate vor Eröffnung des Insolvenzverfahrens übernimmt die Bundesagentur für Arbeit die Auszahlung des Nettolohns nach näherer Maßgabe der §§ 165 ff. SGB III.
Schutzvorkehrungen *(Gläubigerschutz)*	**1. Auskunft des Schuldners, § 20** **2. Schutzmaßnahmen des § 21 II, z.B.** a) allgemeines Veräußerungsverbot, § 21 II Nr. 2 b) Untersagung bzw. einstweilige Einstellung der Zwangsvollstreckung, § 21 II Nr. 3 c) vorläufige Postsperre, § 21 II Nr. 4
Bestellung eines vorläufigen Verwalters	**1. „starker" vorläufiger Verwalter** = vorläufiger Insolvenzverwalter *mit* Verwaltungs- und Verfügungsbefugnis, § 22 I 2 Nr. 1-3 **2. „schwacher" vorläufiger Verwalter** = vorläufiger Insolvenzverwalter *ohne* Verwaltungs- und Verfügungsbefugnis, § 22 II
Eröffnungsbeschluss	Ergibt die Prüfung durch den vorläufigen Verwalter, dass hinreichend Masse vorhanden ist, wird der Richter einen Eröffnungsbeschluss aussprechen, § 27; andernfalls wird die Eröffnung gem. § 26 abgelehnt

Übersicht 5: Eröffnungsverfahren

Testfragen zu Kapitel VII

1. Was versteht man unter „automatic stay"?
2. Führt eine Postsperre dazu, dass auch die Emails zuerst an den Verwalter weitergeleitet werden müssen?
3. Warum benötigt man während des Eröffnungsverfahrens Schutzmaßnahmen? Welche gibt es?

VIII. Zusammenstellung der Masse

131 Was zunächst einmal den massebezogenen Aufgabenkomplex des Verwalters anbelangt, so muss er nach eingebürgertem Sprachgebrauch die **„Ist-Masse" in die „Soll-Masse"** transformieren; das ist in der Vorschrift des § 148 angedeutet, indem sie dem Verwalter auferlegt, die gesamte Masse unmittelbar nach Eröffnung des Verfahrens in Besitz und Verwaltung zu nehmen.

132 Wie schon weiter oben erwähnt (Rn. 16), versteht man unter dem Terminus Ist-Masse dasjenige Vermögen, das sich zur Zeit der Verfahrenseröffnung gerade im Gewahrsam des Schuldners befindet – also auch all diejenigen Dinge, die ihm vielleicht gar nicht gehören und sich nur zufällig in seinem Gewahrsam befinden. Die Soll-Masse ist demgegenüber dasjenige Vermögen des Schuldners, das von derartigen Zufälligkeiten bereinigt ist und seinen Gläubigern als Haftungsmasse gebührt. Dieser „Bereinigungsvorgang" erfolgt auf verschiedene Arten und ist keineswegs gleichbedeutend mit einer Abschichtung der Ist-Masse; vielmehr kann diese Masse auch mit Hilfe bestimmter Mechanismen angereichert werden (dazu anschließend Rn. 141 ff.).

1. Minderung der Ist-Masse

a) Gläubigerklassen

133 Soweit zunächst der besagte Vorgang der Masseminderung anzusprechen ist, kann auf bereits Dargestelltes verwiesen werden: Da sind zunächst einmal die zur **Aussonderung** berechtigten Gläubiger der §§ 47 ff. (s. oben Rn. 15 ff.). Sie können die ihnen gehörenden bzw. gebührenden Gegenstände aus der Ist-Masse entfernen, indem sie ihren Anspruch etwa aus § 985 BGB oder einen ihnen sonst zustehenden Herausgabeanspruch geltend machen. Anders ist das dagegen bei denjenigen Gläubigern, die gemäß den §§ 49 ff. lediglich ein Recht auf **abgesonderte Befriedigung** haben (s. oben Rn. 20 ff.): Sofern sie nicht die Sicherungsgegenstände – wie etwa beim klassischen Pfandrecht der §§ 1204 ff. BGB – ohnedies in Händen halten, müssen sie sie in der Masse belassen; davon sind also vornehmlich Sicherheiten wie Sicherungsübereignung oder Sicherungszession erfasst. In Fällen wie diesen kommt es zwar zu einer Minderung der Ist-Masse, doch obliegt die Verwertung dem Insolvenzverwalter nach Maßgabe der weiter unten (Rn. 252 ff.) noch darzustellenden §§ 165 ff.

Was schließlich die **Massegläubiger** (s. oben Rn. 25 f) anbelangt, so gehören sie nicht in den vorliegenden Kontext. Denn auch wenn sie die Masse mindern, so betrifft das doch nicht die Ist-Masse, sondern (nur) die Soll-Masse. Denn all die in den §§ 54 f. genannten Forderungen sind gerade aus dem Vermögen des Schuldners zu erfüllen und damit aus der all seinen Gläubigern haftenden Masse. Gleiches gilt für die ebenfalls schon angesprochene (Rn. 96, 98) **Freigabe**: Mit ihrer Hilfe kann der Verwalter die auf ihn mit Verfahrenseröffnung übergegangene (§ 80) Verfügungsbefugnis über einen bestimmten Gegenstand auf den Schuldner zurückübertragen, wenn oder soweit dieser Gegenstand nicht verwertbar ist – Prototyp dafür ist das schon erwähnte, „bis über die Halskrause" mit Sicherheiten belastete Grundstück. 134

b) Aufrechnung

Eine praktisch wie theoretisch hoch bedeutsame Masseminderung ergibt sich aus der in den §§ 94–96 partiell zugelassenen Aufrechnung durch einen Insolvenzgläubiger. Das berührt ein notorisch hoch komplexes und immer wieder Schwierigkeiten aufwerfendes Problem. 135

Ausgangspunkt sind die **§§ 387 ff. BGB**. Das Gesetz hat dort bekanntlich eine eigentümliche Regelung getroffen, nach der (aus historisch bedingten Gründen) unterschieden werden muss zwischen einerseits dem Entstehen der Aufrechnungslage, § 389 BGB, und andererseits der Erklärung der Aufrechnung, § 388 BGB, durch eine der beteiligten Parteien. Aufgrund dieser zeitlichen Differenz, die es zu Zeiten des Gemeinen Rechts wegen der damals von Rechts wegen geltenden automatischen Aufrechnung (*ipso iure compensatur*) gar nicht gab, entstehen nunmehr Situationen, in denen die Aufrechnungslage vor Eröffnung eines Insolvenzverfahrens entstanden ist, die Erklärung dagegen erst danach vorgetragen wird. Einige Rechtsordnungen schließen eine Aufrechnung in einem laufenden Insolvenzverfahren zur Wahrung der *par condicio creditorum* aus: Denn immerhin kann sich auf diese Art und Weise ein aufrechnungsberechtigter Gläubiger eine Sonderbefriedigung verschaffen, wenn er nur dazu bereit und in der Lage ist, in Gestalt der Hingabe seiner eigenen Forderung ein „Bauernopfer" darzubringen. 136

Der deutsche Gesetzgeber hat sich aber – wie viele andere auch – dazu entschlossen, eine solche Aufrechnungsmöglichkeit in den **§§ 94– 96** einzuräumen und zu regeln, wobei er danach differenziert, wann die 137

Aufrechnungslage entstanden ist: Bestand sie bereits bei Verfahrenseröffnung, so ist die Aufrechnung grundsätzlich auch weiterhin möglich; genau andersherum dagegen im entgegengesetzten Fall, wenn also die Aufrechnungslage erst nach Eröffnung entsteht. Bei aller Einschränkung ist damit gleichwohl ein Privileg begründet, das in seiner Durchsetzungsfähigkeit noch über die Wirkungskraft von Absonderungsrechten hinaus reicht. Während diese nämlich nach näherer Maßgabe der §§ 165 ff. nur eingeschränkt von dem Sicherungsnehmer realisiert werden können, darf sich der Aufrechnungsberechtigte unbeeindruckt von irgendwelchen Erwägungen des Insolvenzverwalters jederzeit „bedienen"; er braucht insbesondere seine Forderung nicht in dem Feststellungstermin anzumelden. Eine derartige Freiheit haben ansonsten nur die Aussonderungsberechtigten; in den USA etwa unterfallen die Aufrechnungsberechtigten dem „automatic stay", d.h. auch sie müssen grundsätzlich zuwarten, bis ihnen die Ausübung ihres Rechts vom Verwalter explizit gestattet wird (s. noch Rn. 155).

138 Nun aber zu den Details: § 94 spricht den schon erwähnten Grundsatz aus, dass ein Gläubiger auf eine einmal entstandene Aufrechnungsmöglichkeit soll vertrauen dürfen, auch wenn über das Vermögen seines Gegenparts (d.h. des Schuldners des Insolvenzverfahrens und zugleich Gläubigers einer gleichartigen Gegenforderung) ein Insolvenzverfahren eröffnet wird. Vorausgesetzt ist dabei natürlich, dass eine Aufrechnung nach näherer Maßgabe der §§ 387 ff. BGB überhaupt zulässig ist. Eine weitere Besonderheit des § 94 verdient hervorgehoben zu werden. Nach ihrem Wortlaut ist eine Aufrechnung nicht nur für kraft Gesetzes entstandene Aufrechnungslagen zulässig, sondern auch für solche „auf Grund einer Vereinbarung zur Aufrechnung". Das bedeutet im Klartext und für sich, dass das jetzige Recht auch noch innerhalb eines Insolvenzverfahrens die Aufrechnung von „Äpfeln mit Birnen" gestattet. Die im Wirtschaftsleben immer wichtiger werdenden Netting-Vereinbarungen oder Konzernverrechnungsklauseln wären danach also an und für sich insolvenzfest. Gleichwohl aber hat der BGH den eindeutigen Wortlaut zurückgestutzt und gestattet allenfalls vertragliche Erweiterungen der gesetzlichen Aufrechnungsbefugnis.

139 § 95 fügt der Grundaussage des § 94 einige Modifikationen hinzu. Den angesprochenen Fällen ist gemeinsam, dass der Gläubiger bei Verfahrensbeginn bereits eine Gegenforderung hatte, die allerdings noch bestimmter Transformationen bedarf, um zur Aufrechenbarkeit nach Maßgabe des § 387 BGB vorzustoßen. Dabei ist allerdings zu beachten, dass nach Abs. 1 S.2 diese Transformation nicht mit Hilfe der §§ 41 und 45 erfolgen kann. Eine weitere Einschränkung enthält der nachfolgende Satz: Ist die Forderung des Schuldners schon uneingeschränkt einforderbar, bevor es die Forderung des aufrechnungswilligen Gläubigers nach Maßgabe des § 95 wird, gibt es kein Aufrechnungsprivileg. Anderenfalls würde der Gläubiger entgegen dem Grundsatz des § 91 noch nach Verfahrenseröffnung ein Recht auf bevorzugte Befriedigung erlangen.

Letztere Aussage leitet auf den Regelungsgehalt des § 96 über, der das Aufrechnungsprivileg in seinen beiden ersten Alternativen dann ausschließt, wenn die Aufrechnungslage zum Zeitpunkt der Verfahrenseröffnung noch nicht besteht – sei es, weil die Hauptforderung erst nachträglich entstanden ist, sei es, weil die Gegenforderung erst nachträglich in das Vermögen des Gläubigers gelangt. Entsprechendes gilt gemäß Nr. 4 folgerichtig auch dann, wenn die Insolvenzmasse durch die Aufrechnung nur ihre Forderung verlieren würde und nicht auch zugleich Befreiung von einer damit korrespondierenden Verbindlichkeit. Darüber hinaus ist die Aufrechnung auch dann ausgeschlossen – und zwar auch und insbesondere im Falle einer bereits vor Verfahrenseröffnung entstandenen Aufrechnungslage –, wenn der Gläubiger die Möglichkeit zur Aufrechnung mit Hilfe einer nach Maßgabe der §§ 129 ff. anfechtbaren Rechtshandlung (dazu im Einzelnen Rn. 172 ff.) erlangt hat. Diese Vorschrift spielt in der Praxis eine erhebliche Rolle, u.a. auch deswegen, weil die Rechtsfolge des § 96 automatische Unwirksamkeit ist und somit die Erklärung der Anfechtung überflüssig macht. 140

Testfragen zu Abschnitt 1

1. Woraus rechtfertigt sich die insolvenzrechtliche Sonderbehandlung einer Aufrechnungslage?
2. Können die absonderungsberechtigten Gläubiger mit Eröffnung des Verfahrens auf das ihnen zugewiesene Vermögensgut des Schuldners zugreifen?

2. Mehrung der Ist-Masse

Das Arsenal zur Mehrung der Masse ist ungleich umfangreicher als das der Minderung. Das gilt zumindest nach Maßgabe des gesetzlichen Angebots; ob es in praxi denn auch tatsächlich zur Anwendung kommen kann, ist naturgemäß eine von diesem Befund zu trennende Frage. 141

a) Neuerwerb

Auch hier kann zunächst auf schon Gesagtes verwiesen werden: Als Haftungsmasse behandelt die Insolvenzordnung nicht nur dasjenige Vermögen des Schuldners, das ihm gerade im Zeitpunkt der Verfah- 142 renseröffnung gehört, sondern gemäß § 35 auch den nachträglichen Erwerb (s. Rn. 99 f.). Während das unter dem früheren Recht noch als ein vom konkursrechtlichen Beschlag ausgenommenes Vermögen behandelt wurde, wird es nunmehr den Insolvenzgläubigern zugewiesen und dient damit der Vergrößerung der Soll-Masse.

b) Realisierung von Forderungen

143 Zum Vermögen des Schuldners und damit zur Masse gehören üblicherweise auch Forderungen – also Rechte, von einem anderen bspw. eine Leistung zu verlangen, §§ 194, 241 BGB. Durch den Eröffnungsbeschluss, der den Schuldnern des Schuldners gemäß § 30 II zugestellt worden ist, sind diese darüber informiert, dass sie von jetzt an mit befreiender Wirkung nurmehr an den Verwalter leisten können. Demgemäß gehört es zu dessen Pflicht zur Inbesitznahme und Sammlung der Masse (§ 148), dass er derartige Forderungen auch tatsächlich einzieht; zu ihnen zählt auch der nunmehr rechtsformeinheitlich gestellte § 15b IV.

144 Über diese seit jeher bestehende Standardaufgabe hinaus hat die Insolvenzordnung aber mit den **§§ 92 und 93** Instrumentarien zur Vermehrung der Sollmasse geschaffen, die es zumindest in dieser Form früher noch nicht gegeben hatte. Zunächst einmal sieht § 92 vor, dass ein sog. Gesamtschaden allein vom Verwalter – und damit natürlich zu Gunsten der Masse – geltend gemacht werden kann. Entsprechendes hat es vereinzelt in gesellschaftsrechtlichen Gesetzen wie etwa § 171 II HGB oder § 93 V 4 AktG schon seit längerem gegeben; doch nunmehr ist diese Vorgehensweise einheitlich für jedes Insolvenzverfahren vorgesehen. Die Besonderheit liegt hier darin, dass diese geltend gemachten Forderungen nicht etwa zur Masse gehören, sondern den einzelnen Gläubigern zugewiesen sind. § 92 geht also über den § 148 hinaus, indem er dem Verwalter auch das ausschließliche Einziehungsrecht hinsichtlich dieser Gläubigerforderungen einräumt und deren Ertrag so zur Masse hinzufügt; sind allerdings nicht alle Insolvenzgläubiger zugleich Geschädigte, muss der Verwalter eine Sondermasse bilden.

145 Entscheidend ist nach dem Wortlaut des § 92, dass gerade die Insolvenzgläubiger i.S.d. §§ 38 f. (bzw. ein Teil von ihnen) den **Schaden** erleiden. Ein solcher kann bspw. aus einer verspäteten Antragstellung nach § 15a resultieren, aus der Verletzung von Geschäftsführerverpflichtungen nach § 43 GmbHG oder auch aus einer Pflichtverletzung des Insolvenzverwalters während des bereits eröffneten Verfahrens. Für den letztgenannten Fall sieht S. 2 des § 92 eigens vor, dass ein neuer Verwalter bestellt sein muss.

Vollständiges Neuland betritt dagegen § 93: Er räumt dem Verwalter im Falle der Insolvenz einer Personengesellschaft die ausschließliche Befugnis ein, die **die Gesellschafter treffende persönliche Einstandspflicht** geltend zu machen. Das betrifft also Haftungen wie etwa die des § 128 HGB beim OHG-Gesellschafter, bezieht sich aber auch auf die KG, die KGaA, die EWIV, die PartnerschG oder auch die (durch das MoPeG rechtsfähig gewordene) GbR. Der einleuchtende Grund für diese gesetzgeberische Neuerung ist, dass durch eine derartige Realisierungsbündelung die früher noch zugelassene Praxis ausgeschlossen wird, dass sich einzelne Gläubiger bei einem persönlich haftenden Gesellschafter eine Sonderbefriedigung außerhalb des Insolvenzverfahrens über die Gesellschaft verschaffen und damit letzten Endes dem Grundsatz der *par condicio creditorum* Hohn sprechen. 146

Der Verwalter kann sich dementsprechend auch an ausgeschiedene Gesellschafter wenden oder an den Kommanditisten, soweit deren Haftung gegenüber grundsätzlich allen Gesellschaftsgläubigern eben reicht. Eines der vielen mit dieser Vorschrift verbundenen, neuartigen Probleme betrifft die Frage, in welchem **Umfang** der Verwalter die **Haftung** geltend machen kann und darf: Wenn er gleich zu Beginn des Verfahrens einen Anspruch in Höhe des Gesamtvolumens sämtlicher Insolvenzforderungen minus geschätztem Wert der versilberbaren Masse geltend macht, ist wohl regelmäßig eine Folgeinsolvenz des Gesellschafters vorprogrammiert. Das mag man – vielleicht gar aus Gründen der Verhältnismäßigkeit – bedauern und als störend empfinden, ist aber im Grunde genommen nichts anderes als die zwangsläufige Folge der rechtstechnischen Ausgestaltung der persönlichen Haftung bei den in Frage stehenden Gesellschaften. Folge dessen ist dann freilich auch, dass dank dieser Zugriffsmöglichkeit eine etwaige Masselosigkeit (und die damit drohende Nicht-Eröffnung) des Gesellschaftsinsolvenzverfahrens überwunden werden kann. 147

c) Führung von Prozessen

Es wurde schon oben im Zusammenhang mit dem Übergang der Verwaltungs- und Verfügungsbefugnis auf den Insolvenzverwalter erwähnt (Rn. 126), dass eine Konsequenz des § 80 auch die ist, dass dem Verwalter nunmehr die **Prozessführungsbefugnis** für masserelevante Prozesse eingeräumt wird. Er ist als Partei kraft Amtes zuständig sowohl für Führung von Aktiv- und Passivprozessen (für letztere eröffnet § 19a ZPO einen allgemeinen Gerichtsstand). Um diesen Statuswechsel sicherzustellen, sieht § 240 (i.V.m. §§ 248 ff.) ZPO vor, dass massebezogene Prozesse unterbrochen werden, sobald über das Vermögen einer der beiden Parteien das Insolvenzverfahren eröffnet 148 wird. Diese Unterbrechung dauert an, bis das Insolvenzverfahren beendet ist oder der Prozess gemäß der Insolvenzordnung wieder aufgenommen wird. Letzteres ist ein Verweis auf die §§ 85 und 86.

149 Diese beiden Vorschriften differenzieren danach, ob es sich bei dem unterbrochenen Prozess um einen Aktiv- oder um einen Passivprozess handelt. Diese Einordnung richtet sich nicht etwa danach, ob der Schuldner in dem Prozess Kläger oder Beklagter war, sondern danach, ob ein Vermögensrecht in Anspruch genommen wird, das zur Masse gehört bzw. gehören wird (dann **Aktivprozess**), oder ob es sich in dem Prozess darum dreht, dass aus der Masse eine Leistung zu erbringen sein wird (dann **Passivprozess**).

150 Im erstgenannten Fall, also im Falle eines Aktivprozesses, steht es im alleinigen Ermessen des Verwalters, ob er den Prozess aufnehmen will oder nicht (zur technischen Durchführung der Aufnahme s. § 250 ZPO). Richtschnur für diese Entscheidung wird regelmäßig die wirtschaftliche Abwägung sein, ob überhaupt bzw. inwieweit die Fortführung des Prozesses voraussichtlich zur Vergrößerung der Soll-Masse beitragen kann und wird. Ist das nicht mit der hinreichenden Wahrscheinlichkeit gewährleistet, wird der Verwalter die Aufnahme ablehnen – mit der Folge, dass an seiner statt nunmehr die ursprünglichen Parteien den Prozess fortführen können.

151 Handelt es sich dagegen um einen **Passivprozess**, muss man aufpassen. Wird nämlich mit ihm ein Anspruch geltend gemacht, der in insolvenzrechtlicher Diktion eine Insolvenzforderung i.S.d. § 38 darstellt, gilt § 87: Danach können Insolvenzforderungen nur nach Maßgabe der Insolvenzordnung – und damit eben nicht mehr im Einzelklageweg – geltend gemacht werden. Dieser Prozess ruht damit solange, wie er nicht eventuell nach näherer Maßgabe des § 180 II in einem späteren Stadium des Verfahrens wieder aufgenommen wird (s. dazu unten Rn. 203 ff.).

152 Ist Streitgegenstand dagegen eine **andere Forderung**, also etwa die in § 86 I benannte Masseforderung, ein Absonderungs- oder Aussonderungsrecht, dann können sowohl der Verwalter als auch der Gegner den Prozess aufnehmen. Im zuletzt genannten Fall kann sich der Verwalter dem ihm gewissermaßen aufgezwungenen Prozess allenfalls dadurch entziehen, dass er den Klageanspruch gemäß § 307 ZPO sofort anerkennt. Dadurch verliert er zwar den Prozess, die damit einhergehende Kostenerstattungspflicht (vgl. § 91 ZPO) begründet aber in diesem Fall nicht etwa eine Masseschuld, sondern gilt als Insolvenzforderung.

d) Nicht vollständig erfüllte Verträge

153 Da die Eröffnung eines Insolvenzverfahrens in den allerseltensten Fällen der „harmonische" Abschluss einer längeren Entwicklung ist, sondern vielmehr eine gleichsam aus dem Leben gerissene Momentaufnahme darstellt, ist es nahezu zwangsläufig, dass in diesem Moment **Vertragsbeziehungen** des Schuldners bestehen, die noch nicht abgewickelt sind. Solche Vertragsbeziehungen können höchst unterschiedlich sein: Kauf- oder Mietverträge, Arbeits-, Stromnutzungs- oder Lizenzverträge, oder was es sonst noch an Verträgen geben mag. Das Insolvenzrecht trifft für diese Fälle eine in der Praxis hoch bedeutsame Regelung in den §§ 103–128, sofern und soweit es sich bei diesen Verträgen um gegenseitige i.S.d. §§ 320 ff. BGB handelt.

aa) Ausgangslage

Im Ausgangspunkt fragt man bei diesen gegenseitigen Verträgen zunächst einmal danach, ob **eine der beiden Parteien bereits vollständig erfüllt** hat. Ist das der Fall, trifft man folgende Unterscheidung: Hat der Schuldner bereits vor Verfahrenseröffnung das Seine vollständig geleistet (§ 362 BGB), so kann der Insolvenzverwalter das von der anderen Seite noch Geschuldete naturgemäß für die Masse einfordern. Hat dagegen die andere Seite das Ihre bereits vollständig geleistet, der Schuldner das Seine dagegen noch nicht, so ist jene andere Seite dem Insolvenzrisiko erlegen. Denn ihre noch offene Forderung kann sie – auch wenn sie auf eine Sachleistung gerichtet ist – nurmehr in Gestalt einer Geldforderung (§ 45) geltend machen. Das Insolvenzrecht hält diesem Vertragspartner den ebenso althergebrachten („trau, schau wem") wie altklugen Hinweis entgegen, dass er durch seine Vorleistung Kredit gewährt und deswegen die Konsequenzen daraus zu tragen habe. Angesichts dieses Risikos wird verständlich, dass der beste Insolvenzschutz nach wie vor der des Zug-um-Zug-Austausches ist (§§ 274, 322 BGB). Bei ihm allein nämlich ist das Insolvenzrisiko durch die zeitliche Koinzidenz von Leistung und Gegenleistung gewissermaßen auf Null reduziert. **154**

Eine ganz eigene Regelung hält die Insolvenzordnung jedoch für den – in der Praxis außerordentlich häufig vorkommenden – Fall bereit, dass **beide Vertragsparteien** zur Zeit der Verfahrenseröffnung das ihnen (laut BGH: hinsichtlich gerade der Hauptleistungspflicht) Obliegende **noch nicht vollständig geleistet** haben. Deswegen spielt die Frage, ob noch weitere Handlungen für die endgültige Erfüllung vorzunehmen sind, in der Praxis eine ganz außerordentlich große Rolle; in § 433 I 2 BGB hat der Gesetzgeber beispielsweise einen diesbezüglichen, lang währenden Streit zu Gunsten des Käufers entschieden (es gehört zur vollständigen Erfüllung des Vertrages, dass die verkaufte Sache frei von Sach- und Rechtsmängeln ist) – wie insgesamt bei jedem einschlägigen Vertrag genau der Pflichtumfang der zu erbringenden Hauptleistung herauszuarbeiten ist. Die Ausgangssituation des § 103 ist **155** in jedem Fall insoweit mit der einer bestehenden Aufrechnungslage (s. oben Rn. 135 ff) vergleichbar, als sich hier wie dort zwei Personen in wechselseitiger Forderungsverbundenheit gegenüberstehen; beide sind einander zur Leistung verpflichtet und zur Forderung berechtigt. Während aber § 94 dem Gläubiger, der kraft Gesetzes oder vertraglicher Vereinbarung ein Recht zur Aufrechnung hat, ein auf sein Vertrauen gestütztes Handlungsrecht (und damit ein Privileg) einräumt, verweigert § 103 eine vergleichbare Vertrauensposition und statuiert eine abweichende Grundregel zum Vorteil der Masse:

156 Es ist nämlich hier der Insolvenzverwalter, dem ein **Wahlrecht** eingeräumt ist. Er kann entscheiden, ob er den Vertrag fortführen oder aber seine weitere Erfüllung ablehnen will. Wie schon bei der Frage nach der Aufnahme eines durch die Eröffnung des Insolvenzverfahrens unterbrochenen Prozesses (Rn. 150) ist auch hierbei Grundlage seiner Entscheidung, dass der Verwalter die wirtschaftlichen Vor- und Nachteile abwägt und sich dann zu Gunsten der für die Massemaximierung besseren Alternative entscheidet. Bei dieser Abwägung kommt ihm (bzw. der Masse) § 105 noch hilfreich entgegen, indem er im Falle einer teilbaren Leistung den vom Vertragspartner bereits erbrachten Teil nicht bevorzugt befriedigen muss, sondern der andere insoweit auf eine eigens anzumeldende Insolvenzforderung verwiesen ist.

157 Wählt der Verwalter also die **Erfüllung** des – je nachdem gesamten oder (im Fall des § 105) noch offenen – Vertrags, ist dieser unverändert und in Einklang mit den vertraglichen bzw. vertragsrechtlichen Vorgaben weiterhin durchzuführen; der Vertragspartner erhält dann freilich hinsichtlich seines Anspruchs eine bevorzugte Stellung als Massegläubiger (vgl. § 55 I Nr. 2). Entscheidet sich der Verwalter jedoch für die entgegengesetzte Option, also für die Ablehnung der Erfüllung, so liegt in dieser **Aufkündigung des weiteren Vertragsaustausches**, vertragsrechtlich gesehen, eine regelmäßig zum Schadensersatz verpflichtende Vertragsverletzung. Auf eben diesen Anspruch nimmt § 103 II 1 Bezug, indem er diese Forderung zur Insolvenzforderung erklärt. Weil demnach die Wahl des Verwalters auch für die andere Partei von erheblichem Interesse ist – geht es doch um Vertragserfüllung oder Insolvenzausfall –, gestattet § 103 II 2 ihr, den Verwalter unter Zugzwang hinsichtlich der Ausübung seines Wahlrechts zu setzen.

158 Die Frage, wie dieses **Wahlrecht dogmatisch** zu verstehen ist, ist keineswegs rein akademischer Natur; der hierum geführte und vom 9. Senat des BGH selbst durch eine durchaus mäandernde Rechtsprechung aktiv angestoßene und gestaltete Streit belegt das eindringlich. Der heute vorherrschende Stand der Diskussion geht davon aus, dass die offenen Forderungen aus dem betreffenden Vertrag mit Eröffnung des Insolvenzverfahrens nicht etwa erlöschen, sondern nur ihre Durchsetzbarkeit verlieren. Wenn sich der Verwalter nunmehr zu Gunsten der Erfüllung entscheidet, so erlangen diese Forderungen damit ihre Durchsetzbarkeit – und zwar in Gestalt von originären Masseforderungen bzw. -verbindlichkeiten – zurück. Das ist gegenüber der vorhergehenden „Erlöschenstheorie" nicht wirklich eine Novität; doch ist damit für die Masse der Vorteil verbunden, dass diese phönixgleiche Wiedererstarkung im laufenden Verfahren die Forderungen von eventuellen Gegenrechten der anderen Vertragspartei befreit. So scheitert eine Aufrechnung an § 96 I Nr. 1 und die Abtretung an § 91.

Beispiele für erfasste Vertragstypen: Kauf-, Werk- oder Werklieferungsverträge; Kommissionsvertrag; Rückabwicklungsschuldverhältnisse bei Rücktritt nach § 346 ff. BGB; für Miet-, Pacht- oder Leasingverträge beachte die Sonderregelungen der §§ 108 ff. Nach zunehmend schwankender hM fallen auch Lizenzverträge in diese Kategorie; das hat freilich gesamtwirtschaftlich relevante Auswirkungen, so dass schon seit langem ein harter Kampf um die Insolvenzfestigkeit von diesen Verträgen ausgefochten wird. **159**

bb) Sonderregelungen

(1) Vormerkung

Aus unterschiedlichen Gründen enthält das Gesetz in den dem § 103 nachfolgenden Vorschriften eine Reihe von Modifikationen oder Durchbrechungen dieser Grundregel, die allesamt einen Ausgleich zwischen bestimmten, als schützenswert erachteten Drittinteressen und dem Gläubigerinteresse an optimaler Massemaximierung anstreben. So ist nach § 106 ein mit Hilfe einer Vormerkung gemäß den §§ 883 ff. BGB gesicherter Anspruch „insolvenzfest", auch wenn im Übrigen die Voraussetzungen des § 103 vorliegen würden. In der damit eingeräumten, praktisch einem Aussonderungsrecht gleichkommenden Position des Vormerkungsberechtigten liegt wohl deren bedeutsamste **Sicherungsfunktion**. Der Verwalter kann sich also von einem entsprechenden Vertrag allenfalls mit Hilfe des bürgerlich-rechtlichen Instrumentariums, etwa des § 323 BGB, nicht aber durch den § 103 lösen. **160**

(2) Fixgeschäfte etc.

Das Wahlrecht des Verwalters ist außerdem gemäß § 104 bei Fixgeschäften und Finanztermingeschäften (besonders wichtig und für die Finanzindustrie an sich verstörend vorteilhaft ist hier das **close-out netting**) ausgeschlossen und auf die Geltendmachung einer Schadensersatzforderung reduziert. Ebenfalls kein Wahlrecht gibt es grundsätzlich bei Aufträgen, Geschäftsbesorgungsverträgen und Vollmachten, §§ 115–117. **161**

(3) Eigentumsvorbehaltskauf

162 § 107 betrifft einen fast schon klassischen Anwendungsfall des beidseitig nicht vollständig erfüllten, gegenseitigen Vertrags – nämlich den Kauf unter Eigentumsvorbehalt, bei dem der Käufer also noch nicht Eigentümer geworden ist, weil er den Kaufpreis noch nicht vollständig entrichtet hat. Zum besseren Verständnis dieser Norm sollte man sich noch einmal in Erinnerung rufen, dass die aus den §§ 160 ff. BGB herausgelesene Rechtsstellung des Vorbehaltskäufers zwischenzeitlich den unangefochtenen Status eines **Anwartschaftsrechtes** erlangt hat, dem im Grunde genommen ein dinglicher Charakter zukommt. Dieser herausgehobenen Stellung soll Rechnung getragen werden, auch wenn einer der beiden Kontrahenten in die Insolvenz fällt.

163 § 107 unterscheidet zu diesem Zweck zwischen der Insolvenz von Verkäufer und Käufer. Im ersten Fall dreht Abs. 1 den Mechanismus des § 103 um und gewährt dem anwartschaftsberechtigten Käufer das Recht, auf der Erfüllung des Vertrags zu bestehen. Es versteht sich von selbst, dass er dafür natürlich auch seinerseits seinen Zahlungsverpflichtungen nachkommen muss. Im entgegengesetzten Fall, wenn also der Anwartschaftsberechtigte der Insolvenzschuldner ist, müsste der Verkäufer an sich auf Grund seines vorbehaltenen Eigentums die Sache aussondern können. § 107 II hält dem aber entgegen, dass der Verwalter das Wahlrecht des § 103 hat und folglich zwischen Erfüllung des Vertrages und seiner Ablehnung entscheiden kann. Nur im letzteren Fall kommt es dann zur Aussonderung. § 107 II geht aber noch einen Schritt weiter, indem er dem vom Vorbehaltsverkäufer gedrängten Verwalter nicht etwa eine unverzügliche Entscheidung über seine Wahl abfordert, sondern ihm Zeit bis unmittelbar nach dem Berichtstermin (dazu Rn. 206) gibt.

(4) Dienst- und Mietverhältnisse sowie Darlehen

164 Die §§ 108 ff. adressieren Dienst- und Miet- (bzw. Pacht-) verhältnisse und spielen demgemäß in der Praxis eine ganz erhebliche Rolle. Was zunächst die **Miet- und Pachtverhältnisse** anbelangt, so enthalten die **§§ 108–111** eine recht ausführliche und von dem Grundmuster des § 103 erheblich abweichende Regelung, die allerdings nur dann Anwendung findet, wenn die gemieteten bzw. gepachteten Gegenstände unbewegliche Gegenstände – Immobilien also – sind (s. allerdings die umstrittene Sonderregelung des § 108 I 2 für Leasing-Verträge). Das ist gegenüber dem früheren Recht eine nicht recht nachvollziehbare Einschränkung, weil dadurch auch etwa Lizenzen (sie werden wohl immer noch überwiegend insolvenzrechtlich als Mietverträge verstanden, vgl. Rn. 159) dem Schicksal des § 103 unterworfen sind; im Falle von Insolvenzen von Filmlizenzgebern, Arzneimittelproduzenten oder gar Softwareherstellern kann das u.U. zu volkswirtschaftlich unerwünschten Konsequenzen führen (gegen die man sich möglichst mittels vertraglicher Absicherung wappnen sollte). Nur in den §§ 109 I, 112 gibt es Regelungen, die für jedweden Miet- oder Pachtvertrag gelten, wenn nur der Schuldner Mieter oder Pächter ist: Der Vermieter kann eine eventuelle Kündigung nicht mehr auf die beiden angegebenen Gründe stützen, sobald ein Antrag auf Eröffnung eines Insolvenzverfahrens gestellt ist; die Kündigungsfrist beträgt maximal drei Monate.

Die in § 108 auch mit angesprochenen **Immobilien-Verträge** bestehen unbeschadet der Verfahrenseröffnung fort; ein Wahlrecht steht dem Verwalter damit also gerade nicht zu. Wenn der Schuldner Mieter bzw. Pächter ist, modifiziert § 109 eine eventuelle Kündigungsvereinbarung dergestalt, dass der Verwalter in jedem Fall unter Einhaltung der gesetzlichen Frist kündigen kann. Ist der Schuldner dagegen Vermieter bzw. Verpächter, bleibt der Vertrag bestehen; der Verwalter wird also Miet- oder Pachtzins zur Masse einziehen. Nur für den Fall, dass der Schuldner zuvor schon über diesen Miet- bzw. Pachtzins verfügt haben sollte, begrenzt § 110 die Dauer dieser zukünftigen Verfügung. Will der Verwalter das vermietete bzw. verpachtete Grundstück insgesamt „zu Geld machen", kann er es (auch) freihändig veräußern (vgl. § 160 II Nr. 1) und dessen Attraktivität (und damit den Preis) dadurch steigern, dass der Erwerber (str.) das Miet- bzw. Pachtverhältnis ggf. mit der in § 111 genannten Frist kündigen kann. Darin liegt eine Parallele zu § 57a ZVG und eine Modifikation des § 566 BGB.

Sofern der Schuldner als Darlehensgeber den dargeliehenen Gegenstand bereits dem Darlehensnehmer übergeben hatte, besteht auch ein **Darlehensvertrag** weiter fort.

(5) Arbeitsverträge

Es leuchtet unmittelbar ein und man erfährt nahezu tagtäglich aus den Medien, dass Arbeitnehmer die wohl am dramatischsten von einem Insolvenzfall Betroffenen sind. Es wurde schon erwähnt, dass sie hinsichtlich ihrer Lohnforderungen unter der Ägide des § 38 keine privilegierten Insolvenzgläubiger mehr sind (s. oben Rn. 27 ff.). Sie erfahren aber nach wie vor aus naheliegenden sozialpolitischen Erwägungen hinsichtlich ihrer Verträge eine Sonderbehandlung, indem diese aus dem an sich glasklar bestehenden Anwendungsbereich des § 103 herausgenommen sind und durch die **§§ 108, 113, 120 ff.** eine Spezialregelung erfahren.

Weil § 108 Dienst- und damit eben auch Arbeitsverhältnisse nennt, bestehen diese mit Wirkung für die Masse fort (**§ 108**). Ein Wahlrecht des Verwalters ist mithin auch hier ausgeschlossen, und die weiteren Bezüge der Arbeitnehmer rangieren – anders als die rückständigen Löhne (vgl. § 108 III) – gemäß § 55 I Nr. 2 als Masseforderungen (erinnert sei hier noch einmal an die Regelung des Insolvenzgeldes, dazu oben Rn. 107 ff.; s. außerdem für die betrieblichen Renten noch die §§ 7 und 14 BetrAVG). Allerdings muss es aus naheliegenden Gründen eine Beendigungsmöglichkeit auch für Arbeitsverträge geben – dies umso mehr, als einer der durchaus weit verbreiteten, Insolvenzen vieler Unternehmen auslösenden Gründe eine zu große Arbeitnehmerschaft ist. Letztere Erkenntnis darf freilich nicht zu dem Gegenausschlag des Pendels führen, dass ein Insolvenzverfahren gezielt dafür benutzt wird, sich unliebsamer Arbeitsverträge zu entledigen; diesem früher nicht einmal selten beschrittenen Weg hat § 613a BGB einen Riegel vorgeschoben (s. noch Rn. 240). Das Gesetz muss also, mit anderen Worten, ganz besonders sorgsam einen Mittelweg zwischen den Extrempositionen finden.

169 Dieser Mittelweg sieht zunächst so aus, dass Arbeitsverträge unbeschadet entgegenstehender Vereinbarungen auf jeden Fall mit einer Frist von drei Monaten **gekündigt werden** können (**§ 113**). Damit ist eine Maximalfrist statuiert, nicht aber eine Befreiung von den herkömmlichen arbeitsrechtlichen Kündigungsvoraussetzungen. An sie ist auch der Verwalter gebunden; auch er muss also eine Sozialauswahl im Rahmen des § 1 KSchG beachten. Eine vergleichbare, vorsichtige Modifikation der arbeitsrechtlichen Vorschriften bezüglich der Kündigung von Betriebsvereinbarungen, vgl. § 77 V BetrVG, findet sich in § 120 sowie bezüglich der in § 111 BetrVG geregelten Betriebsänderungen und ihrer notwendigen vorhergehenden Einigung in den §§ 121 und 122. Für Kündigungen im Rahmen kollektiv-arbeitsrechtlicher Instrumentarien enthalten ferner die §§ 125–127 einige insolvenzbedingte Abweichungen; auf sie verweist auch § 128, der im Übrigen implizit ausspricht, dass der § 613a BGB auch bei einer Unternehmensveräußerung im Rahmen eines Insolvenzverfahrens mit gewissen Modifikationen anzuwenden ist.

170 Hervorzuheben ist schließlich noch **§ 123**, der für den Abschluss eines Sozialplans (vgl. § 112 BetrVG) betragsmäßig eine relative (zweieinhalb Monatsverdienste) und eine absolute (ein Drittel der Masse) Obergrenze vorsieht.

(6) Zwingendes Recht

171 Als letzte der gesondert anzusprechenden Normen aus dem Komplex „Erfüllung der Rechtsgeschäfte" ist seiner erheblichen praktischen Bedeutung wegen noch **§ 119** zu nennen. Indem diese Vorschrift nämlich die Unabdingbarkeit der §§ 103–118 statuiert, reagiert sie auf eine vielfach und vielerorts versuchte Umgehungsstrategie der in diesen Normen angeordneten Rechtsfolgen. Die entsprechenden Vertragsklauseln heißen hierzulande **„Lösungsklauseln"**, andernorts etwa „ipso-facto-Klauseln" (s. bereits oben § 2 Rn. 24). Sie versuchen, insbesondere das Wahlrecht des Insolvenzverwalters nach § 103 dadurch auszuhebeln, dass sie für den Fall der Stellung eines Insolvenzantrags oder gar der Eröffnung des Insolvenzverfahrens den Vertrag als aufgelöst behandeln und einen Ausgleich ermöglichen wollen. Nach umstrittener, aber wohl überwiegender Ansicht sind diese Versuche auf Grund des besagten § 119 zum Scheitern verurteilt.

> **Prüfungsschema 2: Abwicklung nicht vollständig erfüllter Verträge, §§ 103 ff.**
> I. **Voraussetzungen**
>   1. **Gegenseitiger Vertrag, d.h. §§ 320 ff. BGB**
>   2. **Keine vollständige Erfüllung des Vertrages** von beiden (!) Vertragsparteien zum Zeitpunkt der Insolvenzeröffnung
>   3. **Kein Eingreifen von Ausschlusstatbeständen, §§ 104 ff.**
>   a) *§ 104: Finanztermin- und Fixgeschäfte*
>   Kein Anspruch auf Erfüllung (aus Insolvenzmasse)
>   b) *§ 105: Teilbarkeit*
>   Kein Zurückverlangen bereits vorerbrachter Leistungen
>   c) *§ 106: vormerkungsgesicherter Anspruch*
>   Anspruch auf Erfüllung (aus Insolvenzmasse)
>   d) *§ 107: Eigentumsvorbehalt*
>   § 107 I: Insolvenz des Verkäufers
>   → Anspruch des Käufers auf Erfüllung (aus Insolvenzmasse)
>   § 107 II: Insolvenz des Käufers
>   → abhängig vom Wahlrecht des Insolvenzverwalters
>   e) *§ 108: Miet- und Pachtverhältnisse über Immobilien sowie Dienst- und sonstige bestimmte Schuldverhältnisse*
>   Schuldverhältnisse bestehen fort
>   f) *§§ 115–117: Aufträge, Geschäftsbesorgungsverträge, Vollmachten*
>   Erlöschen durch die Insolvenzeröffnung
> II. **Rechtsfolge: Wahlrecht des Insolvenzverwalters, § 103 I, II**
>   1. **Erfüllungsverlangen, § 103 I**
>   Der Insolvenzverwalter kann anstelle des Schuldners den Vertrag erfüllen und die Erfüllung vom anderen Teil verlangen

> a) *Folgen für den Gläubiger*
>   → unveränderte Vertragsdurchführung
>   → Stellung als Massegläubiger, § 55 I Nr. 2
> b) *Schicksal der Forderung*
>   → Zurückerlangung der Durchsetzbarkeit
> 2. **Erfüllungsablehnung, § 103 II 1**
>   a) *Folgen für den Gläubiger*
>   → Ausgleichsanspruch wegen Vertragsverletzung (Insolvenzforderung)
>   b) *Schicksal der Forderung*
>   → kein Zurückerlangen der Durchsetzbarkeit

e) **Anfechtung**

aa) **Ausgangslage**

172 Es ist in den vorangegangenen Abschnitten schon mehrfach angeklungen, dass die Anfechtbarkeit einer gläubigerbenachteiligenden Rechtshandlung eine außerordentlich wichtige insolvenzrechtliche Kategorie darstellt. Sie ist allerdings selbst unter (nicht spezifisch insolvenzrechtlich ausgerichteten) Juristen eine weitgehend unbekannte Größe. Mit der **Insolvenzanfechtung** kann die Masse teilweise erheblich angereichert werden, da ihre Besonderheit darin liegt, dass sie – auf teilweise uralte und urmenschliche Verhaltensweisen reagierend – bestimmte Rechtshandlungen annulliert bzw. rückabwickelt, die der Schuldner oder ein Dritter noch vor der Eröffnung des Insolvenzverfahrens vorgenommen haben und die sich im nunmehr eröffneten Insolvenzverfahren als Nachteil für die Insolvenzmasse (und damit für die Befriedigung der Gläubiger) herausstellen. Es geht also letzten Endes darum, Vermögensgegenstände in die Masse – und damit zu Gunsten der Gläubiger – zu bringen, die durch frühere Transaktionen oder Rechtshandlungen des Schuldners eben diesen Gläubigern in einer für nicht gerechtfertigt gehaltenen Weise entzogen worden sind. Was dieses „früher" anbelangt, so statuieren die einzelnen Tatbestände unterschiedliche Rückwirkungsfristen (auch Suspektperiode genannt), die zwischen 3 Monaten und 10 Jahre liegen (s. Übersicht 6).

173 Schon immer und überall neigen Schuldner dazu, angesichts ihrer sich am Horizont abzeichnenden Insolvenz wenigstens ein paar (regelmäßig wertvolle) Vermögensgegenstände an bestimmte (oftmals nahestehende) Personen zu übertragen, um sie so aus ihrem haftenden Vermögen in das eines anderen zu transferieren. Ebenso alt ist der

Verhaltensmechanismus, dem zufolge bestimmte Gläubiger dazu tendieren, sobald sie von einer sich abzeichnenden Insolvenz ihres Schuldners erfahren, diesen unter Druck zu setzen und zu einer geschwinden Befriedigung zu drängen, bevor das Verfahren beantragt und eröffnet wird. Es sei am Rande vermerkt, dass in dem **Anfechtungsgesetz** (AnfG) ein dem hier zu beschreibenden Regelungsmechanismus weitgehend entsprechendes Gesetz existiert, das bereits dann eingreift, wenn ein einzelner Gläubiger in der Zwangsvollstreckung leer ausgeht; er kann dann die dort sog. Gläubigeranfechtung durchführen.

bb) Regelungsmechanismus

Auf jene fast schon archetypischen Reaktionsmuster (und auch noch auf einige weitere) antwortet die Insolvenzanfechtung der §§ 129 ff. –, die unbeschadet ihres gleichen Namens streng von der aus dem BGB bekannten Anfechtung wegen Irrtums zu trennen ist – dergestalt, dass sie dem Verwalter im Falle eines schließlich eröffneten Verfahrens die Möglichkeit einräumt, diese Gläubigerbenachteiligung im Nachhinein rückgängig zu machen. Dazu erhält er gegen den Begünstigten einen eigenen **Rückgewähranspruch** (§ 143), der immer dann eingreift, wenn einer der Tatbestände der §§ 129 i.V.m. 130–137 erfüllt ist. 174

In Anbetracht einer in der Praxis verstärkt wahrnehmbaren Haltung, der zufolge die Masseanreicherung mittels Insolvenzanfechtung als ein immer weiter zu steigernder Selbstzweck angesehen wird, ist es geboten, an dieser Stelle ein wenig innezuhalten und sich **Sinn und Zweck** der Insolvenzanfechtung vor Augen zu führen. Natürlich geht es dabei um die Anreicherung der Masse, indem nachträglich Rechtshandlungen in ihren für die Gläubigerschaft nachteiligen Wirkungen rückgängig gemacht werden. Aber das ist nur die eine Seite: Die andere ist eine massive Beeinträchtigung des regulären Geschäftsverkehrs. Eine Studie des Internationalen Währungsfonds bringt dies ebenso schön wie schlicht auf den Punkt: „On the one hand, the stronger such avoidance rules, the greater the increase in the value of the estate for the advantage of the common creditors. ... On the other hand, it should be borne in mind that very broad avoidance powers may undermine the predictability of contractual relations. This is particularly the case where the transactions and transfers are perfectly normal, but are voidable simply because they occurred in the proximity of the commencement of the proceedings." 175

Anders als das Gesetz erliegt die Praxis auch und besonders des BGH nicht einmal selten der Gefahr, diese Balance aus einer allzu einseitig ausgerichteten Massemaximierungsperspektive aus den Augen zu verlieren. 176

Man halte sich vor Augen: Sofern die gläubigerbenachteiligende Rechtshandlung eine rechtsgeschäftliche Transaktion darstellt, wird sie 177 rückabgewickelt und damit die ehemals privatautonom getroffene Abrede aufgehoben. Die Insolvenzanfechtung stellt demnach eine vielfach gar nicht erkannte und wahrgenommene **Grenze der Privatautonomie** dar; denn das, was im Vorfeld einer Insolvenz – sie muss teilweise noch gar nicht einmal gedroht haben oder erkennbar gewesen sein – nach den Regeln der allgemeinen Rechtsgeschäftslehre vollwirksam abgeschlossen worden war, kann nachträglich bezüglich seines wirtschaftlichen Ertrags wieder rückgängig gemacht werden. Im Ergebnis bedeutet das, dass die Gläubiger auch auf Vermögen ihres Schuldners zugreifen dürfen, das ihm zum Zeitpunkt der Verfahrenseröffnung gar nicht mehr gehört, das er aber früher einmal durch Rechtshandlungen weggegeben hat, die im Falle des nachträglich eröffneten Insolvenzverfahrens u. U. als angreifbar statuiert sind (bereits Rn. 101).

178 Gerade an dieser Stelle zeigt sich, dass die (sachenrechtliche) „Mär" von dem einem Rechtssubjekt ausschließlich zugewiesenen Eigentum Folge einer allzu sehr verengten Sichtweise ist. Selbst zu Zeiten prosperierenden Wohlstands haftet das Vermögen eines jeden Rechtssubjekts zumindest potentiell sämtlichen künftigen Gläubigern – bedingt allein durch den Umstand, dass später ein Insolvenzverfahren über eben dieses Vermögen eröffnet wird. Kommt es tatsächlich dazu, so lässt sich der durch die Anfechtbarkeit ausgelöste Makel einer Vermögensverschiebung plastisch (aber für sich allein noch nicht übermäßig aussagekräftig) als **„haftungsrechtliche Unwirksamkeit"** und damit als eine innerhalb des allgemeinen Vermögensrechts eigenständige Kategorie beschreiben. Die – für den ex ante ungewissen Eintritt des Insolvenzfalls – mögliche Anfechtbarkeit von Transaktionen impliziert eine für das gesamte Vermögensrecht hochbedeutsame Aussage: Statt eines grundsätzlich zulässigen Eigennutzes erlegen die Vorschriften der Insolvenzanfechtung den (späteren) Schuldnern implizit die Verhaltensanordnung auf, schon im Vorfeld eines Insolvenzverfahrens die Interessen ihrer Gläubiger zu wahren oder doch zumindest im Blick zu behalten.

cc) Grundvoraussetzungen

179 Ziel der Insolvenzanfechtung ist es gemäß § 143, gläubigerbenachteiligende Rechtshandlungen des Schuldners wieder rückgängig zu machen bzw. vermögensrechtlich zu neutralisieren. Was derartige **gläubigerbenachteiligende Rechtshandlungen** sind, wird in den §§ 130-136 präzisiert, denen ihrerseits in Gestalt des § 129 eine allgemeine Norm vorangestellt ist.

180 Nach dieser allgemeinen Norm unterliegt der Anfechtbarkeit zunächst einmal grundsätzlich **jede vor Eröffnung des Verfahrens vorgenommene** (zur Frage des Zeitpunkts einer Vornahme s. § 140) **Rechtshandlung**, d.h. jedwedes Tun, das Rechtswirkungen zeitigt.

Gemäß § 129 II kommt sogar auch ein Unterlassen in Betracht, wenn es denn nur zielgerichtet ist. Die Weite dieses Tatbestandsmerkmals – hierzu zählen beispielsweise Bierbrauen oder die Verarbeitung einer Sache, die Wahl einer Steuerklasse, die Vornahme von Erfüllungshandlungen oder auch Sitzverlegungen – wird zumindest partiell dadurch eingeschränkt, dass sich die Rechtshandlung **benachteiligend** auf die Befriedigungsquote gerade der Insolvenzgläubiger, also der in § 38 definierten Gläubiger (s. dazu Rn. 31 ff.), auswirken muss; das kann, pauschal gesprochen, entweder in Gestalt einer Minderung der Aktivmasse oder einer Vergrößerung der Passivmasse geschehen. Freilich reicht diese Einschränkung nicht allzu weit: Denn zwischen der Rechtshandlung und der Gläubigerbenachteiligung muss zwar eine **Kausalität** bestehen; doch genügt regelmäßig eine bloß mittelbare Kausalität. Nur in den Fällen der §§ 132, 133 IV muss die Rechtshandlung den Nachteil unmittelbar herbeiführen; in allen anderen Fällen genügt es, wenn er spätestens am Ende einer mündlichen Verhandlung eines eventuellen Prozesses mit bzw. von dem Insolvenzverwalter festgestellt werden kann.

Die Anfechtung muss der Insolvenzverwalter aussprechen; ob er 181 dies tut, kann er sich binnen einer **Verjährungsfrist** von regelmäßig drei Jahren nach Eröffnung des Verfahrens überlegen (§ 146 verweist auf die BGB-Regelungen). In diesem Zeitraum kann (wegen der Pflicht der Massemaximierung, vgl. Rn. 125, und der drohenden Haftung nach § 60 ist dieses „kann" meistens ein „muss") der Verwalter nachforschen und überprüfen, ob überhaupt ein Anfechtungstatbestand gegeben ist und wie die Chancen seiner Geltendmachung sind. Anfechtungsgegner ist im Allgemeinen derjenige, der von der anfechtbaren Rechtshandlung profitiert hat. Das kann aber auch einmal dessen Rechtsnachfolger sein (§ 145) oder gar der nur mittelbar Begünstigte.

dd) Anfechtungstatbestände

Was die einzelnen Tatbestände anbelangt, die ihrerseits die allge- 182 meinen Voraussetzungen des § 129 präzisieren, so lassen sie sich in zwei Gruppen einteilen. Die §§ 130–132 bilden die **besonderen Insolvenzanfechtungstatbestände**. Ihnen ist gemeinsam, dass sie nur im Falle eines Insolvenzverfahrens Anwendung finden. Die restlichen Tatbestände finden sich dagegen auch in dem Anfechtungsgesetz (AnfG) wieder, gelten also auch zu Gunsten von Gläubigern, die bei einer Zwangsvollstreckung (vollständig oder partiell) leer ausgegangen sind (vgl. mit diesen Tatbeständen die in einer eidesstattlichen Versicherung nach § 802c II ZPO mitzuteilenden Tatsachen). In beiden Vorschriftengruppen finden sich insbesondere beweisrechtliche Erleichterungen für den Fall, dass die in Frage stehenden Transaktionen gerade **gegenüber nahestehenden Personen** vorgenommen worden sind. Diese sind nämlich seit jeher aus wohl jedem unmittelbar einleuchtenden Gründen bevorzugte Empfänger von Leistungen, die ein Schuldner im Vorfeld einer drohend heraufziehenden Insolvenz erbringt. Wer zu diesem Personenkreis zählt, ist in § 138 aufgeführt, der in seinen beiden Absätzen danach unterscheidet, ob der Schuldner eine natürliche Person oder eine Gesellschaft ist. Eine Gemeinsamkeit gerade nur der Tatbestände der besonderen Insolvenzanfechtung besteht darin, dass ihre **Rückwirkungsfrist** (Suspektsperiode) auf die Zeit zwischen Antragstellung und Eröffnung des Insolvenzverfahrens sowie auf die drei Monate vor Antragstellung beschränkt ist; zur Berechnung der Fristen in dieser Vorschriftengruppe insgesamt s. § 139).

Anfechtungstatbestand			Rückwirkung im Verhältnis zum Antrag
Besondere Anfechtungstatbestände	Kongruente Deckung	§ 130 I 1 Nr. 1	3 Monate vor
		§ 130 I 1 Nr. 2	nach
	Inkongruente Deckung	§ 131 I Nr. 1	1 Monat vor/danach
		§ 131 I Nr. 2	2-3 Monate vor
		§ 131 I Nr. 3	2-3 Monate vor
	Unmittelbare Benachteiligung	§ 132 I Nr. 1	3 Monate vor
		§ 132 I Nr. 2	nach
Allgemeine Anfechtungstatbestände	Vorsätzliche Gläubigerbenachteiligung	§ 133 I+II	10 bzw. 4 Jahre vor/danach
		§ 133 IV	2 Jahre vor/danach
	Unentgeltliche Leistung	§ 134 I	4 Jahre vor/danach
	Gesellschafterdarlehen	§ 135 Nr. 1	10 Jahre vor/danach
		§ 135 Nr. 2	1 Jahr vor/danach

Übersicht 6: Tatbestände und Rückwirkungsdauer

183 Im Übrigen unterscheiden sie sich: § 130 gestattet die Anfechtung auch solcher rechtsgeschäftlichen Transaktionen, die einem Insolvenzgläubiger exakt dasjenige verschaffen, was er nach dem zugrunde liegenden Rechtsverhältnis vom Schuldner in dieser Weise verlangen durfte. Man nennt dies eine **kongruente Deckung**. Vorausgesetzt ist nur, dass – objektiv – der Schuldner zur Zeit der Vornahme der Transaktion bereits zahlungsunfähig i.S.d. § 17 gewesen ist **und** dass – subjektiv – der betreffende Insolvenzgläubiger Kenntnis davon hatte (s. auch Abs. 1 Nr. 2). Hier wird also die *par condicio creditorum* im Nachhinein auch demjenigen Gläubiger auferlegt, der im völligen Einklang mit der Rechtsordnung gehandelt hat. Gegen eine Anfechtbarkeit ist nur derjenige gefeit, der Leistung und Gegenleistung im engen zeitlichen Abstand eines Bargeschäfts (§ 142) vollzogen hat (die Finanzindustrie hat es freilich geschafft, sich in Gestalt des Abs. 1 S. 2 einen weiteren insolvenzrechtlichen Freiraum zu verschaffen).

Beispiele für kongruente Deckung: Leistung in der vertraglich vereinbarten **184** Weise (also auch Zahlung von Arbeitslohn! Deren Anfechtbarkeit unterliegt allerdings zunehmend Modifikationen, die die Arbeitsgerichtsbarkeit vornimmt); Zahlung mit einem selbst ausgestellten Scheck; Rückführung eines fälligen Kredits.

Bei der **inkongruenten Deckung** des § 131 ist das anders: Da erhält **185** der Gläubiger etwas, was er entweder gar nicht, nicht zu der Zeit oder nicht in der Art hätte verlangen dürfen. Hier weicht also der Befriedigungsvorgang zwischen Schuldner und Gläubiger von dem ab, wie er nach dem der Leistung zugrunde liegenden Rechtsverhältnis zu bewerkstelligen war. Das begründet einen gewissermaßen **institutionalisierten Verdacht**, dass hier noch schnell etwas zum Vorteil eines einzigen Gläubigers hatte getan werden sollen. Dementsprechend sind die Anfechtungsvoraussetzungen vereinfacht: Es müssen nicht kumulativ das aus § 130 bekannte objektive plus das subjektive Tatbestandsmerkmal vorliegen, sondern es genügt alternativ das eine **oder** das andere. Inkongruente Deckungen, die innerhalb der ersten Monats vor der Antragstellung (oder danach im Eröffnungsverfahren) vorgenommen worden sind, sind sogar ohne weiteres anfechtbar; hier begründet die Inkongruenz allein den Makel der haftungsrechtlichen Unwirksamkeit. Ganz ähnlich sind denn auch gemäß § 88 solche Sicherungen automatisch unwirksam, die ein Gläubiger in eben diesem einmonatigen Zeitraum vor der Stellung des Insolvenzantrags im Wege der Zwangsvollstreckung erwirkt hat – also etwa ein Pfändungspfandrecht nach § 804 ZPO. Darin liegt auch einer der Gründe, warum die hM eine im Wege der Zwangsvollstreckung erlangte Befriedigung als inkongruent einstuft.

Beispiele für inkongruente Deckungen: Zahlung mit Kundenschecks; Leis- **186** tung im Wege der Zwangsvollstreckung (hM); Unterstellen von Forderungen unter Sicherheiten; nachträgliche Vereinbarung eines Rechtsgrundes für die erbrachte Leistung; Leistung an Erfüllungs statt (beachte: das ist nach § 364 I BGB völlig legitim).

187 Nach § 132 sind unmittelbar nachteilige Rechtshandlungen anfechtbar. Als kennzeichnendes Schlagwort hat sich dafür „**Verschleuderungsanfechtung**" eingebürgert; damit sind insbesondere all diejenigen typischen Handlungsweisen von prospektiven Schuldnern erfasst, die im Vorfeld der drohend heraufziehenden Insolvenz schnell und unüberlegt ihre werthaltigen Vermögensgüter weit unter Wert versilbern, um mit Hilfe des so erzielten Bargelds den Zusammenbruch doch noch abzuwenden. Freilich muss man hierbei genau aufpassen, ob nicht angesichts eines derartigen Marktgebarens der erzielte Preis gerade der marktübliche ist und daher eben nicht zu einer Gläubigerbenachteiligung geführt hat. Dementsprechend sind die Voraussetzungen bei diesem Tatbestand auch wieder höher geschraubt: Es muss wieder eine Kumulation von objektivem **und** subjektivem Tatbestandsmerkmal nachgewiesen werden (s. auch hier noch Abs. 1 Nr. 2).

188 **Beispiele:** unentgeltliche oder unterwertige Darlehenshingaben; Kaufverträge, die dem Käufer eine Aufrechnungsmöglichkeit verschaffen; ein vorweggenommenes Einverständnis des Sicherungsgebers mit jeder Verwertungsart des Sicherungsnehmers.

189 Die beiden ersten Tatbestände der **allgemeinen Insolvenzanfechtung** sind gewissermaßen Klassiker. Es gibt sie schon seit nahezu jeher und überall. Einmal die Anfechtung wegen vorsätzlicher Benachteiligung (der spätklassische römische Jurist Iulius Paulus nannte das: „*in fraudem creditorum*") in § 133, die jedwede Rechtshandlung des Schuldners der Anfechtbarkeit unterwirft, wenn sie nur mit dem dem Anfechtungsgegner bekannten Vorsatz – und sei dieser auch nur ein bedingter – vorgenommen wurde, seine Gläubiger zu benachteiligen. Ist das der Fall, kann eine Rechtshandlung angefochten werden, die bis zu 10 Jahre vor Antragstellung vorgenommen worden ist. Durch eine vor nicht allzu langer Zeit eingeführte Neuerung ist die Frist nach Abs. 2 auf vier Jahre verkürzt, wenn die Rechtshandlung dem anderen Teil eine inkongruente Sicherung oder Befriedigung gewährt hat; war diese Sicherung oder Befriedigung dagegen kongruent, also genau so geschuldet, sieht Abs. 3 Modifikationen der Anfechtungsvoraussetzungen nach Abs. 1 vor. Besteht die vorsätzliche Benachteiligung gerade in einem mit einer nahestehenden Person geschlossenen entgeltlichen Vertrag, so reduziert sich diese Frist zwar auf zwei Jahre, aber die Voraussetzungen sind erheblich einfacher zu beweisen, s. Abs. IV. Wie sich aus dem Wortlaut der Norm ergibt, muss zudem der Anfechtungsgegner nachweisen, dass der Vertrag früher als vor zwei Jahren geschlossen wurde, um der Anfechtbarkeit zu entkommen.

Beispiele: Leistungen des Schuldners auf Androhung eines Insolvenzantrags; **190** Zuwendungen über einen Strohmann; Sanierungsleistungen ohne belastbaren Nachweis der Sanierungsfähigkeit (nicht aber Sicherheitenbestellung zur Finanzierung einer Unternehmensgründung).

Kongruente Deckung, § 130

Anfechtung von Deckungshandlungen, die einem Insolvenzgläubiger genau die geschuldete Sicherung oder Befriedigung verschaffen oder sie ermöglichen

→ **Voraussetzungen**
1. Kongruente Rechtshandlung frühestens 3 Monate vor Insolvenzantrag
2. Mittelbare Gläubigerbenachteiligung/kein Bargeschäft
3. Zahlungsunfähigkeit des Schuldners oder Insolvenzantrag bei Vornahme
4. Kenntnis des Insolvenzgläubigers von (3.)

Inkongruente Deckung, § 131

Insolvenzgläubiger erhält etwas, was er nicht oder nicht derart oder nicht zu dieser Zeit hätte verlangen können

→ **Voraussetzungen**
1. Inkongruente Deckungshandlung frühestens 3 Monate vor Insolvenzantrag
2. Mittelbare Gläubigerbenachteiligung/kein Bargeschäft (a.A.: die wohl hM)
3. Wenn Rechtshandlung im 2. oder 3. Monat vor Insolvenzantrag: entweder objektive Zahlungsunfähigkeit des Schuldners oder Kenntnis des Gläubigers von Gläubigerbenachteiligung bei Vornahme

Unmittelbare Gläubigerbenachteiligung, § 132

Rechtsgeschäft führt unmittelbar zu einem Nachteil

→ **Voraussetzungen**
1. Rechtsgeschäft des Schuldners frühestens 3 Monate vor Insolvenzantrag
2. Unmittelbare Gläubigerbenachteiligung
3. Zahlungsunfähigkeit des Schuldners oder Insolvenzantrag bei Vornahme
4. Kenntnis des Insolvenzgläubigers von (3.)

Übersicht 7: Besondere Anfechtungstatbestände, §§ 130 ff.

191 Der andere Klassiker ist § **134**: Bei dieser Anfechtung wegen unentgeltlicher Leistung ist der entsprechende Zeitraum „nur" vier Jahre, wobei für die Beweislast wieder das soeben zu § 133 IV Gesagte gilt.

Vorsätzliche Benachteiligung, § 133

Anfechtung von Rechtshandlungen des Schuldners, die die Gläubiger vorsätzlich benachteiligen

→ **Voraussetzungen**

1. Rechtshandlung des Schuldners frühestens 10 Jahre bzw. Sicherung oder Befriedigung gewährt frühestens 4 Jahre vor Insolvenzantrag
2. Mittelbare Gläubigerbenachteiligung
3. (wenigstens bedingter) Benachteiligungsvorsatz des Schuldners
4. Kenntnis des Insolvenzgläubigers von (3.)

Sondertatbestand (§ 133 II) für unmittelbar nachteilige entgeltliche Verträge mit nahestehenden Personen (§ 138).

Unentgeltliche Leistung, § 134

Richtet sich gegen unentgeltliche Leistungen des Schuldners

→ **Voraussetzungen**

1. Unentgeltliche Leistung des Schuldners frühestens 4 Jahre vor Insolvenzantrag
2. Kein gebräuchliches Gelegenheitsgeschenk geringen Werts
3. Mittelbare Gläubigerbenachteiligung

Gesellschafterdarlehen, § 135

Anfechtbarkeit von Gesellschafterdarlehen

→ **Voraussetzungen**

1. Gesellschafterdarlehen (§ 39 I Nr. 5, IV, V)
2. Sicherungsgewährleistung frühestens 10 Jahre vor Insolvenzantrag bzw. Befriedigung frühestens 1 Jahr vor Insolvenzantrag
3. Mittelbare Gläubigerbenachteiligung

Sondertatbestand für gesicherte Drittdarlehen (§ 135 II) und für Gebrauchsüberlassungen (§ 135 III).

Übersicht 8: Allgemeine Anfechtungstatbestände,
§§ 133 ff. (vgl. §§ 3 ff. AnfG)

Das ist freilich lang genug und reicht ggf. in Zeiten hinein, zu denen für niemanden auch nur erahnbar gewesen ist, dass vielleicht einmal eine Insolvenz auch nur drohen würde. Bei diesem Tatbestand kommt es nicht auf subjektive Korrektive an – was zählt, ist allein die Unentgeltlichkeit. Nirgendwo sonst kommt die Schwäche des unentgeltlichen Erwerbs deutlicher zum Ausdruck als gerade hier. Cicero hat das einmal so formuliert: *„nemo liberalis nisi liberatus"* (niemand sei freigebig, sofern er Schulden hat); das ist jetzt erweitert auf „innerhalb der nächsten vier Jahre Schulden haben wird". Neben § 134 II sieht, gewissermaßen als Kompensation für diese Weite, § 143 II eine Einschränkung auf der Rechtsfolgenseite vor.

Beispiele: Schenkungen (wenn nur teilweise, gibt es eine Teilanfechtung); **192** u.U. mittelbare Zuwendungen; u.U. Sicherheitenbestellung für fremde Schuld; Spenden; Verzicht auf Geltendmachung einer Forderung.

Ein im Kontext von Insolvenzen juristischer Personen besonders **193** wichtiger Anfechtungstatbestand ist schließlich noch **§ 135**. Er handelt von Gesellschafterdarlehen (und zwar ganz generell; nicht mehr nur von solchen, die eigenkapitalersetzend sind; s. auch Rn. 37) und erstreckt sich weit über den Bereich von GmbHs hinaus. Diese insolvenzrechtliche Anfechtungsvorschrift sieht eine Rückabwicklung für den Fall vor, dass einem Gesellschafter bereits eine Sicherung zu Gunsten des entsprechenden Darlehens gegeben worden ist – anfechtbar ist das für den rückwirkenden Zeitraum von zehn (!) Jahren –, oder dass er gar schon deswegen befriedigt worden ist; dann beträgt die der Anfechtbarkeit unterliegende Suspektperiode allerdings nur ein Jahr. Was früher noch eine Spezialmaterie des GmbH-Rechts war, ist nunmehr verallgemeinert worden, so dass die schon seit langem bekannte Masse von Umgehungsversuchen auch bei sonstigen juristischen Personen des Privatrechts anfechtungsbedroht ist. Eine Ausnahme gilt nach wie vor für Sanierungsdarlehen und bei Kleinbeteiligten, § 135 IV, während § 135 III eine eigenartige, doppelte Modifikation enthält: einmal die des Aussonderungsrechts, zum anderen die der §§ 103 ff, 108.

ee) Rechtsfolge

Sofern ein Anfechtungstatbestand erfüllt ist, richtet sich die Rechts- **194** folge nach dem § 143. Danach muss **zur Masse zurückgewährt** werden, was gläubigerbenachteiligend dem schuldnerischen Vermögen entzogen worden war. Dabei handelt es sich nach hM um einen allein vor den Zivilgerichten (unter Einschluss der Arbeitsgerichte) geltend zu machenden Anspruch, der die Besonderheit aufweist, weder bereicherungs- noch deliktsrechtlicher Natur zu sein. Nur dann, wenn er nicht in natura erfüllt werden kann – etwa, wenn gezogene Nutzungen in Frage stehen –, kommt der in § 143 I 2 angesprochene Wertersatzanspruch in Betracht. Da – und erst da – bewegt man sich dann auf herkömmlichem schuldrechtlichen Terrain: Über die §§ 819, 818 IV, 292 BGB kommt man schließlich zum Eigentümer-Besitzer-Verhältnis der §§ 987 ff. BGB. Beachte, dass sich innerhalb der letzten Jahre auch BFH und BSG Zugang zu anfechtungsrechtlichen Fragen verschafft haben, wenn und soweit ihre eigene „Klientel" betroffen ist.

ff) Conclusio

195 Angesichts des hier nur ganz grobrastrig in seinen Grundzügen dargestellten Anfechtungsrechts verdient hervorgehoben zu werden, dass diese Rechtsmaterie auf Grund der vielfach engen Verwobenheit von spezifisch insolvenzrechtlichen Gesichtspunkten mit im Einzelfall einer Menge weiterer Rechtsmaterien (etwa Bankrecht, Gesellschaftsrecht, Vertragsrecht, Sachenrecht, etc.) außerordentlich kompliziert ist. Darin mag einer der Gründe liegen für die oben angesprochene, vielfach zu beobachtende Unkenntnis auch unter Juristen gerade dieser durchaus gefährlichen „Waffe" eines Insolvenzverwalters.

f) Sicherungsgegenstände

196 Es wurde bereits oben (Rn. 20 ff.) angedeutet, dass die Sicherungsgegenstände grundsätzlich zunächst einmal **in der Verfügungsgewalt des Insolvenzverwalters** belassen werden müssen, §§ 165 ff. Zwar führt das nicht wirklich zu einer Mehrung der Masse; denn natürlich kommt der Verwalter nicht umhin, irgendwann einmal im Laufe des Verfahrens diese Gegenstände dann doch an die Sicherungsgläubiger herauszugeben. Gleichwohl ist die Erwähnung der Neuerung an dieser Stelle gerechtfertigt. Denn vor dem Hintergrund der alten Rechtslage wird erkenntlich, dass zumindest eine potentielle Mehrung angestrebt wird (Einzelheiten in den Rn. 252 ff.).

197 Mit der neuen Regelung soll nämlich verhindert werden, dass durch die von den Gläubigern regelmäßig mit Eintritt der Krise vorgenommene Wegnahme der Sicherungsgegenstände eine Sanierung des schuldnerischen Unternehmens von vornherein ausgeschlossen wird. Während früher also das schuldnerische Unternehmen vielfach bereits vor Eröffnung des Verfahrens seiner wesentlichsten Vermögensgegenstände entkleidet wurde, und dadurch von vornherein jede auch noch so vage Chance einer Reorganisation obsolet war, ist ein derartiges Asset Stripping nunmehr untersagt. Damit ist die Chance eröffnet, dass der Wert des einheitlichen Unternehmens gewahrt und im Einzelfall vielleicht auch einmal vermehrt wird.

Testfragen zu Abschnitt 2

1. Kann der Gläubiger einer insolventen oHG während des Verfahrens einen Anspruch gegen den Gesellschafter aus § 128 HGB geltend machen?
2. Welche Rechte bzw. Pflichten hat der Vorbehaltskäufer in der Insolvenz des Verkäufers?
3. Wie erklären Sie Ihrem nicht-juristischen Freund die Funktionsweise der Insolvenzanfechtung?
4. Was versteht man unter einem Aktiv-, was unter einem Passivprozess?

IX. Prüfungstermin

1. Tabelleneintrag statt Gerichtsurteil

198 Der Prüfungstermin wird regelmäßig im Eröffnungsbeschluss bestimmt (§ 29 I Nr. 2). Er dient der ebenso schlichten wie evidentermaßen höchst bedeutsamen Aufgabe, diejenigen Gläubiger herauszufinden, die tatsächlich an einer Verteilung des schuldnerischen Vermögens partizipieren dürfen; man nennt die Summe der teilnahmeberechtigten Gläubiger bzw. ihrer Forderungen mitunter auch **Schuldenmasse**. Partizipieren kann naturgemäß nur derjenige, der tatsächlich und rechtsbeständig eine Forderung gegen den Schuldner hat. Im allgemeinen Vermögensrecht ist die Feststellung eines derartigen Anspruchs grundsätzlich (Ausnahmen sind etwa das Schiedsverfahren, die vollstreckbare Urkunde oder der Prozess- bzw. Anwaltsvergleich nach § 794 ZPO) den staatlichen Gerichten überlassen. Innerhalb eines Insolvenzverfahrens dagegen werden die Gerichte dadurch entlastet, dass das Gesetz, psychologisch nicht ungeschickt, auf den wirtschaftlichen Eigennutz der anderen baut.

199 Und das geschieht so: Anstatt dass jeder Gläubiger erst einmal bei Gericht einen vollstreckungsfähigen Titel erstreiten müsste, bevor er zu einer Masseverteilung berechtigt ist, wird dieser aufwändige und zeitraubende Weg durch die Eintragung in eine vom Insolvenzverwalter geführte Tabelle ersetzt. Diese verhilft dem eingetragenen Gläubiger erstens innerhalb des Insolvenzverfahrens zum Stimmrecht und berechtigt ihn zum Empfang der jeweils auszuzahlenden Dividende; darüber hinaus wirkt sie zweitens auch noch nach Abschluss des Verfahrens als ein vollstreckbarer Titel (§ 178 III); mit dem Eintrag in die Tabelle kann ein Gläubiger also späterhin, nach Beendigung des Insolvenzverfahrens, ggf. das Vollstreckungsverfahren der ZPO betreiben (§ 201 II); sein titulierter Anspruch verjährt erst in 30 Jahren (§ 197 I Nr. 5 BGB).

2. Eintragung in die Tabelle

200 Aber! Um die Eintragung in die Tabelle zu erlangen, müssen die Insolvenzgläubiger zunächst einmal nach näherer Maßgabe der §§ 28, 174 ihre Forderungen bei dem Verwalter **anmelden**; die nachrangigen Insolvenzgläubiger des § 39 allerdings nur dann, wenn sie dazu eigens vom Insolvenzgericht aufgefordert worden sind (§ 174 III). Der Verwalter prüft vorab mehr oder minder überschlägig, ob die eingereichten Unterlagen tatsächlich den geltend gemachten Anspruch (überhaupt und in dieser Höhe) rechtfertigen.

201 Es sei daran erinnert, dass diese Prüfung wie auch sonst jedes verfahrensrelevante Handeln des Verwalters unter dem „Damokles-Schwert" der strengen Haftung aus § 60 steht. Sie wird infolgedessen durchaus mit der gebotenen Sorgfalt geführt werden; denn jeder weitere zugelassene Gläubiger erhöht die in dem Insolvenzverfahren zu befriedigende Schuldenmasse und verringert damit die insgesamt zur Verfügung stehende Verteilungsmasse bzw. Quote. Da das selbstverständlich den Missmut der anderen Gläubiger erregt und damit deren Suche nach anderweitigen Befriedigungsmöglichkeiten intensiviert, ist jeder Verwalter gut beraten, seine juristischen Kenntnisse bei dieser Prüfung ganz besonders anzustrengen.

202 Im Prüfungstermin selbst werden den Anwesenden gemäß § 176 sämtliche Forderungen mitgeteilt, nicht aber einzeln erörtert. Eine solche **Einzelerörterung** soll nur in den Fällen geschehen, in denen eine Forderung bestritten wird; ist das nicht der Fall, wird die Forderung endgültig mit den zuvor beschriebenen Konsequenzen in die Tabelle eingetragen. Im Falle eines Bestreitens dagegen sieht man sich gemeinsam die Einzelheiten an. Die Berechtigung, eine Forderung zu bestreiten, haben außer dem Verwalter auch der Schuldner sowie jeder einzelne Insolvenzgläubiger. Die Konsequenzen allerdings sind je nachdem unterschiedlich:

203 Bestreitet nur der Schuldner eine Forderung, hindert das deren Eintragung in die Tabelle nicht, s. aber § 178 II 2; der betreffende Gläubiger bekommt also bei den jeweiligen Verteilungen gleichwohl seinen Anteil. Der **Widerspruch** des Schuldners entfaltet aber insofern Wirkung, als er verhindert, dass die Tabelleneintragung nach beendetem Insolvenzverfahren die Qualität eines vollstreckbaren Titels erlangt (§ 201 II). Will der Gläubiger also später den offen gebliebenen Rest seiner Forderung vom Schuldner beglichen haben, hat er keinen Titel und muss infolgedessen gegen ihn ggf. im „normalen" Klageweg vorgehen. Dem kann er gemäß § 184 zuvorkommen und den Schuldner schon während des Insolvenzverfahrens auf Feststellung verklagen.

Bestreiten demgegenüber der **Verwalter** oder ein **Gläubiger** die 204
Forderung, wird das in der Tabelle vermerkt (§ 178 II 1). Der betroffene Gläubiger ist damit von den Dividendenverteilungen ausgeschlossen. Angesichts dessen könnte ein Gläubiger, der bereits eingetragen ist, auf die Idee kommen, kategorisch jeder weiteren Forderung zu widersprechen; das verkleinert ja die Schuldenmasse (also die Menge der am Verfahren beteiligten Gläubiger bzw. Forderungen) und gereicht ihm somit zum Vorteil. Auch für den Verwalter erscheint das als eine nicht unattraktive Option; denn auf diese Weise könnte er eine hohe Verteilungsquote vorweisen und sich damit als besonders geeigneter Verwalter profilieren.

Dass dieses Vorgehen eine „Milchmädchenrechnung" ist, ist klar; 205
denn der Gläubiger der bestrittenen Forderung kann sich selbstverständlich wehren. Das erfordert zwar regelmäßig einigen Aufwand, zähmt aber immerhin ein derartiges egoistisches Gebaren der anderen Beteiligten. Wenn sich der Gläubiger seiner Sache sicher ist, kann bzw. muss er nämlich denjenigen verklagen, der seine Forderung bestritten hat. Prozessuale Details sind in den §§ 179 ff. geregelt (s. auch schon Rn. 151); das zuständige Gericht etwa ergibt sich aus den §§ 180 bzw. 185, die (mittelbar relevante) Frist zur Klageerhebung aus § 189, der Streitwert aus § 182. Gegenstand der Klage ist die begehrte Feststellung, dass die Forderung in die Tabelle einzutragen ist (§ 179 I). Gewinnt der Gläubiger diesen Prozess, so erstreckt sich die Rechtskraft dieses Urteils gemäß § 183 I auch auf die anderen Insolvenzgläubiger und den Verwalter. Der obsiegende Gläubiger erlangt damit die Eintragung in die Tabelle und ist folglich zum Erhalt der Dividendenauszahlungen berechtigt – für ihn sind unter den Voraussetzungen des § 189 II entsprechende Gelder zurückgelegt worden. Anders ist die Lage, wenn der betreffende Gläubiger im Zeitpuunkt der Anmeldung bereits einen vollstreckbaren Titel für die Forderung vorweisen kann: Dann nämlich trägt der bestreitende Verwalter oder Gläubiger die Prozessführungslast (§ 179 II).

Testfragen zu Kapitel IX

1. Wie kann ein Gläubiger zu einem rechtskräftigen Titel kommen, ohne dafür prozessieren zu müssen?
2. Welche Konsequenzen haben der Widerspruch gegen eine Forderungsfeststellung durch den Schuldner, durch einen anderen Gläubiger oder den Verwalter?

X. Berichtstermin

206 Der Berichtstermin wird vielfach zugleich mit dem Prüfungstermin abgehalten (§ 29 II). Während es im prüfenden Teil um die vorbeschriebene Feststellung des beteiligten Gläubigerkreises geht, werden im berichtenden Teil die **Weichen für den weiteren Fortgang des Verfahrens** gestellt. Denn hier trägt der Insolvenzverwalter den versammelten Gläubigern all diejenigen Informationen über den wirtschaftlichen Zustand des Schuldners vor, die er im Laufe seiner bisherigen Tätigkeit – ggf. als Gutachter, als vorläufiger Verwalter und schließlich als endgültiger Verwalter – gesammelt hat (§ 156, s. noch Rn. 215). Und eben diese Informationen bilden nach § 157 die Grundlage für die Entscheidung der Gläubiger darüber, auf welche Weise das Verfahren fortgesetzt wird – als Planverfahren (nachfolgend Rn. 207 ff.) oder als Liquidationsverfahren (Rn. 238 ff.).

XI. Planverfahren

1. Vorbemerkungen

a) Grundsätzliches und Unjuristisches

207 Wenn hier das Planverfahren entgegen dem allgemein Üblichen vor dem Liquidationsverfahren thematisiert wird, so stellt das zwar die praktische Relevanz des Letzteren auf den Kopf; rein statistisch überwiegt die Anzahl der Liquidationen bei weitem. Das hängt insbesondere damit zusammen, dass Insolvenzanträge regelmäßig zu spät gestellt werden, so dass an eine Sanierung nicht mehr zu denken ist; natürlich aber gibt es weitere Gründe, deren gewisslich nicht unbedeutendster der unabdingbare Marktaustritt marktinkompatibler Unternehmen ist.

208 Warum dann gleichwohl die vorliegende Reihung gewählt ist, hängt mit dem bislang auch in der Praxis noch nicht hinreichend internalisierten Ausgangspunkt zusammen, dass nämlich die Liquidation die ultima ratio des Restrukturierungsrechts darstellt. Unter dem Aspekt der schnellstmöglichen Wiedereingliederung unproduktiv gewordener Wirtschaftsgüter in den allgemeinen Wirtschaftskreislauf dürfte zumindest im Regelfall die **Sanierung** sowohl des Schuldners selbst als auch die des Unternehmens (übertragende Sanierung) gegenüber der Liquidation der einzelnen Vermögensgegenstände vorzugswürdig sein – möglicherweise freilich auch nur mit der Einschränkung, dass der Sanierung des Schuldners auch tatsächlich derjenige Stellenwert in der Praxis eingeräumt wird, der ihm bei richtigem Verständnis gebührt; alle drei Varianten stellen Optionen dar, die genutzt werden sollten, wenn die Voraussetzungen für sie vorliegen. Die Sanierung ist ihrer konzeptionellen Anlage nach das eigentliche Anwendungsfeld des Planverfahrens.

Die Frage allerdings, ob eine Sanierung – welcher Couleur auch immer – im jeweiligen Einzelfall tatsächlich eine realistische oder gar erstrebenswerte Option darstellt, muss vielfach anhand betriebswirtschaftlich orientierter Analysen der Krisenursachen und Schwachstellen des Unternehmens erforscht werden; rechtliche Erwägungen spielen dabei etwa dann eine Rolle, wenn für die Fortführung die Erhaltung bestehender Vertrags- bzw. Rechtsbeziehungen (etwa Mietverträge für Geschäftsräume in bevorzugten und nachgefragten Lagen; Lizenzverträge; öffentlich-rechtliche Genehmigungen; Börsennotierung; steuerliche Verlustvorträge o.ä.) erforderlich ist. Ein Unternehmen ist gut beraten, derartige Analysen und Überlegungen nicht erst dann anzustellen, wenn sich die Krise bereits so sehr verdichtet hat, dass kaum mehr wirtschaftliche und rechtliche Gestaltungsmöglichkeiten existieren. Eine zeitliche Vorverlagerung wird sich vermutlich in dem Maße (allerdings auch eben erst dann) etablieren, in dem der Makel eines Insolvenzverfahrens aus dem tief verankerten Bewusstsein der Akteure schwindet. Dem wollte nicht nur das ESUG nachhelfen, sondern zunehmend auch die europäische Gesetzgebung – etwa mit der Richtlinie 2019/1023, die zum StaRUG geführt hat. **209**

b) Disponibilität des Haftungsrechts

Der mit „Insolvenzplan" überschriebene sechste Teil der Insolvenzordnung, der sich eng an das **Chapter 11** des US-amerikanischen Bankruptcy Code anlehnt, stellt ein Novum in der langen Geschichte des deutschen Insolvenzrechts dar. Denn mit der Regelung der §§ 217 ff. wurde das bis dahin gewissermaßen prototypisch zwingende Insolvenzrecht (*ius cogens*) bis zu einem gewissen Grad disponibel gemacht. Unter grundsätzlicher Beibehaltung der Zwangsgemeinschaft wird den Betroffenen nach näherer Maßgabe des **§ 217** die Möglichkeit eingeräumt, von den Liquidationsvorschriften abzuweichen und stattdessen ein für den konkreten Insolvenzfall maßgeschneidertes Lösungskonzept zu entwickeln. Was über buchstäblich Jahrtausende als unverrückbare Strenge (*rigor iuris*) des Haftungsrechts das Wirtschaftsgeschehen aus dem Hintergrund dirigierte und beeinflusste, ist nunmehr zur einer gestaltbaren und damit planbaren Handlungsoption geworden. **210**

Auch wenn das Gesetz die **Zielrichtung** eines Planverfahrens (ob also eine Sanierung oder eine Liquidation angestrebt wird) klugerweise nicht vorschreibt, so war doch von Anfang an klar – und wird durch die Praxis immer mehr bestätigt –, dass es vornehmlich zur Sanierung des **211** schuldnerischen Unternehmens eingesetzt wird. Auf diese Weise eröffnet sich die neue Perspektive, dass die Insolvenz als Sanierungschance genutzt werden kann und damit volkswirtschaftlich hoch willkommen ist. Zur Sicherheit und zur Klarstellung sei hervorgehoben: Es ist keineswegs so, dass diese Möglichkeit den Gläubigern altruistisches Gebaren aufzwingt; vielmehr liegt es in deren ureigenstem, ökonomischem Interesse, dass diese Perspektive realisiert wird. Denn die für die Gläubigerbefriedigung maßgeblichen Vermögenswerte sind zunehmend solche, die sich nicht mehr – wie Mobilien, Immobilien und Forderungen – auf dem freien Markt versilbern lassen, sondern solche, die eng an die Person des Schuldners gebunden sind: Wissen allgemein, Know-How, Goodwill, Charisma, Kundenkontakte, etc. Um diese gewinnbringend einsetzen zu können, benötigt man vielfach den Schuldner selbst.

212 In diesem Zusammenhang ist es von nachhaltigem Interesse, was etwa UNCITRALs Legislative Guide on Insolvency Law als **Zweck** entsprechender Regelungen bezeichnet: „The purpose of provisions relating to the reorganization plan is: (a) To facilitate the rescue of businesses subject to the insolvency law, thereby preserving employment and, in appropriate cases, protecting investment; (b) To identify those businesses which are capable of reorganization; (c) To maximize the value of the estate; (d) To facilitate the negotiation and approval of a reorganization plan and establish the effects of approval, including that the plan should bind the debtor, creditors and other parties in interests; (e) To address the consequences of a failure to propose an acceptable reorganization plan or to secure approval of the plan, including conversion of the proceedings to liquidation in certain circumstances; and (f) To provide for the implementation of the reorganization plan and the consequences of failure of implementation."

213 Die Umsetzung all dieser Zielvorgaben findet sich in mehr oder minder klarer Form in den **§§ 217 ff.** wieder – allerdings mit der zusätzlichen Besonderheit, dass das Planverfahren auch im Rahmen eines Liquidationsverfahrens nutzbar gemacht werden kann. Diese Zielvorgaben verdeutlichen, dass das Recht im Kontext des in erster Linie auf unternehmerischen Erwägungen beruhenden Entschlusses zur Sanierung so gut wie keine inhaltlichen Vorgaben statuieren kann und darf, sondern sich im Wesentlichen darauf beschränken muss, einen möglichst reibungslos funktionierenden prozeduralen Rahmen für eine effiziente Umsetzung der wirtschaftlichen Vorgaben in bindende Vorgaben zu präsentieren. Es ist mehr als nur von rechtsvergleichendem Interesse, dass in den USA der Kommunikationscharakter des Chapter 11-Verfahrens zunehmend genutzt wird, um mit seiner Hilfe eine breite Zustimmung für einen Verkauf des Schuldners, also für eine übertragende Sanierung zu finden.

2. Voraussetzungen

Ein Planverfahren setzt nicht anders als das Liquidationsverfahren 214
voraus, dass die Gläubiger im Berichtstermin für diese Option **votiert**
haben, und dass eine zumindest die Masseverbindlichkeiten **deckende
Masse** vorhanden ist (§ 258 II). Um eine fundierte Entscheidung treffen zu können, muss der Verwalter den Gläubigern gemäß § 156 I
einen verlässlichen **Bericht** darüber abliefern, ob der Schuldner (hier
regelmäßig: das Unternehmen) sanierungsfähig ist und ob es sich dabei
um eine wünschenswerte und realistische Option handelt.

Die Grundlagen für diesen **Bericht** wird der Verwalter oftmals 215
schon während des Eröffnungsverfahrens zu erarbeiten beginnen,
sofern er denn auch schon als vorläufiger Verwalter bestellt ist und
einen entsprechenden Auftrag vom Gericht erhält (vgl. § 22 I Nr. 3
sowie II). Darüber hinaus verbleibt ihm als Prüfungszeit noch die
Zeitspanne zwischen dem Eröffnungsdatum und dem Berichtstermin –
maximal also drei Monate (§ 29 I Nr. 1). Was sich hier auf dem Papier
wie eine komfortable Einarbeitungszeit darstellt, übt in praxi regelmäßig einen erheblichen Zeitdruck aus. Denn die für den erwähnten
verlässlichen Bericht erforderlichen Unterlagen, also etwa Bilanzen,
Inventare oder sonstige Verzeichnisse, sind nur in den allerseltensten
Fällen so aufbereitet, wie Handels- oder Steuerrecht das vorschreiben.
In ganz vielen Fällen findet der Verwalter nur ein Chaos vor, unsortierte Kartons bzw. Waschkörbe (ernsthaft!) im Keller, und es fehlen
kompetente Auskunftspersonen – etwa weil der Buchhalter bereits
gekündigt hat oder weil es an einem gewissen Enthusiasmus für Kooperation mangelt. Hier ergibt sich für den Verwalter eine Vielzahl von
faktischen Problemen.

Dieser letztgenannte Befund hängt damit zusammen, dass der Schuld- 216
ner üblicherweise mehr in die Insolvenz „hineinschlittert", als dass er sie
gestalterisch planen würde. In dem Maße aber, in dem die Chance zur
Sanierung realisiert wird, die sich aus einem Insolvenzverfahren ergeben
kann, und in dem dann die im Vorfeld eröffneten gestalterischen Weichenstellungen – der Plan kann gemäß § 218 I 2 bereits dem Antrag auf
Eröffnung eines Insolvenzverfahrens beigefügt werden (sog. **pre-pack**),
oder er wird in den drei Monaten während der Dauer des Schutzschirmverfahrens nach § 270b entworfen – auch tatsächlich genutzt werden,
wird sich die Verlässlichkeit des besagten Verwalterberichts steigern.

3. Planerstellung

Auch wenn das im Laufe des Gesetzgebungsverfahrens einmal er- 217
wogen wurde, ist die Befugnis zur Erstellung und Vorlage eines Plans

nicht jedem Beteiligten eingeräumt worden; man befürchtete, dass sich Komplikationen bzw. Verzögerungen dann ergeben könnten, wenn mehrere Pläne vorgeschlagen würden – ein nicht sehr realistisches Schreckensszenario, da die Abfassung eines Plans erhebliche Mühe, Kosten und nicht zu unterschätzenden Sachverstand abfordert. Statt aber angesichts dieser Befürchtung nur einen Planverfasser zuzulassen, räumt § 218 I 1 das **Recht zur Vorlage** sowohl dem Schuldner als auch dem Verwalter ein. Sofern Eigenverwaltung angeordnet ist, hat der Sachwalter anstelle des (nicht vorhandenen) Verwalters das Vorlagerecht (§ 284). Darüber hinaus kann auch ein ausländischer Verwalter einmal nach näherer Maßgabe der Europäischen Insolvenzverordnung zur Vorlage berechtigt sein.

218 Während der **Schuldner** den Plan bereits mit Antragstellung, während des Schutzschirmverfahrens nach § 270d I oder natürlich auch im Verlauf des Verfahrens vorlegen kann, muss der **Verwalter** notgedrungen den Plan erst nach Eröffnung erstellen, was angesichts der grundsätzlich bestehenden Eilbedürftigkeit bei Reorganisationen ein gewisses Manko ist. Hinter dieser Feststellung verbirgt sich ein Problem des deutschen Insolvenzrechts: Wer im Vorfeld einer Insolvenz bei der Erstellung eines Plans mitgewirkt oder ihn gar selbst gefertigt hat, hat damit seine nach § 57 erforderliche Unabhängigkeit verloren; damit ist die **Planbarkeit** eines Insolvenzverfahrens insofern nur eingeschränkt möglich. In England dagegen ist es gang und gäbe, dass der im Vorfeld den Plan erstellende Berater im Verfahren der Verwalter ist. In § 284 I 3 findet sich immerhin ein Kompromiss, weil der Sachwalter zumindest beratend mitwirken kann.

219 Wie dem auch sei – der Gesetzgeber wollte die **Gläubiger** an diesem für sie außerordentlich bedeutsamen Vorgang der Planerstellung nicht völlig unbeteiligt lassen und konzediert ihnen daher in § 218 II (s. auch § 284 I 1), dass der Insolvenzverwalter bei der Abfassung (s)eines Plans all diejenigen Vorgaben zu berücksichtigen hat, die ihm die Gläubigerversammlung aufträgt. Wie sich ein derart gestalteter Plan allerdings zu einem eventuell bereits zuvor von ihm eigenständig abgefassten Plan verhält, ist umstritten. Unter Umständen hat man dann doch mit immerhin drei Plänen zu tun, falls auch der Schuldner von seinem Recht zur Planerstellung Gebrauch gemacht haben sollte.

4. Planinhalt

220 Das Gesetz enthält sich weitestgehend irgendwelcher materiellen Vorgaben bezüglich eines unabdingbaren Planinhalts; es ist aber immerhin durch § 217 klargestellt, dass ein Plan auch allein zu dem Zweck erstellt werden darf, um beispielsweise in einem sich noch Jahre hinziehenden Verfahren heute schon mal eine Zwischenverteilung von Massegeldern an die Gläubiger vornehmen zu können (sog. verfahrensleitender Plan) oder um gruppeninterne Drittsicherheiten zu modifizieren, § 217 II (s. dazu auch noch §§ 223a, 238b). Ein Plan muss also nicht immer und notwendig den Abschluss eines Insolvenzverfahrens herbeiführen. Was allerdings früher noch in der Vergleichsordnung und auch heute noch vielfach andernorts vorgesehen ist, dass nämlich die Gläubiger eine bestimmte Minimalbefriedigungsquote erhalten müssten, ist im Bereich der für den **Planinhalt** maßgeblichen §§ 219–230 abgeschafft worden. Stattdessen schreibt § 219 die notwendige **Struktur** eines Planes vor: Er muss aus einem darstellenden Teil und aus einem gestaltenden Teil bestehen (s. schon oben § 2 Rn. 8). Wie § 220 und § 221 sodann etwas detaillierter vorschreiben, geht es dabei letzten Endes um die Unterscheidung von Ist-Zustand und Soll-Zustand, mit deren Hilfe die Gläubiger eine fundierte Entscheidung bezüglich ihres nachfolgenden Abstimmungsverhaltens treffen können sollen.

Eine weitere Strukturvorgabe enthält der eminent bedeutsame **§ 222**: 221 Ihm zufolge sind für die Festlegung der Beteiligtenrechte Gläubigergruppen zu bilden. In Abs. 1 S. 2 sind die obligatorisch zu bildenden Gruppen benannt; aus Abs. 2 folgt, dass weitere Gruppen gebildet werden können – etwa auch innerhalb der Schar der in Abs. 1 genannten allgemeinen ungesicherten Gläubiger, der Arbeitnehmer gemäß Abs. 3, oder aber die Gesellschafter des Schuldners. Voraussetzung ist nur, dass die Gruppenbildung sachgerecht und nachvollziehbar dokumentiert erfolgt.

Die **Gesellschafter** können also in das Planverfahren einbezogen 222 werden, obwohl es dogmatisch durchaus verständlich war, dass das bis vor einiger Zeit nicht der Fall war: Sind sie doch – juristisch gesehen – völlig separate Personen gegenüber der insolventen Gesellschaft. In praktischer Hinsicht hatten die Gesellschafter damit freilich ein Blockadepotential an der Hand, weil sie sich ihre (wertlosen) Rechte haben abkaufen lassen können. Damit ist jetzt Schluss: Auch nach deutschem Recht ist nunmehr der Austausch von Forderungsrechten gegen Anteilsrechte – der sog. **Debt-Equity-Swap** – möglich, § 225a II, und wegen der möglichen Einbeziehung der Gesellschafter ist im Planverfahren nunmehr die Rede von „Beteiligten" statt nur von „Gläubigern".

Die §§ 217 II mit 254 II, 223–225a, 227–230 enthalten noch einige 223 Konkretisierungen hinsichtlich des Planinhalts, und § 226 statuiert die Notwendigkeit der **Gleichbehandlung** innerhalb einer Gruppe. Im Umkehrschluss heißt das, dass zwischen den Gruppen dieses Gebot nicht gilt; die eine Gruppe kann also anders behandelt werden als die andere – etwa dass die Kleingläubiger volle Befriedigung erhalten, die anderen dagegen auf eine bestimmte Quote ihrer Forderungen verzich-

5. Abstimmung und Annahme des Plans

224 Ob der Plan den vorgenannten Anforderungen genügt, überprüft das **Insolvenzgericht** binnen zwei Wochen nach näherer Maßgabe des § 231 vornehmlich in rechtlicher Hinsicht. Falls das Ergebnis negativ ist, weist es den Plan von Amts wegen zurück oder gibt dem Vorlegenden Gelegenheit zur Nachbesserung (§ 231 I Nr. 1; gemäß § 240 kann der Vorlegende auch später noch Änderungen vornehmen); anderenfalls, wenn die Prüfung also ein positives Ergebnis zeitigt, holt das Gericht spätestens jetzt, § 232 IV, noch die Stellungnahme einiger besonders Betroffener ein (§ 232). Dabei bestimmt das Gericht nicht nur, bis wann diese Stellungnahmen eingegangen sein müssen, sondern auch den sog. **Erörterungs- und Abstimmungstermin** (§ 235). Der kann mit dem in § 29 Nr. 2 angesprochenen Prüfungstermin zusammenfallen, wie andererseits der Abstimmungstermin gesondert abgehalten werden kann (§§ 240, 241).

225 Der Abstimmungstermin stellt gewissermaßen den Countdown für den vorgelegten (und natürlich möglicherweise im Verlauf der Verhandlungen mit den Gläubigern vielfältigen Änderungen ausgesetzten) Plan dar. Dabei folgt aus der durch die Insolvenzordnung so stark in den Vordergrund gerückten Gläubigerautonomie, dass die **Abstimmung durch die Beteiligten** erfolgen muss. Die Vorschriften dazu finden sich in den §§ 243 ff. Um die Besonderheit dieses Vorgangs in seiner ganzen Tragweite erfassen zu können, ist an die eingangs in diesem Buch hervorgehobene, für das Verständnis und die Funktionsweise des Insolvenzrechts zentrale Rolle der Zwangsgemeinschaft der Gläubiger (s. oben § 1 Rn. 11) zu erinnern: Sie hat u.a. zur Folge, dass an die Stelle des außerhalb des Insolvenzrechts unabdingbaren Einstimmigkeitsprinzips das **Mehrheitsprinzip** tritt. D.h. also, dass bei der Abstimmung des Plans nicht die Zustimmung sämtlicher Gläubiger erforderlich ist; es genügt vielmehr eine Mehrheit.

226 Wie diese Mehrheit im Einzelnen aussieht, ergibt sich aus dem Zusammenspiel der §§ 243 und 244. Danach erfolgt die **Abstimmung in Gruppen** – d.h., dass es für die Annahme des Plans nicht mehr auf die Zustimmung aller Beteiligten, sondern allein die einer jeden Gruppe ankommt. Gibt es also bspw. 100 Beteiligte, die auf der Grundlage des § 222 in acht Gruppen zusammengefasst sind, bedarf es keiner 100 Ja-Stimmen, sondern es genügen acht zur Annahme des Plans: Das ist wahrhaft eine Reduzierung von Komplexität, wobei freilich noch zu beachten ist, dass das „Ja" einer Gruppe von der in § 244 I und III beschriebenen

Kopf- plus Summenmehrheit der in dieser Gruppe abstimmenden Beteiligten abhängig ist. Dieses Ergebnis kann mithin erzielt werden, auch wenn fast die Hälfte der Gläubiger innerhalb einer Gruppe gegen den Plan votieren. Dass diese Regelung dem strategisch geschulten Verstand ein Steuerungspotential für das erstrebte Abstimmungsergebnis an die Hand gibt, sei als pure Selbstverständlichkeit nur am Rande vermerkt.

Freilich ist mit dem Voranstehenden das Abstimmungsverfahren noch keineswegs abschließend beschrieben – die Fahnenstange reicht sogar noch weiter: Falls nämlich diese auf Mehrheitsvoten innerhalb der Gruppen basierende Einstimmigkeit aller Gruppen nicht erreicht wird, ist damit das Verfahren noch nicht endgültig gescheitert; vielmehr gibt es in § 245 ein in seiner Entstehung heiß umstrittenes, letztlich aber doch nach US-amerikanischem Vorbild eingeführtes sog. **Obstruktionsverbot**. Danach kann die fehlende Einstimmigkeit der Gruppenvoten durch das Gericht noch weiter in Richtung Mehrheitsprinzip reduziert werden („cross-class cram-down"), wenn die dort im Einzelnen aufgelisteten Voraussetzungen erfüllt sind – insbesondere wenn also kein Beteiligter innerhalb der fraglichen Gruppe durch den Plan schlechter steht, als er ohne Plan (regelmäßig also bei einer Liquidation) voraussichtlich stehen würde, und wenn alle Beteiligten am wirtschaftlichen Planwert angemessen beteiligt, § 245 II, werden. Liegen diese Voraussetzungen vor – falls die nachrangigen Gläubiger ausnahmsweise doch einmal beteiligt werden, ist noch § 246 zu beachten (und § 246a für die Anteilseigner, wenn sie eine Abstimmungsgruppe bilden) –, kann das negative Abstimmungsergebnis dieser Gruppe in ein „Ja" umfingiert werden. Weitere Voraussetzung für diesen prima vista ungeheuerlich anmutenden Schritt ist, dass wenigstens die Mehrheit der Gruppen (im obigen Beispiel also wenigstens 5) tatsächlich mit „Ja" gestimmt hat.

Sofern der Plan die erforderliche Zustimmung erhält, muss der **Schuldner** noch gemäß § 247 sein **Einverständnis** erklären – immerhin geht es ja regelmäßig um seine Sanierung, setzt also regelmäßig seine aktive Unterstützung des weiteren Vorgehens voraus. Der letzte Schritt hin zur Wirksamkeit des Planes besteht darin, dass das Insolvenzgericht den Plan nach näherer Maßgabe der §§ 249–251 auf die Erfüllung von eventuell im Plan vorgesehenen Bedingungen, die korrekte Einhaltung der Verfahrensvorschriften bzw. der Gebote des Minderheitenschutzes hin überprüft, dass es ggf. den cross-class cram-down ablehnender Gruppenvoten bestimmt, und dass es schließlich den Plan bestätigt (§§ 248, 252 f.). Die gegen diesen Bestätigungsbeschluss möglichen Rechtsmittel sind in § 253 genannt; sie sind gegenüber dem früheren Recht deutlich reduziert, um die Planbarkeit dieses Verfahrenstyps nicht zu unterminieren.

6. Wirkung des bestätigten Plans

229 Sobald der Bestätigungsbeschluss des Gerichts rechtskräftig ist, treten die in dem gestaltenden Teil des Plans vorgesehenen Wirkungen ein (§§ 254, 254a), und das Insolvenzverfahren wird aufgehoben (§§ 258 f.). Das ist sozusagen der **Startschuss für die eigentliche Sanierung** des Schuldners, und neben dem Schuldenschnitt der Gläubiger (s. noch zusätzlich § 254b mit § 259a) beginnt der Praxistest dessen, was zuvor nur als Plan zu Papier gebracht worden ist. Der Verwalter muss vor der vom Gericht auszusprechenden Aufhebung des Insolvenzverfahrens noch die in § 258 II genannten Massegläubiger befriedigen. Damit ist auch seine Aufgabe erledigt (§ 259) – es sei denn, der Plan sähe eine Überwachung der weiteren Planerfüllung vor (§ 260), die im Einzelnen noch näher konkretisiert werden kann. In diesem Kontext muss auch § 255 hervorgehoben werden, demzufolge die durch den Plan vorgesehenen Regelungen teils einzelnen Gläubigern, teils allen gegenüber hinfällig werden können.

230 Wie eine derartige **Überwachung** im Einzelnen ausgestaltet werden kann, ergibt sich aus den §§ 260–269. Besonders bedeutsam ist hierbei § 264, weil er ein grundlegendes Problem eines jeden Reorganisierungsversuchs adressiert – nämlich die Finanzierung eben dieses Versuchs (neudeutsch: Post-Commencement Financing). Zu diesem Zweck gestattet die Norm, eine Klausel in den gestaltenden Teil des Plans aufzunehmen, der zufolge die vorrangige Besicherung eines in seiner Höhe genau festzulegenden Neu-Kredits – das ist der Kreditrahmen – möglich sein soll. Da nun einmal Kredite regelmäßig nur gegen Sicherheiten vergeben werden, und da bei einem insolventen Schuldner ebenso regelmäßig keine Gegenstände vorhanden sind, die nicht schon anderweitig als Sicherheiten eingesetzt wären, hilft folglich nur ein Rangrücktritt der bereits besicherten Gläubiger: Sie räumen damit dem neuen Kreditgeber einen Vorrang ein und steigern dadurch die Wahrscheinlichkeit, eben einen solchen neuen Kreditgeber auch tatsächlich zu finden.

Prüfungsschema 3: Ablauf eines Planverfahrens

I. **Berichtstermin, § 157**

II. **Planerstellung, §§ 219 ff.**

　　1. durch Schuldner (ggf. zusammen mit Insolvenzantrag) während des gesamten Verfahrensablaufs, § 218 I 1 Fall 1

　　2. durch Insolvenzverwalter (auf eigene Initiative oder im Auftrag der Gläubigerversammlung ab Verfahrenseröffnung, § 218 I 1 Fall 2

III. Überprüfung durch das Insolvenzgericht
Sollte der Plan nicht den Voraussetzungen entsprechen und Erfolgsaussichten haben, kann das Gericht entweder Gelegenheit zur Nachbesserung geben oder den Plan von Amts wegen aus den Gründen des § 231 I Nr. 1–3 zurückweisen.

IV. Einholung von Stellungnahmen der nach § 232 I Nr. 1–3 Beteiligten durch das Insolvenzgericht

V. Erörterungs- und Abstimmungstermin, §§ 235 ff.
Die Abstimmung der Gläubiger erfolgt zur Reduzierung der Komplexität in Gruppen, §§ 243, 222.
Erforderlich ist die einfache Kopf- *und* Summenmehrheit.
Hat die Mehrheit der Gruppen zugestimmt, kann das Insolvenzgericht die Ablehnung der übrigen Gruppen ersetzen (Obstruktionsverbot), § 245.

VI. Zustimmung des Schuldners, § 247 (u.U. fingiert)

VII. Gerichtliche Bestätigung, §§ 248, 252
Versagungsgründe nennen die §§ 249–251

VIII. Eintritt der Gestaltungswirkung, § 254

IX. Aufhebung des Insolvenzverfahrens, § 258
Vorausgehende Befriedigung der Massegläubiger erforderlich, § 258 II

X. Plandurchführung, ggf. -überwachung, §§ 260–269

7. Anreizsystem zur Eigensanierung: Eröffnungsgrund, Eigenverwaltung und Schutzschirmverfahren

Es wurde schon angedeutet, dass es bislang noch in Deutschland mit der Wahrnehmung des insolvenzrechtlichen Planverfahrens als Sanierungschance nicht zum Besten steht. Dabei hatte bereits die Insolvenzordnung zwei Instrumente geschaffen, die diese Option noch verbessern und in ihrer Attraktivität noch steigern sollten; das StaRUG spielt hierbei bislang noch eine untergeordnete, aber zunehmende Rolle, nachdem es jetzt schon einige Erfolgsgeschichten vorweisen kann.

Aber der Reihe nach: In Gestalt des oben (Rn. 70 ff.) schon angesprochenen **§ 18** stellt das Gesetz einen Eröffnungsgrund zur Verfügung, der in eine Phase des kriselnden Unternehmens zurückreicht, in der die Chancen für eine Sanierung noch nicht verbaut sind. Der für eine Sanierung entscheidende Vorteil dieses Insolvenzauslösungsgrunds liegt darin, dass er einzig und allein vom Schuldner geltend gemacht werden kann. Kein noch so drängender Gläubiger kann ihn also zu diesem Zeitpunkt mit einem eigenen Antrag überrumpeln. Wenn die rechtsberatende Zunft (unter Einschluss der Steuerberater und Wirtschafsprüfer) diesen Vorteil erkennt und für ihre Klientel umsetzt, bietet sich zu diesem frühen Zeitpunkt eine Vorgehensweise an, die sich unter dem zuvor schon erwähnten Stichwort „Pre-Packaged-Plan" etabliert hat. Damit ist gemeint, dass sich Schuldner, Berater sowie zumindest die wichtigsten Gläubiger zusammensetzen und einen Plan in der vorgeschriebenen Art und Weise noch vor Stellung des Insolvenzantrags ausarbeiten. Wird das Verfahren dann eröffnet, kann der Plan schnellstmöglich zur Abstimmung gestellt werden. Als Vorbild kann auf vorgekommene Fälle verwiesen werden: In einem der schnellsten wurde das Insolvenzverfahren bereits nach sechs Wochen (in den Niederlanden gar nach wenigen Tagen) wieder beendet. Eine derzeit in Vorbereitung befindliche europäische Richtlinie will diesen Beschleunigungseffekt für bestimmte Konstellationen allgemein institutionalisieren.

233 Die zweite Erleichterung der Einschätzung, dass ein Insolvenzverfahren eine Sanierungschance darstellt, hat das Gesetz in Gestalt der in den §§ 270 ff. (genauer: §§ 270–270e sowie §§ 270f ff.) geregelten **Eigenverwaltung** geschaffen; dabei agiert der Schuldner selbst (!) anstelle des bis hierher immer nur angesprochenen Insolvenzverwalters. Auch hierzu wurde oben bereits ausgeführt, dass die größte Barriere gegen die praktische Handhabung dieses neuen Instrumentariums in den überkommenen Vorstellungen (und damit in dem Geschichtsbewusstsein aller Rechtsanwender) liegt (s. Rn. 50 f). Dabei ist die Eigenverwaltung bei Insolvenzen etwa von Freiberuflern (Ärzten, Anwälten, etc.) oder Notaren oder Apothekern die nahezu einzig praktikable Lösung, wenn die Praxis, Kanzlei oder das Geschäft weitergeführt werden sollen. Aber auch, wenn das Insolvenzverfahren nicht durch Missmanagement, sondern durch exogene Umstände, etwa den Ausfall eines Zulieferers oder Abnehmers oder gar eine Pandemie, ausgelöst wurde, passt das Bild vom Bock und Gärtner überhaupt nicht, und die Geißelung mit dem „Makel der Insolvenz" geht komplett an den Gegebenheiten vorbei.

234 Aber auch über diese Anwendungsfälle hinaus ist schon mehrfach eine (freilich nicht wirklich kostengünstige) Variante der Eigenverwaltung versucht worden: Man beruft dabei vor der Stellung des Insolvenzantrags einen Sanierungsspezialisten in den Vorstand – gern auch **CRO** genannt: Chief Restructuring Officer. Als Mitglied des Vorstands führt er zu einem Kompromiss zwischen Eigenverwaltung und Fremdverwaltung. Anders als das auch insoweit berühmt-berüchtigte

XI. Planverfahren

US-amerikanische Insolvenzrecht sieht das deutsche Recht nämlich eine Kontrolle des eigenverwaltenden Schuldners vor. Die Vorzüge gerade dieser Kombination beschreibt das Buch des IWF über effektive Insolvenzverfahren in prägnanter Eindringlichkeit: „Total displacement of the debtor from the management of the enterprise will eliminate the incentive for debtors to avail themselves of rehabilitation procedures at an early stage and may undermine the chances of successful rehabilitation. On the other hand, allowing the debtor to retain full control over the enterprise creates a number of risks, including that the assets of the debtor will be dissipated to the detriment of creditors. It is therefore prefereable for the law to provide for an arrangement whereby the debtor continues to operate the enterprise on a day-to-day basis, but under the close supervision of an independent, court-appointed supervisor. However, the court should have the authority to displace the debtor's management entirely when there is evidence of gross mismanagement or misappropriation of assets."

Dieser Supervisor heißt auf Deutsch „**Sachwalter**" und seine Rechtsstellung ist in § 274 geregelt. § 272 adressiert den am Ende des Zitats vorgesehenen Widerruf der Eigenverwaltung unter den dort genannten Voraussetzungen. 235

Das in der Kombination von § 18 und Eigenverwaltung liegende Angebot zur Sanierung wurde in der Praxis nur sehr eingeschränkt angenommen. Nach wiederholten Änderungen stellt sich die gegenwärtige Rechtslage der Eigenverwaltung folgendermaßen dar: Um zu dieser gegenüber der traditionellen Fremdverwaltung privilegierten Position zu kommen, muss der Schuldner zunächst einmal die Eigenverwaltung noch vor Verfahrenseinleitung in der Weise beantragen, dass er zugleich die den (nicht unbeträchtlichen) Anforderungen des § 270a genügende Eigenverwaltungsplanung vorweisen kann. Diese Planung überprüft daraufhin das Gericht gemäß § 270b auf Vollständigkeit, Schlüssigkeit und Richtigkeit. Ist das alles zu bejahen, bestellt es nach Rücksprache mit dem eventuell eingerichteten vorläufigen Gläubigerausschuss, § 270b III (mit § 21 II 1a), für die zugelassene vorläufige Eigenverwaltung einen vorläufigen Sachwalter, der gegebenenfalls die in § 270c I genannten Aufgaben zu erfüllen hat. Dass die einmal zugelassene vorläufige Eigenverwaltung auch wieder aufgehoben werden kann, macht § 270e ebenso deutlich wie § 270b IV, dass das Gericht dem Antrag auf vorläufige Eigenverwaltung auch nicht zu entsprechen braucht. 236

Aber auch wenn das Verfahren bereits eröffnet ist bzw. werden soll, kann noch Eigenverwaltung angeordnet werden, §§ 270f, 271. Ist Eigenverwaltung angeordnet, wird der Umfang, in dem der Schuldner tatsächlich eigenverwalten kann und darf, nach näherer Maßgabe der

§§ 275 ff. festgelegt. So soll der Sachwalter etwa auch bei der Eingehung solcher Verbindlichkeiten einbezogen werden, die der tägliche Geschäftsbetrieb mit sich bringt (§ 275); die Ausübung des Wahlrechts nach § 103 obliegt dem Schuldner, der dabei jedoch im Einvernehmen mit dem Sachwalter vorgehen soll (§ 279); Gleiches gilt bspw. für die Verwertung von Sicherungsgut nach § 282 oder die Verteilung von erlösten Geldern nach § 283 II. Dagegen sind die beiden masseanreichernden Optionen der Insolvenzanfechtung und der Geltendmachung von kollektiven Ersatzansprüchen nach den §§ 92 und 93 gemäß § 280 allein dem Sachwalter vorbehalten, wie auch bei ihm die Forderungen der Gläubiger anzumelden sind, § 270f II.

237 Alternativ zu diesem Vorgehen mag der Schuldner vorziehen wollen, das in § 270d vorgesehene **Schutzschirmverfahren** in Anspruch zu nehmen. Das Gesetz hat damit einen interessanten „Zwitter" kreïert: Für die maximale Dauer von drei Monaten kann sich der Schuldner eine Verschnaufpause (Moratorium) gegenüber seinen Gläubigern verschaffen, § 270d III i.V.m. § 21 II 3, in der er einen Insolvenzplan erstellen kann; in dieser Zeit übt er die Eigenverwaltung aus und kann regelmäßig den Sachwalter selbst bestimmen.

237a In dem Maße, in dem die hier dargestellten Anreize greifen, d.h. von der Praxis angenommen und realisiert werden, lässt sich das Sanierungspotential des neuen Insolvenzrechts erst richtig ausschöpfen. Profitieren können davon nicht nur Unternehmen aus dem Dienstleistungssektor – wie etwa Softwarehäuser, Sportvereine, Beratungsfirmen, start-ups etc. –, sondern auch Unternehmen aus dem zweiten Wirtschaftssektor. Denn der durch das Insolvenzrecht aufgebaute Schutzschild vor den einzelnen Gläubigern, die „Subventionsleistung" in Gestalt des Insolvenzgeldes, die Möglichkeit, einzelne Gläubiger überstimmen sowie arbeitsrechtliche Kündigungserleichterungen nutzen zu können, sind einige von vielen Vorteilen, die man auch im produzierenden Gewerbe gezielt zur Verbesserung der eigenen Situation einsetzen kann. Das Restrukturierungsverfahren nach dem StaRUG hat demgegenüber nur ein verringertes Angebot.

Testfragen zu Kapitel XI

1. Welchen Zwecken dient das Planverfahren?
2. Was bedeutet „Obstruktionsverbot"?
3. Welche verfahrenstechnischen Mittel stellt das Gesetz zur Verfügung, um ein Insolvenzverfahren als Sanierungschance nutzen zu können?

XII. Liquidation

Sofern sich die Gläubiger in dem Berichtstermin dafür entscheiden, **238** dass das Vermögen des Schuldners liquidiert werden solle, trifft den Insolvenzverwalter unmittelbar im Anschluss daran (§ 159) die Aufgabe, das seit Beginn des Verfahrens in Besitz genommene und zusammengetragene Vermögen des Schuldners – entweder als Ganzes, Teile des Ganzen oder jeden Gegenstand gesondert – zu versilbern. Ist das geschehen, wird anschließend der erzielte Erlös an die Gläubiger gemäß der gesetzlich vorgeschriebenen Reihenfolge verteilt, bevor das Verfahren dann aufgehoben bzw. eingestellt werden kann.

1. Versilberung der Masse

a) Übertragende Sanierung

Von der Versilberung mittels Verkaufs der einzelnen Gegenstände **239** des schuldnerischen Vermögens – sie wird im nachfolgenden Abschnitt detailliert beschrieben – ist die sog. übertragende Sanierung des schuldnerischen Unternehmens zu unterscheiden. Hier wird das Unternehmen nicht in seine Einzelteile zerschlagen, sondern **als Ganzes** (bzw. zusammengehörende Teile dessen) auf eine andere Person als den Schuldner übertragen – sei es in Gestalt der konkreten Gegenstände (zum **asset deal** s. bereits § 1 Rn. 10 – Achtung: Hierbei müssen die Fallstricke auch des Datenschutzrechts beachtet werden), sei es in Gestalt der Anteile (**share deal**). Anders als bei der eigentlichen Sanierung wird hier also „nur" das Unternehmen als solches gerettet, während es dort um die Rettung gerade des Unternehmensträgers geht. Der Erwerber, kann bspw. ein interessierter Kunde, eine eigens gegründete Auffanggesellschaft oder gar ein Wettbewerber sein. Die angestrebte Folge dieser Variante der Liquidation besteht nicht nur darin, dass auf diese Weise ein höherer Ertrag als bei einer Piece-Meal-Zerschlagung erzielt wird, der dann zur Verteilung an die Gläubiger zur Verfügung steht; es geht dabei vielmehr auch um den Erhalt von Arbeitsplätzen. Das liegt in der Konsequenz einer solchen Übertragung und macht ihre besondere Attraktivität aus.

A propos Erhalt von Arbeitsplätzen: Es mutet wie Zynismus an, dass **240** die zum **Schutz von Arbeitsplätzen** eingeführte Norm des **§ 613a BGB** (s. bereits oben Rn. 169) sich in der Vergangenheit immer wieder als eines der ganz besonders gravierenden Probleme für den Erfolg von übertragenden Sanierungen herausgestellt hat. Der Arbeitnehmer schützende Charakter der Norm führt(e) gewissermaßen zu einem „Eigentor" in der Insolvenz: Indem nämlich die Veräußerung eines Betriebs auch innerhalb eines Insolvenzverfahrens durch den Insolvenzverwalter als eine Veräußerung im Sinne des § 613a BGB angesehen wurde – und nicht etwa als eine bloße Haftungsrealisierung –, führte und führt diese Norm wiederholt dazu, dass ein Insolvenzverwalter das Unternehmen nicht übertragen kann. Da nämlich einer der prominenten Gründe für die Insolvenz eines Unternehmens eben gerade darin liegt, dass die Arbeitnehmerkosten zu hoch sind, wollen Übernahmeinteressenten vielfach zwar das Unternehmen als solches erwerben, nicht jedoch den gesamten daran hängenden Arbeitnehmerstamm. Soweit § 613a BGB eine Trennung dieser beiden Vermögenswerte verhindert, scheitern nicht selten die avisierten übertragenden Sanierungen und führen somit zu einem Totalverlust der Arbeitsplätze, statt zumindest einen Teil dieser Arbeitsplätze retten zu können. Es ist mehr als nur eine historische Reminiszenz, dass der Bundesgesetzgeber nach der Wiedervereinigung die Anwendbarkeit des § 613a BGB im Insolvenzverfahren so lange abgeschafft hatte, als in den neuen Bundesländern noch die Gesamtvollstreckungsordnung gegolten hatte (bis 1999).

241 Sofern jedoch eine übertragende Sanierung unbeschadet der vorbeschriebenen Klippen und unter Ausnutzung der durchaus gravierenden Vorteile eines Insolvenzverfahrens durchgeführt wird, muss der Verwalter auch hier wieder (und zwar ganz besonders) die nachfolgend noch darzustellenden, in den §§ 160 ff. vorgesehenen **Schutzmechanismen** zu Gunsten des Schuldners und der Gläubiger beachten. Es ist aber an dieser Stelle schon anzumerken, dass die Veräußerung des Unternehmens oder eines Betriebs an besonders Interessierte gemäß § 162 obligatorisch an die Zustimmung der Gläubigerversammlung geknüpft ist. Im Falle einer Veräußerung unter Wert außerhalb dieses Personenkreises ist eine solche Zustimmung allerdings nur dann erforderlich, wenn diesbezüglich ein gesonderter Antrag gestellt worden ist (§ 163). Beachte allerdings auch hier schon den § 164.

b) Versilberung einzelner Gegenstände

aa) Ausgangslage

242 Aus § 45 ergibt sich, dass in einem Insolvenzverfahren sämtliche Forderungen der Insolvenzgläubiger – man nennt deren Summe auch die Passiv- oder Schuldenmasse, s. Rn. 198 – in Geldbeträge umgerechnet werden, und zwar eben auch dann, wenn sie bspw. auf die Herstellung eines Werks, die Verschaffung eines Rechts oder auf ein Unterlassen gerichtet sind; und aus § 187 II folgt, dass immer nur „Barmittel", d.h. Geld, an die Gläubiger verteilt werden. Das dient der Verteilungsgerechtigkeit; indem nämlich sämtliche Gläubigerforderungen in Geldschulden konvertiert werden und das haftende Vermögen des Schuldners gleichfalls zu Geld gemacht, d.h. versilbert wird, erhält man auf beiden Seiten „der Gleichung" dieselbe Recheneinheit. Erst dadurch ist man in die Lage versetzt, eine anteilig-proportionale Verteilung des schuldnerischen Vermögens vornehmen zu können.

Der Vorgang dieses „Zu-Geld-Machens" bzw. Liquidierens ist grundsätzlich dem unternehmerischen bzw. kaufmännischen Geschick des Insolvenzverwalters überlassen. Das deutsche Insolvenzrecht schreibt also nicht vor, dass etwa bestimmte Vermögensgegenstände auf eine bestimmte Weise versilbert werden müssten – solchen Vorschriften begegnet man bisweilen hinsichtlich wichtig erachteter Gegenstände. Allerdings wird sich der Insolvenzverwalter in Anbetracht der jederzeit drohenden Haftung nach § 60 bei dieser Tätigkeit durchweg von der Überlegung leiten lassen, auf welche Weise er den **größtmöglichen Ertrag** erzielen kann. Denn auch in einer Veräußerung „unter Preis" kann die Verletzung einer der in jener Norm angesprochenen Pflichten liegen, die ein Gläubiger später eventuell zur Grundlage eines Schadensersatzanspruchs machen kann. 243

Üblicherweise nimmt allerdings der Insolvenzverwalter nicht selbst die Veräußerung der einzelnen Gegenstände vor. Dafür gibt es vielmehr eine eigene Berufsbranche – die **Verwerter**. Sie sind darauf spezialisiert, Vermögensgegenstände, sei es freihändig, sei es durch Versteigerung – und hier wieder entweder unmittelbar in einem Versteigerungsraum oder aber auch virtuell per Internet – zu Geld zu machen. 244

bb) Wertevernichtung

Aus ökonomisch unschwer nachvollziehbaren Gründen wird im Falle einer Unternehmensinsolvenz der größte Ertrag vielfach dann erzielbar sein, wenn der Verwalter den Betrieb **als Ganzes** („going concern") veräußert; das ist die voranstehend beschriebene übertragende Sanierung. Diese Lösung bietet sich aber nicht immer an; und zwar nicht etwa beschränkt auf die Insolvenzen von Privatpersonen, sondern auch bei Unternehmenszusammenbrüchen, bei denen sich bspw. kein Interessent für das Ganze oder auch nur zusammenhängende Teile des Schuldners findet. Außer dem ebenfalls schon vorerwähnten § 613a BGB liegt ein weiterer, prominenter Grund für ein mangelndes Interesse aber auch darin, dass nach wie vor (und unbeschadet der entgegenstehenden Absichten der Insolvenzordnung) Insolvenzverfahren vielfach viel zu spät eröffnet werden, so dass am Schluss nichts mehr vorhanden ist, was als Einheit veräußert oder gar saniert werden könnte. 245

In solchen Fällen kommt der Verwalter also nicht umhin, anstatt en bloc die ganze Masse auf einmal jeden Vermögensgegenstand **einzeln** bestmöglich zu versilbern. Das ist ein Vorgang, von dem der berühmte 246

Konkursrechtler *Ernst Jaeger* einmal gesagt hat, er sei „ein Wertevernichter schlimmster Art"; denn die Erfahrung lehrt, dass Insolvenzverkäufe wohl gerade auch auf Grund des Zeitdrucks, unter dem sie regelmäßig durchgeführt werden, durchwegs minimale Erträge bringen.

cc) Kontrollmechanismen

247 Die Durchführung des Versilberungsvorgangs liegt grundsätzlich im freien Ermessen des Insolvenzverwalters. Das Gesetz beschränkt sich auch hier wieder darauf, Rahmenbedingungen bzw. Schutzmechanismen aufzustellen, die helfen sollen, das angestrebte Ergebnis bestmöglicher Ertragsgewinnung zu erreichen. Zusätzlich zu dem bereits angesprochenen, mittelbar – über die persönliche Haftung der §§ 60 f. – wirkenden Druck zur Ertragsoptimierung sieht es noch einen Schutz vor Interessenkollisionen und den Schutz der Sicherungsgläubiger vor.

(1) Interessenkollisionen

248 Was den Schutz vor Interessenkollisionen anbelangt, so geht es hierbei, grundsätzlich gesprochen, darum, die besondere Situation der Haftungsrealisierung vor ihren spezifischen Gefährdungen zu schützen: So könnte der Verwalter etwa versucht sein, bei der Versilberung für sich persönlich irgendwelche Vorteile zu erzielen; oder besonders gut informierte bzw. dem Schuldner (aus welchen Gründen oder in welcher Hinsicht auch immer) nahestehende Personen versuchen, zum eigenen Vorteil den Verwalter über den wahren Wert des Vermögens (= Masse) oder Vermögensgegenstands im Unklaren zu lassen bzw. irgendwelche sonstigen „Mauscheleien" zu unternehmen; oder es wird von vornherein nur ein Kaufangebot gemacht, das (mehr oder minder) deutlich unter dem wahren Wert liegt. Es gibt durchaus einige Länder, in denen die hier angedeutete Gefahr solche Ausmaße annimmt, dass man mit einiger Berechtigung von einer enteignungsgleichen oder gar enteignenden Wirkung zumindest einzelner Insolvenzverfahren sprechen kann.

249 Diesen Gefahren sollen die **§§ 160 ff.** Einhalt gebieten. Das tun sie gemäß § 164 freilich nur im Innenverhältnis zwischen den Gläubigern und dem Verwalter, indem sie im Falle einer Zuwiderhandlung dessen Haftung auslösen, nicht aber ein vom Verwalter vorgenommenes und gegen jene Regeln verstoßendes Versilberungsgeschäft selbst unwirksam machen. Auch hier besteht also wieder ein mittelbarer Disziplinierungszwang gegenüber dem Verwalter, der folglich zur Schonung seines Eigenvermögens bzw. seiner Versicherung (und damit seiner künftigen Versicherbarkeit) gut daran tut, sich an die gesetzlichen Vorgaben zu halten.

XII. Liquidation

Diese Vorgaben basieren im Wesentlichen auf **Kontrolle** – und zwar durch diejenigen, die am meisten daran interessiert sind, dass nur ja nicht ein zu geringer Preis erzielt wird, durch die Gläubiger also. So schreibt denn § 160 vor, dass der Gläubigerausschuss bzw., sofern nicht vorhanden, die Gläubigerversammlung besonders bedeutsamen Rechtshandlungen zustimmen muss, die der Verwalter vorzunehmen beabsichtigt. Die Entscheidung der Gläubigerversammlung kann gemäß § 163 bei der Betriebsveräußerung in jedem Fall erzwungen werden, wenn entweder der Schuldner selbst oder eine bestimmte Mehrzahl von Gläubigern glaubhaft machen, dass die Veräußerung an einen anderen Interessenten für die Masse günstiger ist. Zu den zustimmungspflichtigen Rechtshandlungen gehören bspw. die Veräußerung des Unternehmens als Ganzes oder eines gesonderten Betriebes (also insbes. die oben, Rn. 239 ff., dargestellte übertragende Sanierung); die Veräußerung des Warenlagers oder einer Beteiligung des Schuldners an einem anderen Unternehmen. Dazu gehören aber ausweislich der in § 160 II aufgelisteten Beispiele für derartig besonders bedeutsame Rechtshandlungen auch die Aufnahme erheblich belastender Darlehen oder das Führen potentiell stark belastender Rechtsstreitigkeiten. In diesen Fällen soll der Schuldner vorab von dem Vorhaben des Verwalters unterrichtet werden (§ 161); ein Mitspracherecht hat er dagegen nicht – verständlicherweise.

Der gleiche Kontrollmechanismus begegnet bei **§ 162**. Er adressiert die Situation, dass der Verwalter das schuldnerische Unternehmen als Ganzes oder einen gesonderten Betrieb daraus an sog. besonders Interessierte zu veräußern beabsichtigt. Dementsprechend muss hier in jedem Fall die Gläubigerversammlung (und nicht der etwa vorhandene Gläubigerausschuss) ihr „placet" erteilen, wenn der prospektive Erwerber zu den in § 138 definierten, dem Schuldner nahestehenden Personen gehört (s. oben Rn. 182), oder wenn es sich dabei um einen Gläubiger mit einer besonders hohen Forderung oder mit einer besonders wertvollen Sicherheit handelt.

(2) Schutz der gesicherten Gläubiger

Die zuletzt erwähnten Gläubiger (s. auch Rn. 20) sind Gegenstand eines weiteren Regelungskomplexes, der sich mit der Versilberung von Vermögensgegenständen aus der Masse beschäftigt. Das ist deswegen erforderlich, weil die Insolvenzordnung vorsieht, dass es in bestimmten Fällen die Aufgabe des Verwalters ist, auch diejenigen Vermögensgegenstände zu versilbern, die den einzelnen Gläubigern als Sicherheiten für ihre Forderungen dienen. Das war unter der Ägide der Konkursordnung noch anders; da blieben die absonderungsberechtigten Gläubiger grundsätzlich vom Konkursverfahren unberührt. Die Folge dessen war jedoch, dass Reorganisationen regelmäßig von vornherein ausschieden, weil die für den Fortbestand des Unternehmens wichtigsten Gegenstände üblicherweise gerade mit Sicherungsrechten belastet waren und deswegen spätestens mit Eröffnung des Konkursverfahrens durch die Sicherungsgläubiger eigenständig veräußert wurden.

253 Um das zu verhindern und um insbesondere Reorganisationen zu ermöglichen, sehen die **§§ 165 ff.** eine gesonderte Vorgehensweise vor. Nachdem die gesicherten Gläubiger für den Erhalt ihrer Sicherheiten etwa in Gestalt eines Zinsnachlasses „bezahlt" haben (so lautet zumindest die gängige ökonomische Rechtfertigung der Insolvenzfestigkeit von Sicherungsrechten), kann ihnen diese Sicherheit nicht einfach aus der Hand genommen werden. Sie haben damit schließlich gerade ein Anrecht darauf erworben, gegen die Gefahr einer Insolvenz des Schuldners gesichert zu sein. Wenn man also die Sicherungsgegenstände (zumindest zeitweilig) in der Masse behalten will, um ein Auseinanderreißen des Zusammen-Gehörenden zu verhindern, müssen die dergestalt „entrechteten" Sicherungsgläubiger angemessen entschädigt werden.

254 Andererseits kann es aber natürlich auch nicht angehen, dass diese Sicherungsgläubiger die allgemeinen, ungesicherten Gläubiger über Gebühr belasten. Zwar ist ihnen ein der Sicherung ihrer Forderung dienendes Vorzugsrecht eingeräumt, mit dessen Hilfe sie sich vor allen anderen Gläubigern befriedigen dürfen. Wenn aber der Verwalter bei auch nur entfernt fraglicher juristischer Rechtfertigung von Existenz oder Umfang dieses Sicherungsrechts allein schon wegen der ihm anderenfalls möglicherweise drohenden Haftung (§ 60), gehalten ist, die Berechtigung des Sicherungsrechts zu prüfen – etwa weil es wegen einer eventuellen Übersicherung unwirksam (§ 138 BGB) oder weil es in anfechtbarer Weise (§§ 129 ff.) erworben sein könnte –, kann diese Prüfung zu teilweise beträchtlichen Kosten führen. Schließlich ist sie mindestens zeitaufwändig und generiert allein schon damit Kosten – ganz zu schweigen von möglichen Prozessen, die um die Berechtigung des Sicherungsrechts geführt werden müssen. Da diese Kosten aus der allgemeinen Masse beglichen werden müssen, führt das zu deren Schmälerung und reduziert folglich die den allgemeinen, ungesicherten Gläubigern schließlich auszukehrende Quote. Diese Beeinträchtigung der allgemeinen ungesicherten Gläubiger können die Sicherungsgläubiger dadurch, dass sie ihr Vorrecht „erkauft" haben, nicht mit erworben haben. Denn bekanntlich verbietet das Recht Verträge zu Lasten Dritter. Folglich versuchen die **§§ 170 f.**, diese Diskrepanz zu unterbinden.

255 Im Einzelnen regeln die **§§ 165 ff.** insgesamt das **Schicksal von Sicherungsrechten** im Falle einer Liquidation. Da die Insolvenzordnung

XII. Liquidation

erklärtermaßen das Ziel verfolgt, Sanierungen zu fördern, muss sie zwangsläufig dafür Sorge tragen, dass wirtschaftlich zusammengehörende Werte zusammengehalten und nicht etwa mit Aufziehen einer Insolvenz auseinandergerissen werden. Diese Gefahr ist im Hinblick auf die Sicherungsgegenstände besonders gravierend, weil diese regelmäßig die für den Fortbestand eines Unternehmens wichtigsten Objekte sind; oder andersherum: Sie sind, ebenso regelmäßig, die „Filetstücke" bei der Sicherheitenbestellung, so dass sie praktisch immer mit einem Vorzugsrecht belastet sind.

(a) Ausgangslage

Die genannten Regeln differenzieren danach, ob es sich bei den **256** fraglichen Sicherungsgegenständen um unbewegliche Gegenstände handelt (§§ 165, 49) oder um bewegliche (§§ 166 ff.). **Immobilien** können danach (müssen aber nicht) im Wege der Zwangsversteigerung bzw. der Zwangsverwaltung nach näherer Maßgabe des Zwangsversteigerungsgesetzes versilbert werden (§ 165, §§ 172 ff. ZVG) – und zwar auf Veranlassung des Verwalters oder des absonderungsberechtigten Gläubigers. § 30d ZVG räumt dem Verwalter überdies in einem solchen Fall das Recht ein, das einmal eingeleitete Verfahren einstweilen zu unterbrechen. Davon wird er immer dann Gebrauch machen, wenn dies für den Gesamtertrag der Massenverwertung von Vorteil ist.

Zu den **beweglichen Gegenständen** zählen sowohl Mobilien als **257** auch Forderungen (s. auch die §§ 803 ff. ZPO). Das Recht zu deren Verwertung ist dem Verwalter gemäß § 166 vorbehalten – vorausgesetzt freilich, dass er die entsprechende Mobilie (wie insbes. bei der Sicherungsübereignung) in Besitz hat bzw. dass die Forderung zur Sicherung eines Anspruchs abgetreten worden ist. Im Hinblick auf das gesetzgeberische Anliegen, die Masse beisammenzuhalten, ist das hinsichtlich der Mobilien eine durchaus sinnvolle Regelung: Da nämlich das vertragliche Pfandrecht der §§ 1204 ff. BGB konsequent als Faustpfand ausgestaltet ist, kann ein als Pfand weggegebener Gegenstand schwerlich zum Erhalt eines Unternehmens bzw. einer Vermögenseinheit erforderlich sein. Unter diesen Umständen (aber auch nur unter diesen) ist es dann auch gerechtfertigt, das Verwertungsrecht dem Sicherungsgläubiger zu belassen. Weniger einleuchtend ist die Regelung des § 166 II jedoch im Hinblick auf Forderungen. Denn worin der maßgebliche Unterschied zwischen einer Sicherungszession – dann Einziehungsrecht beim Verwalter – und einer Forderungsverpfändung – dann Einziehungsrecht beim Pfandgläubiger – liegen könnte, ist schwer ersichtlich. Nach Ansicht des BGH unterfallen **auch sonstige Rechte** wie etwa Markenrechte nicht dem Verwertungsrecht des Verwalters.

(b) Zinszahlungs- und Ausgleichspflicht

258 Der oben angesprochene Schutz der Sicherungsgläubiger wird zunächst einmal durch § 169 gewährleistet. Danach sind ihnen die geschuldeten Zinsen laufend weiter zu zahlen, solange der Verwalter die fragliche Sache noch nicht versilbert hat. Das bewahrt den Gläubiger vor Einbußen, die durch eine verzögerliche Verwertung entstehen können, auf die er überdies keinen Einfluss nehmen kann. Freilich entsteht diese Zinszahlungspflicht erst ab dem in § 29 normierten Berichtstermin (vgl. dazu bereits oben Rn. 206). Darin liegt ein Beitrag der Sicherungsgläubiger zur Anreicherung der Masse, der – wie sogleich noch zu zeigen sein wird – mittels der §§ 170 f. noch weiter aufgestockt wird. Wenn man das bereits erwähnte Argument gelten lassen will, dass die Sicherungsgläubiger ihre insolvenzrechtliche Vorzugsstellung erkauft haben, lässt sich diese Zuschusspflicht wohl nur damit rechtfertigen, dass die insolvenzrechtliche Zwangsgemeinschaft (dazu oben § 1 Rn. 11) Opfer von allen verlangt; alle sitzen in demselben, oben schon einmal erwähnten Boot.

259 Die Vorschrift des § 169 impliziert bereits eine Berechtigung des Verwalters, die im **§ 172** ausdrücklich hervorgehoben wird – dass er nämlich keineswegs die mit einem Sicherungsrecht belasteten Gegenstände zum Nutzen und Vorteil der Sicherungsgläubiger schnellstmöglich verwerten und ihnen den erzielten Erlös unmittelbar anschließend aushändigen müsste. Um den Vorteil der zusammengehaltenen Masse erst richtig zum Tragen zu bringen, gestattet § 172 dem Verwalter vielmehr die weitere Benutzung und Verwendung dieser Gegenstände. Zum Ausgleich dafür muss er jedoch, soweit damit eine Schmälerung des Sicherungswerts verbunden sein sollte, aus der Masse laufend Zahlungen entrichten – und zwar diesmal beginnend schon mit der Eröffnung des Hauptverfahrens.

(c) Verfahrensbeitrag

260 Der Schutz der allgemeinen ungesicherten Gläubiger vor einer Schmälerung der ihnen haftungsrechtlich zugewiesenen Masse durch die Sicherungsgläubiger wird dadurch verwirklicht, dass die §§ 170 f. diesen eine (im Regelfall) **pauschalierte Entgeltpflicht für die Tätigkeit des Verwalters** auferlegen. Diese Tätigkeit ist zum einen die Verifikation der Sicherungsrechte, zum anderen deren Versilberung. § 171 sieht für die **Feststellung** einen Pauschbetrag von 4% des Verwertungserlöses und für die **Verwertung** einen solchen in Höhe von 5% vor; hinzu kommt ggf. noch die Umsatzsteuer, so dass unter dem Strich bis zu 28% des Verwertungserlöses von dem Verwalter einbehalten werden. Angesichts dieser Einschränkung des Sicherungswerts kommt es den Kreditgebern naturgemäß zustatten, dass der BGH rechtzeitig vor Inkrafttreten der Insolvenzordnung die Grenzen der Übersicherung präzisiert und sich dabei an diesen Kostenbeiträgen orientiert hat (BGH, Beschl. v. 27. 11. 1997 – GSZ 1/97 und 2/97, BGHZ 137, 212).

2. Verteilung

Ist auf die vorbeschriebene Art und Weise das Vermögen des Schuldners – ganz oder auch nur teilweise – zu Geld gemacht worden, nimmt der Verwalter eine Verteilung des erzielten Erlöses vor. Die Berechtigung zum Erhalt eines Anteils aus dem Erlös ergibt sich aus einem **Verteilungsverzeichnis** (§ 188), das der Verwalter auf der Grundlage der im Prüfungstermin (dazu oben Rn. 198 ff.) erörterten Forderungstabelle (vgl. §§ 175) aufstellt. Die Verteilung erfolgt quotal; d.h., dass der erzielte Veräußerungserlös in Relation zu der gesamten Schuldenmasse gesetzt wird und jeder Gläubiger einen entsprechenden Anteil seiner Forderung erhält. 261

Wann immer ein neuer Erlös an „Barmitteln" erzielt wird, kann der Verwalter eine neue Verteilung vornehmen (§ 187 II), bis er schließlich alles Versilberte verteilt hat. Für diese Beendigung des Verfahrens wird ein eigener **Schlusstermin** gemäß § 197 anberaumt, in dem die Gläubigerversammlung ein letztes Mal zusammenkommt. In diesem Termin wird noch einmal insbesondere die Vorgehensweise des Verwalters erörtert; er stellt somit für diesen eine im Hinblick auf § 60 durchaus gefährliche Klippe dar. Das eigentliche Ende des Insolvenzverfahrens tritt dadurch ein, dass das Insolvenzgericht gemäß § 200 die Aufhebung des Insolvenzverfahrens ausspricht. Das ändert freilich nichts daran, dass auch im Anschluss hieran doch noch einmal eine Nachtragsverteilung stattfinden kann, sofern etwa zurückgehaltenes Vermögen des Schuldners frei geworden oder aber gefunden und versilbert worden ist (§ 203). 262

Ist das Verfahren beendet, erlaubt **§ 201** den Gläubigern, dass sie von nun an ihre Rechte wieder unbeschränkt gegen den Schuldner geltend machen können. Den bei der Verteilung unbefriedigt gebliebenen Teil ihrer Forderungen können sie also nunmehr nach Maßgabe des allgemeine Vermögensrecht beherrschenden Prioritätsgrundsatzes zu realisieren versuchen. Unbeschadet der Reform des Verjährungsrechts im Zuge der Schuldrechtsmodernisierung haben die Gläubiger dafür nicht etwa nur drei Jahre Zeit, sondern 30 (§ 197 I Nr. 5 BGB). Die einzige Chance für Schuldner, dieser (nahezu) unbeschränkten Nach- bzw. Weiterhaftung zu entkommen, liegt in der alsbald darzustellenden Restschuldbefreiung (s. unten Rn. 270 ff.), oder aber der Schuldner hat auf Grund des beendeten Insolvenzverfah- 263 rens kraft Gesetzes (§ 42 BGB, § 60 I 4 GmbHG, § 262 I 3 AktG, etc.) aufgehört zu existieren.

3. Einstellung des Verfahrens

264 Der bis hierhin beschriebene Ablauf eines Insolvenzverfahrens geht davon aus, dass die Insolvenzgläubiger eine Quote erhalten, und sei sie noch so gering. Das ist aber keineswegs das einzig mögliche Resultat des Liquidationsverfahrens. Die Praxis lehrt nämlich, dass durchaus häufig erst während des Versilberungsvorgangs erkennbar wird, dass dieser zu keinerlei Quote führen wird. Abgesehen von dem wohl eher seltenen Fall, dass die Masse exakt dazu ausreicht, sämtliche Masseforderungen zu begleichen – zur Erinnerung: Sie sind voll zu befriedigen, bevor die allgemeinen Gläubiger des § 38 den ersten Cent erhalten –, kann jene Erkenntnis folgende Alternativen aufzeigen: Entweder es ist so wenig vorhanden, dass nicht einmal die Verfahrenskosten gedeckt sind, oder es ist immerhin noch so viel da, dass wenigstens die Massegläubiger einen Teil ihrer Forderungen befriedigt erhalten, aber eben nicht zu 100%.

a) Einstellung mangels Masse

265 Was die erste der genannten Alternativen anbelangt, so kommt es nicht einmal selten vor, dass sich – anders als im Falle des § 26 – die Masseinsuffizienz nicht schon vor Eröffnung, sondern erst während des Verfahrens herausstellt. In dem einen wie dem anderen Fall ist damit klar, dass das Verfahren nicht – bzw. nicht weiter – durchgeführt werden kann. Dementsprechend sieht § 207 vor, dass es sofort einzustellen ist; es sei denn, dass irgendein Interessierter einspringt und die fehlenden Kosten vorschießt bzw. dass dem Schuldner eine Kostenstundung gemäß § 4a eingeräumt wird. Wenn aber ein derartiger Rettungsanker nicht geworfen wird, ist die insolvenzrechtliche Zwangsgemeinschaft (§ 1 Rn. 11) aufzuheben.

b) Masseunzulänglichkeit

266 Es kommen aber auch diejenigen Fälle nicht selten vor, in denen die Masse zwar dazu ausreicht, die Verfahrenskosten zu decken, nicht jedoch dazu, alle Massegläubiger vollständig zu befriedigen. Sobald der Verwalter zu dieser Erkenntnis kommt, muss er dem Insolvenzgericht davon gemäß § 208 Anzeige erstatten. In solchen Fällen ist also für die einfachen, ungesicherten Insolvenzgläubiger von vornherein nichts vorhanden. Die Befriedigungsquote liegt hier bei 0%. Wie eine solche

Verfahrenssituation zu behandeln ist, ist in den **§§ 208 ff.** geregelt; unter der Ägide der Konkursordnung hatte sich für ein solches Verfahrensszenario der Begriff „Konkurs im Konkurs" herausgebildet.

Bevor hier das Insolvenzverfahren nach näherer Maßgabe des § 211 eingestellt wird, muss es zwangsläufig noch zu einer **Verteilung des Vorhandenen** kommen. Es ist naheliegend, dass auch in einem solchen Fall die Befriedigung der Masseglaubiger quotal erfolgt. Anders jedoch als der egalisierende § 38, der alle Insolvenzgläubiger als gleichrangig einstuft, sieht **§ 209** für den Fall der Masseunzulänglichkeit eine (freilich durchaus nachvollziehbare) **Privilegienordnung** vor: Ganz oben stehen die Verfahrenskosten, gefolgt von den erst nach der Anzeige der Masseinsuffizienz entstandenen Masseverbindlichkeiten (Neumasseverbindlichkeiten) und am Ende schließlich die restlichen, „alten" Masseverbindlichkeiten. Ein nachfolgender Rang erhält also erst dann etwas, wenn sämtliche Gläubiger des vorangehenden Rangs vollständig befriedigt sind; reicht das Vorhandene dann nicht zur vollen Befriedigung, wird in dem betreffenden Rang quotal gekürzt. **267**

c) Sonstige Einstellungen des Verfahrens

Die §§ 212 f. adressieren noch weitere Fälle, in denen es zu einer Einstellung des einmal eröffneten Verfahrens kommen kann. Soweit ersichtlich, sind diese Optionen in der Praxis freilich eher selten – nämlich der Wegfall des Eröffnungsgrundes (§ 212) bzw. die Zustimmung der an dem Verfahren beteiligten Gläubiger zur Einstellung (§ 213). **268**

4. Beendigung des Verfahrens

Das Ende eines Insolvenzverfahrens kommt durch einen Beschluss des Insolvenzgerichts zustande. Im Falle einer „regulären" Abwicklung erfolgt die Aufhebung des Verfahrens im Anschluss an die Schlussverteilung des im Wege der Versilberung erzielten Erlöses (§ 200). Im Falle einer Masseinsuffizienz etwa spricht man dagegen von einer Einstellung des Verfahrens (§§ 207, 211). **269**

> **Prüfungsschema 4: Ablauf eines Liquidationsverfahrens**
>
> **I. Berichtstermin, § 157**
> **II. Versilberung der Masse durch**
> 1. *Übertragende Sanierung („going concern")*
>   Keine Zerschlagung des Unternehmens in seine Einzelteile, sondern Übertragung als Ganzes auf eine andere Person.

Vorteile: regelmäßige Erzielung eines höheren Ertrages; Erhalt von Arbeitsplätzen

2. *Versilberung der einzelnen Gegenstände („piece meal")*
Veräußerung der einzelnen Gegenstände durch sog. Verwerter (sei es freihändig oder durch Versteigerung)
Trotz der Vorteile der übertragenden Sanierung kommt es dennoch häufig zur Versilberung der einzelnen Gegenstände, da infolge der vielfach verspäteten Insolvenzverfahrenseröffnungen oft keine einheitlich veräußerbaren Unternehmen(steile) mehr zurückbleiben.

III. Verteilung oder Einstellung

1. *Verteilung an die Gläubiger in der gesetzlich vorgesehenen Reihenfolge*
Berechtigung zum quotalen Anteilserhalt ergibt sich aus dem Vermögensverzeichnis (§§ 187 ff.), das der Verwalter auf der Grundlage der im Prüfungstermin erörterten Forderungstabelle (§§ 175 ff.) aufstellt.

→ Nach Vollziehung der Schlussverteilung erfolgt die Beendigung des Verfahrens durch Beschluss, § 200.

2. *oder: Einstellung des Verfahrens*
a) mangels Masse, § 207
Bei Herausstellung der Masseinsuffizienz während des Verfahrens
b) aufgrund von Masseunzulänglichkeiten, §§ 208 ff.
Wenn die Masse lediglich zur Verfahrenskostendeckung, nicht aber zur Befriedigung der Massegläubiger ausreicht
c) aus sonstigen Gründen, §§ 212 ff.

5. Restschuldbefreiung

a) Problem

270 Es ist eine grundlegende Frage des Insolvenzrechts, was nach der Beendigung eines Insolvenzverfahrens mit dem **unbefriedigt gebliebenen Teil der Forderungen** geschehen soll, wenn der Schuldner eine natürliche Person ist und wenn kein Planverfahren durchgeführt wurde. Die althergebrachte und weltweit nach wie vor weit verbreitete Konsequenz erfolgt unter Berufung auf den Grundsatz des *pacta sunt servanda* – dass nämlich der Schuldner für den im Insolvenzverfahren unbeglichenen Teil der Forderungen weiter zu haften hat. Die einzige Grenze für eine solche Forthaftung stellen die allgemeinen Verjährungsvorschriften dar. Dieses Modell findet sich als **Grundsatz** auch in der deutschen Insolvenzordnung (**§ 201 I**). Dabei ist erneut darauf hinzuweisen, dass anlässlich der Reform des Verjährungsrechts im BGB eine eigene Vorschrift in Gestalt des § 197 I Nr. 5 BGB eingeführt worden ist, die für die hier angesprochenen Fälle eine Verjährungsfrist von 30 Jahren vorsieht.

Das **Gegenmodell** findet sich vornehmlich in den USA, wo der 271 Schuldner mit Beendigung des Insolvenzverfahrens von grundsätzlich allen seinen Restschulden befreit ist. In den USA wird dieser „**discharge**" denn auch gern als einzig denkbare Rechtfertigung für die Durchführung von Insolvenzverfahren angesehen. Denn damit erhält der Schuldner die Möglichkeit, einen neuen Start („**fresh start**") zu versuchen.

Gegenüber dem Skeptiker einer derartigen, zum Missbrauch natür- 272 lich einladenden Regelung – das US-amerikanische Recht wurde denn auch Ende 2005 geändert, um diese „Einladung" erheblich einzuschränken – lässt sich allerdings als (selten überdachte) Rechtfertigung anführen, dass die Nichtgewährung einer Restschuldbefreiung den Sozialstaat außerordentlich teuer zu stehen kommt. Indem man sich nämlich die Interessen der Gläubiger zu eigen macht und die unbeschränkte Forthaftung des Schuldners statuiert, nimmt man den Schuldnern in einer großen Vielzahl der Fälle jeglichen Anreiz, nach beendetem Insolvenzverfahren überhaupt wieder wirtschaftlich tätig zu werden. Denn die Aussicht, möglicherweise 30 Jahre lang für die Gläubiger arbeiten zu müssen, ohne auch nur halbwegs realistische Aussichten zu haben, selbst auf einen „grünen Zweig" kommen zu können, treibt viele Schuldner aus nicht einmal uneinsichtigen Gründen in die Schattenwirtschaft und nimmt sie somit aus dem produktiven Teil der Bevölkerung heraus. Überdies wird ihnen damit die Gelegenheit genommen, die aus dem Scheitern gewonnenen Erfahrungen gleichsam in positive Energie umzusetzen und einen Neuanfang zu wagen. Auf europäischer Ebene ist dieser Zusammenhang seit gut 15 Jahren Anlass für Initiativen, die nationalen Insolvenzgesetze in Richtung der Gewährung einer „second chance" zu beeinflussen

b) Premiere für Deutschland

In Erkenntnis dieser Zusammenhänge hat sich der Gesetzgeber der 273 Insolvenzordnung erstmalig in Deutschland dazu durchgerungen, eine **Restschuldbefreiung** einzuführen. In § 1 S. 2 ist diese Neuerung sogar nachdrücklich und plakativ hervorgehoben. Das klingt freilich innovativer, als es tatsächlich ist. De facto hat es eine Restschuldbefreiung nämlich auch schon früher gegeben – und zwar für jedermann, sofern er einen in der Konkursordnung noch vorgesehenen Zwangsvergleich mit seinen Gläubigern erzielen konnte.

274 Wichtiger aber, weil institutionell bedingt, hat es seit jeher eine Restschuldbefreiung für **juristische Personen** gegeben. Das war zwar nicht Gegenstand irgendwelcher konkursrechtlicher Regelungen; die Konsequenz ergab sich (und ergibt sich auch heute noch) aber aus dem Gesellschaftsrecht. Denn nach den einschlägigen Gesetzen, besonders prominent etwa die §§ 42 BGB und 60 I Nr. 4 GmbHG, werden diese Schuldner durch die Eröffnung des Insolvenzverfahrens aufgelöst und hören mit dessen Beendigung auf zu sein. Damit ging und geht naturgemäß eine Restschuldbefreiung dieser (bei Lichte betrachtet: rein virtuellen, nur in den Köpfen von Juristen existierenden) Personen einher, weil das eine Forderung versinnbildlichende Band zwischen Gläubiger und Schuldner keinen Halt mehr hat, wenn von dieser so zusammengebundenen (beachte die Bedeutung des lateinischen Wortes obligare: binden, anbinden, zusammenbinden) Zweierbeziehung die eine Person, der Schuldner, wegfällt.

275 Diese gesellschaftsrechtlich schon seit jeher existierende Form der Restschuldbefreiung hatte bereits unter der Ägide der Konkursordnung dazu geführt, dass man die Ungleichbehandlung zwischen natürlicher und juristischer Person auch verfassungsrechtlich anprangerte. Als Reaktion auch hierauf (sowie auf Grund der Umstände, dass (1) die Wiedervereinigung Deutschlands zu einer unmäßigen Überschuldung vieler Familien in den neuen Bundesländern geführt hatte (s. noch Rn. 285), und dass (2) die Option einer Restschuldbefreiung heute gewissermaßen zum Grundbestand jeglichen Insolvenzrechts gehört, hat sich der deutsche Gesetzgeber dazu entschlossen, in den **§§ 286 ff.** eine Restschuldbefreiungsmöglichkeit **auch für natürliche Personen** einzuführen.

276 Das Missbehagen, das vielerorts nach wie vor gegen diese Regelung empfunden wird, ist ein erneuter Ausdruck der Wirkungskraft tradierter Einstellungen und Verhaltensweisen. Man bedenke, dass der Schuldner über Jahrhunderte wie ein Dieb bestraft wurde (vielfach mit der Todesstrafe), weil er gleich diesem seinen Gläubigern deren Geld gestohlen habe. Und nunmehr soll ihm gar seine Schuld erlassen werden, so dass die Gläubiger das Nachsehen haben. Das ist sicherlich nicht von heute auf morgen akzeptanzfähig, und man merkt sogar der gesetzlichen Regelung noch den einen oder anderen Vorbehalt gegen dieses (scheinbar) neue Rechtsinstitut an. Insbesondere erhält der Schuldner die Befreiung von den Restverbindlichkeiten nicht etwa gleich mit Abschluss des Verfahrens, sondern grundsätzlich erst in (durch die Richtlinie EU 2019/1023 vorgegeben) drei Jahren nach Eröffnung des Verfahrens, § 287 II (s. auch die Staffelungen für Altfälle in Art. 103k

EGInsO) – eine Frist, die man (ein wenig altbacken pädagogisierend) gern auch „Wohlverhaltensperiode" nennt.

c) Voraussetzungen

Restschuldbefreiung gibt es nur für denjenigen Schuldner, der eine **277** **natürliche Person** ist (§ 286); für juristische Personen und Personengesellschaften gibt es demgegenüber die bereits erwähnte Auflösung, Beendigung oder Sanierung nach den jeweils einschlägigen Gesetzen (GmbHG, AktG, etc.). Überdies gibt es die Restschuldbefreiung nicht von Amts wegen, sondern sie muss vom Schuldner selbst und innerhalb eng bemessener Fristen beantragt werden (§ 287 I). Dieses Gebot setzt voraus, dass die Einleitung des Verfahrens gerade auf Grund eines **Eigenantrags** des Schuldners erfolgt. Wer sich unfreiwillig – also auf Grund eines Gläubigerantrags – in ein Verfahren hineingezogen sieht, hat infolgedessen keine Chance auf Restschuldbefreiung, wenn er nicht auch noch selbst einen Insolvenzantrag stellt, s. auch § 20 II. Da die Gewährung einer Restschuldbefreiung von der **Durchführung eines Insolvenzverfahrens** abhängt, muss der Schuldner seinen Antrag überdies so früh stellen, dass das Verfahren auch tatsächlich durchgeführt werden kann; wird es nämlich mangels Masse gar nicht erst eröffnet (§ 26) oder aber auch nach Eröffnung gemäß § 207 eingestellt, ist die Chance ebenfalls nicht mehr gegeben. Um auch an sich hoffnungslos überschuldeten Personen die Restschuldbefreiung zu ermöglichen, hat der Gesetzgeber 2001 besondere Regelungen zur Stundung der Verfahrenskosten in den §§ 4a ff. eingeführt (s. bereits oben, Rn. 49).

In seinem Antrag muss der Schuldner vor allem seine Bereitschaft **278** erklären, seine **Bezüge** aus einem Dienstverhältnis (oder gewisse sonstige laufende Bezüge) für die Dauer **von drei Jahren** nach Eröffnung des Insolvenzverfahrens zu Gunsten seiner Gläubiger an einen Treuhänder abzutreten (§ 287 II). Um aber das Ziel der Restschuldbefreiung auch tatsächlich zu erreichen, muss der Schuldner viele und hohe **Hürden** überwinden – gemäß § 1 S. 2 soll dieses Privileg ja nur dem „redlichen Schuldner" vorbehalten sein. Zunächst einmal überprüft das Gericht den Antrag gemäß § 287a II auf seine Zulässigkeit hin. Sodann muss das Verhalten des Schuldners in Vergangenheit, Gegenwart und Zukunft tadellos im Sinne vor allem des in § 290 I enthaltenen Katalogs von Versagungsgründen (gewesen) sein; ist das nicht der Fall, können die Gläubiger bzw. das Insolvenzgericht die Restschuldbefreiung verhindern, s. außer dem § 290 noch die §§ 295–298, 299 sowie den § 303.

Was das vergangene „**Wohlverhalten**" anbelangt, so darf der Schuld- **279** ner gemäß § 290 I Nrn. 1, 2 und 4 nicht wegen bestimmter Straftaten verurteilt worden sein (der BGH verschärft diese Anforderung noch, indem er keinen Zusammenhang zwischen Insolvenzstraftat und dem jetzigen Insolvenzverfahren verlangt) oder bestimmte Verfehlungen gegenüber seinen Gläubigern begangen haben; hinsichtlich der Gegenwart muss er gemäß § 290 I Nrn. 5 und 6 bestimmten insolvenzrechtlichen Pflichten gewissenhaft nachkommen; und hinsichtlich der Zukunft muss er sich gemäß §§ 290 I Nr. 7, 287b, 295 um Arbeit bemühen.

280 Der vorerwähnte **Treuhänder** ist diejenige (natürliche, § 288) Person, die für die Verteilungsgerechtigkeit sorgen und auch u. U. (vgl. § 292 II) den Schuldner bis hin zur endgültigen Entscheidung über die Gewährung der Restschuldbefreiung kontrollieren soll. An ihn werden die besagten Forderungen des Schuldners abgetreten, s. auch § 300a, und er ist derjenige, der einmal jährlich das Erhaltene an die Gläubiger verteilt.

d) Rechtsfolgen

281 Sofern der Schuldner den vorgenannten Obliegenheiten nicht nachkommt bzw. das von ihm verlangte Wohlverhalten nicht erbracht hat, versagt das Gericht nach näherer Maßgabe der bereits genannten Normen auf glaubhaft gemachten Gläubigerantrag hin, §§ 296, 297a, die Restschuldbefreiung. Dann richtet sich seine weitere Haftung nach den einschlägigen Verjährungsvorschriften. Hat der Schuldner dagegen den Hürdenlauf gemeistert und und die drei Jahre tadelfrei absolviert, wird der Schuldner (unbeschadet des eventuell noch weiterlaufenden Insolvenzverfahrens) durch einen gerichtlichen Beschluss (§ 300) von seinen Schulden befreit – zwar nicht von allen, aber doch von vielen.

282 Eine **Befreiung** findet logischerweise nur von Forderungen der Insolvenzgläubiger (§ 38) statt, § 301 I; die Befreiung bedeutet dabei allerdings nur, dass die Forderungen weiterhin als sog. Naturalobligationen fortbestehen. D.h. die Erfüllung kann von den Gläubigern nicht erzwungen, vom Schuldner aber sehr wohl erbracht werden. Mit der Beschränkung gerade auf die Insolvenzgläubiger ist klargestellt, dass Massegläubiger ebenso weiterfordern können wie die sog. Neugläubiger – also diejenigen, deren Forderungen erst nach Eröffnung des Insolvenzverfahrens entstanden sind. Ebenfalls von der Restschuldbefreiung ausgeschlossen sind gemäß **§ 302** aber auch bestimmte Insolvenzforderungen, deren wichtigste Kategorie diejenige ist, dass die Forderungen aus einer vorsätzlich begangenen unerlaubten Handlung entstanden sind. Da damit die §§ 823 ff. BGB angesprochen sind, weitet sich der Kreis der in Betracht kommenden Forderungen in dem Maße, in dem Schutzgesetze i.S.d. § 823 II BGB mitumfasst werden.

Testfragen zu Kapitel XII

1. Welche Rechtfertigung gibt es für den Verfahrensbeitrag der gesicherten Gläubiger?
2. Nennen Sie Gründe dafür, dass es keine, dass es eine sofortige oder dass es eine phasenverzögerte Restschuldbefreiung geben sollte. Sollte die im Gefängnis verbrachte Zeit eines Strafgefangenen auf die Restschuldbefreiungszeit angerechnet werden?
3. Was bedeutet Masseunzulänglichkeit und was sind ihre Folgen?

XIII. Kooperation und Koordination bei Konzerninsolvenzen

Seit einiger Zeit gibt es in der InsO den Titel: „Koordinierung der Verfahren von Schuldnern, die derselben Unternehmensgruppe angehören", §§ 269a ff. Das betrifft also die oben (Rn. 10) bereits erwähnte Möglichkeit, anstelle der verfahrensmäßigen Konsolidierung (procedural consolidation) die je individuellen Verfahren zumindest miteinander zu koordinieren. Dazu schreiben die §§ 269a, 269b zunächst einmal vor, dass sowohl die jeweiligen Insolvenzverwalter als auch die betroffenen Gerichte verpflichtet werden, untereinander **Informationen auszutauschen** und **miteinander zusammenzuarbeiten**. Darüber hinaus räumt § 269c die Option ein, dass auf Antrag eines der betroffenen Gläubigerausschüsse ein Gruppen-Gläubigerausschuss eingerichtet wird. Der setzt sich aus Mitgliedern nahezu sämtlicher Gläubigerausschüsse der gruppenangehörigen Schuldner zusammen. Es verdient hervorgehoben zu werden, dass danach also die Gerichte aktiv miteinander Kontakt aufzunehmen und zusammenzuarbeiten haben. Das gibt es hierzulande noch nicht lange und wurde denn auch erst 2002 über die Europäische Insolvenzverordnung (§ 4 Rn. 23 ff.) eingeführt. 282a

Die wohl bedeutsamere Neuerung steht in den §§ 269d–269i, deren Akzeptanz in der Praxis zum gegenwärtigen Zeitpunkt allerdings noch ungewiss ist. Auf Antrag eines jeden gruppenangehörigen Schuldners oder eines Gläubigerausschusses, § 269d II, kann das (dann so genannte) Koordinationsgericht einen **Koordinator** bestellen. Das ist eine natürliche Person, die unabhängig von den gruppenangehörigen Schuldnern, deren Gläubigern und deren Verwalter sein muss. Seine Aufgabe besteht darin, in Zusammenarbeit mit den einzelnen Verwaltern (diese müssen mit ihm zusammenarbeiten und ihn mit Informationen versorgen) eine Vorgehensweise zu entwickeln und den Verwaltern nahezulegen, wie die einzelnen Verfahren am besten aufeinander abgestimmt werden könnten. Vermutlich wird diese Vorgehensweise regelmäßig in einem **Koordinationsplan** festgehalten, der ausweislich des § 269h eine Vielzahl von Gestaltungsmöglichkeiten enthalten kann, angefangen bei Vorschlägen für die Wiederherstellung der wirtschaftlichen Leistungsfähigkeit über die Beilegung gruppeninterner Streitigkeiten bis hin zu vertraglichen Vereinbarungen zwischen den Verwaltern.

282b Die Besonderheit (vielleicht auch das Manko) dieses Koordinationsverfahrens besteht darin, dass es keinerlei Verbindlichkeit für die Verwalter der gruppenangehörigen Schuldner entfaltet. Zwar schreibt § 269i vor, dass ein Koordinationsplan in jedem Einzelverfahren erörtert werden muss; aber der jeweilige Verwalter kann davon abweichen, wenn er dies der Gläubigerversammlung nur hinreichend überzeugend erläutert. Darus folgt, dass diesem neuartigen Verfahrensmodell offenbar die Idee zugrunde liegt, dass der Koordinator so etwas wie ein **Mediator** zwischen den einzelnen Insolvenzverwaltern darstellt. In jedem Fall wird man jetzt schon sagen können, dass der Erfolg dieses Modells ganz entscheidend von der Persönlichkeit des Koordinators abhängen wird. Er wird seinen Plan wohl nur dann umsetzen können, wenn er die Verwalter von seinen Vorstellungen zu überzeugen vermag. Das setzt großes Verhandlungsgeschick und eine gewisse Autorität voraus.

XIV. Sonderverfahren

283 Im Neunten und Zehnten Teil der Insolvenzordnung (§§ 304–334) sind im Anschluss an die Normierung des vorbeschriebenen Regelinsolvenzverfahrens noch einige weitere Verfahrenstypen adressiert. Sie weichen mehr oder minder stark von dem bislang vorgestellten Grundmodell ab. Das gilt in ganz besonderem Ausmaß für das an praktischer Bedeutsamkeit kaum überschätzbare Verbraucherinsolvenzverfahren.

1. Verbraucherinsolvenzverfahren

284 Dieser Verfahrenstypus hat eine aufschlussreiche **Vorgeschichte**: In der Konkursordnung stellte der finanzielle Zusammenbruch einer natürlichen Person noch den gesetzgeberischen Ausgangsfall dar, der in den §§ 1–206 KO geregelt war. Der Konkurs von Personenvereinigungen und juristischen Personen wurde sodann in einigen weiteren Vorschriften (den §§ 207–213 KO) mehr erwähnt als tatsächlich normativ erfasst. Die Einzelausgestaltung war damit weitgehend Rechtsprechung und Literatur überantwortet.

Die **Insolvenzordnung** geht da einen anderen Weg: Aus den Vor- 285
schriften über das Verbraucherinsolvenzverfahren folgt, dass das neue
Gesetz im Übrigen die Insolvenzen von den unter der Konkursordnung
noch so stiefmütterlich behandelten Wirtschaftseinheiten behandelt;
zusätzlich aber auch die Insolvenzen solcher natürlicher Personen, die
nicht unter die in § 304 getroffene Begriffsbestimmung – und damit
eben in die Kategorie der Verbraucher (beachte, dass der insolvenzrechtliche Verbraucherbegriff nicht mit dem bürgerlich-rechtlichen des
§ 13 BGB identisch ist!) – fallen. Für sie war umstritten, ob sie tatsächlich einem – wenn auch stark vereinfachten – Insolvenzverfahren
unterzogen werden sollten, oder ob nicht – früheren Vorbildern folgend
– ein Vertragshilfeverfahren die angemessenere Reaktion auf die
Notlage vieler Haushalte sei. Insbesondere die unvorbereitete Konfron-
tation mit dem bis dahin unbekannten Wirkungsmechanismus der
freien Marktwirtschaft führte vornehmlich in den neuen Bundesländern
zu einer Unmenge überschuldeter Haushalte, denen zu helfen ein
immer drängenderes politisches Gebot wurde. Hier wäre ein Vertragshilfeverfahren möglicherweise die vorzugswürdigere Lösung gewesen.

Indem sich der Gesetzgeber jedoch für die Insolvenzvariante ent- 286
schied, tauchte sofort die **Kostenfrage** auf. Sie führte zu der gesetzge-
bungstechnischen „Eskapade", dass die Insolvenzordnung bereits im
Jahre 1994 erlassen wurde, aber erst knapp fünf Jahre später in Kraft
trat. Diese Zeitspanne sollte den Ländern die Möglichkeit geben, die mit
dem Verbraucherinsolvenzverfahren verbundenen Kosten zu regeln.
Gerade im Hinblick auf die Verheißung einer Restschuldbefreiung erwar-
tete man nämlich, beginnend mit dem 1. 1. 1999, eine wahre Flut von
Eigenanträgen von Verbrauchern. Die blieb jedoch aus. Erst nachdem der
Gesetzgeber nachgebessert und 2001 in Gestalt der §§ 4a ff. das oben
(Rn. 277) bereits erwähnte Stundungsmodell eingeführt hatte, kam es
tatsächlich zu der prognostizierten Welle. Im Jahr 2004 hatte die Anzahl der Verbraucherinsolvenzen erstmalig diejenige der Regelinsol-
venzen übertroffen und hat sie seither weit hinter sich gelassen. Dieser
Befund führt zu einer nunmehr schon mehrere Jahre dauernden Suche
nach einem (noch weiter) „vereinfachten Entschuldungsverfahren".
Das derzeitige alleinige Verfahren sieht folgendermaßen aus:

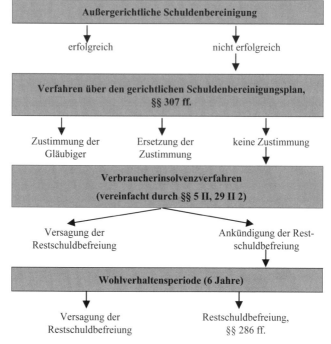

Übersicht 10: Verbraucherinsolvenzverfahren

a) Grundstruktur

287 Der Regelungsmechanismus ist **dreistufig** und erinnert ein wenig an den klassischen römischen Zivilprozess des Formularverfahrens. Hier wie dort wird nämlich die Lösung des Konflikts zunächst einmal der Privatinitiative der beteiligten Personen anvertraut. Erst wenn diese trotz des – dokumentierten – ernsthaften Bemühens um eine Einigung zwischen dem Schuldner und seinen Gläubigern scheitert, kommt es zu einem gerichtlichen Verfahren. Dessen Besonderheit besteht im Falle des Verbraucherinsolvenzverfahrens darin, dass das Gericht grundsätzlich erst einmal gar nichts zu tun braucht; stattdessen sind Schuldner und Gläubiger aufgerufen – diesmal durch das Gericht –, eine einverständliche Lösung zu finden. Anders als im vorangegangenen Handlungsabschnitt ist die Lösungsfindung hier für den Schuldner wesentlich erleichtert. Misslingt diese aber dennoch (oder geht das Gericht von vornherein von einem Scheitern aus), wird auf der dritten Stufe schließlich eine gegenüber dem Regelverfahren etwas vereinfachte Variante des Insolvenzverfahrens durchgeführt, s. auch §§ 5 II, 29 II 2; sie kann auch in einen Insolvenzplan münden. Nach Abschluss dieses Verfahrens kann sich der Schuldner nach Maßgabe des zuvor schon beschriebenen Restschuldbefreiungsverfahrens bzw. der Planregelungen seiner verbliebenen Schulden entledigen.

b) Einzelheiten

aa) Qualifikation

Es wurde schon erwähnt, dass für den Verfahrenstyp des Verbraucherinsolvenzverfahrens nur natürliche Personen zugelassen sind und unter diesen nur diejenigen, die den **in § 304 I** aufgestellten Anforderungen genügen (s. oben Rn. 6). Danach muss es sich also um einen Menschen handeln, der im Zeitpunkt der Antragstellung keine selbständige wirtschaftliche Tätigkeit ausübt. Für ehemals selbständig Tätige (also etwa ehemalige Unternehmer) ist gemäß § 304 I 2, II zu unterscheiden: Sind deren Vermögensverhältnisse überschaubar – das soll bei bis zu 19 Gläubigern der Fall sein und wenn sich in der Schuldenmasse keine Forderungen aus Arbeitsverhältnissen befinden –, sind die Vorschriften über das Verbraucherinsolvenzverfahren anzuwenden; sind die Vermögensverhältnisse dagegen nicht mehr überschaubar – also 20 und mehr Gläubiger und/oder gehören zur Schuldenmasse auch Forderungen aus Arbeitsverhältnissen –, ist ein Regelinsolvenzverfahren durchzuführen. 288

Ob eine solche Differenzierung anhand starrer Vorgaben der Weisheit letzter Schluss ist, darf man bezweifeln. Doch der bis 2015 noch ausgetragene Kampf darum, ins Regelverfahren zu kommen, ist dadurch hinfällig geworden, dass nunmehr ein Planverfahren auch für Verbraucher möglich ist. In der Tat sind ja Selbständige keineswegs per se Kandidaten für das aufwendigere Regelverfahren, wie auch Nichtselbständige nicht zwingend immer in schlichten, überschaubaren Vermögensverhältnissen leben. Auch die Anzahl der Gläubiger ist nicht notwendig ein Indikator für „einfach" oder „kompliziert". 289

bb) Außergerichtlicher Einigungsversuch

§ 305 I Nr. 1 zwingt den Schuldner, indem er den Nachweis eines vergeblich verlaufenen außergerichtlichen Einigungsversuchs zur Zulässigkeitsvoraussetzung eines Insolvenzantrags macht, zu einer **vorangehenden Verhandlung** mit seinen Gläubigern auf der Grund- 290 lage eines Plans (nach hM kann das auch ein „Null-Plan" sein; seine Besonderheit besteht darin, dass den Gläubigern nichts (= null) angeboten wird). Das ist nicht unvernünftig, ist doch die Bereinigung von Schulden in allererster Linie einmal Privatsache der Beteiligten, s. auch § 779 BGB. Gelingt dieser Versuch, brauchen die Gerichte nicht behelligt zu werden, und es richten sich die weiteren Rechtsbeziehungen nach der getroffenen Vereinbarung. Scheitert der Versuch jedoch am Fehlen der zu diesem Zeitpunkt noch erforderlichen 100%-igen Zustimmung der Gläubiger (s. dazu auch § 305a), benötigt der Schuldner zum Nachweis der Ernsthaftigkeit dieses außergerichtlichen Einigungsversuchs eine entsprechende, auf fundierter Grundlage erstellte Bescheinigung von einer „geeigneten Person oder Stelle". Das können (die insbesondere durch diese gesetzliche Regelung außerordentlich viel beschäftigten) Schuldnerberatungsstellen ebenso sein wie etwa Rechtsanwälte, Steuerberater oder Wirtschaftsprüfer. Um hier eine Entlastung herbeizuführen, denkt man daran, die Bescheinigungsnotwendigkeit entfallen zu lassen, wenn die Einigung von vornherein aussichtslos erscheint.

cc) Schuldenbereinigungsplanverfahren

291 Das gerichtliche Verfahren kommt naturgemäß nicht schon durch den erfolglos durchgeführten außergerichtlichen Einigungsversuch in Gang. Dazu bedarf es vielmehr, wie bei jedem Insolvenzverfahren (§ 13), eines **Antrags**. Kommt dieser von einem Gläubiger, gibt das Gericht dem als Verbraucher i.S.d. § 304 erkannten Schuldner die Gelegenheit, selbst einen Antrag zu stellen (§ 306 III). Für den Schuldner ist das deswegen attraktiv, weil er noch den außergerichtlichen Einigungsversuch durchführen kann und dabei vielleicht Erfolg hat, so dass gar kein Insolvenzverfahren durchgeführt zu werden braucht. Bleibt der Schuldner dagegen untätig, wird sogleich die nachfolgend noch darzustellende dritte Stufe des eigentlichen Insolvenzverfahrens durchgeführt – ohne dass allerdings im Anschluss daran noch eine Restschuldbefreiung erlangt werden könnte; gemäß § 287 I soll diese Vergünstigung ja nur dann gewährt werden können, wenn der Schuldner selbst die Durchführung des Insolvenzverfahrens initiiert, vgl. Rn. 277.

292 Stellt der Schuldner den Antrag aber selbst, so ruht damit erst einmal das Verfahren (§ 306 I 1) – freilich unbeschadet der Möglichkeit, dass das Gericht Sicherungsmaßnahmen anordnen (§ 306 II 1) und die Ergänzung der Antragsunterlagen verlangen kann. Der Antrag selbst muss den in § 305 I aufgelisteten Voraussetzungen genügen. Wichtig ist dabei insbesondere der zu präsentierende **Plan** (§ 304 I Nr. 4), der darlegen muss, wie sich der Schuldner die Bereinigung seiner Schulden vorstellt. Über diesen muss nämlich während des ruhenden Verfahrens mit den Gläubigern eine Einigung versucht bzw. erzielt werden. Dementsprechend wird dieser Plan den Gläubigern zugesandt mit der Aufforderung, sich dazu zu äußern (§ 307 I; s auch noch die §§ 307 II 2, 308 III 2). Reagiert ein Gläubiger darauf nicht binnen der Notfrist (vgl. dazu § 233 ZPO) von einem Monat, gilt sein Schweigen gemäß § 307 II als Einverständnis mit dem Plan. Auch das ist übrigens ein Rückgriff auf alte römisch-rechtliche Regeln – *qui tacet consentire videtur* (wer schweigt, scheint zuzustimmen) –, die das übrige geltende deutsche Recht jedoch mit Bedacht nicht als generelle Regelung übernommen hat. Wenn kein Gläubiger Einwände gegen den Plan erhebt bzw. wenn alle im Nichtstun verharren, ist der Plan angenommen und hat nunmehr die Wirkung eines Prozessvergleichs gemäß § 794 I Nr. 1 ZPO (§ 308 I); er ist also ein vollstreckbarer Titel.

Erhebt jedoch ein Gläubiger **Einwände gegen den Plan**, ist das Zustandekommen dieses Einigungsversuchs noch keineswegs endgültig gescheitert. Natürlich kann der Plan zum einen daraufhin noch geändert werden (§ 307 III); aber wenn die Mehrheit der Gläubiger zustimmt und diese Gläubiger zugleich mehr als die Hälfte der Gesamtforderungssumme gegen den Schuldner innehaben, so kann zum anderen die Zustimmung der ablehnenden Gläubiger durch das Gericht nach näherer Maßgabe des § 309 ersetzt werden, so dass im Wege der Fiktion der Plan als von allen Gläubigern angenommen gelten kann (beachte die Parallele zu dem Verfahren nach § 245 im Planverfahren, vgl. oben Rn. 224 ff.). Damit kommt es also auch in dieser Situation zu einem Abschluss des Verfahrens – ein Insolvenzverfahren braucht dann nicht mehr durchgeführt zu werden (vgl. § 308). Das ist nur dann notwendig, wenn der Plan mangels (erfüllter oder ersetzter) Zustimmung aller Gläubiger nicht angenommen wird. Ist das (wie sehr häufig in der Praxis) von vornherein absehbar, kann das Gericht nunmehr gemäß § 306 I 3 diese zweite Stufe überspringen. **293**

dd) Eigentliches Insolvenzverfahren

Erst dann, wenn auch der innergerichtliche Einigungsversuch misslungen ist bzw. von vornherein aussichtslos erscheint, kommt es zu einem Insolvenzverfahren. Das jedoch ist gegenüber dem Regelverfahren ein wenig vereinfacht: So wird vom Gericht nur ein Prüfungstermin anberaumt – und nicht auch ein Berichtstermin (§ 29 II 2). Es gibt überdies keine Eigenverwaltung (§ 270 II), sondern nur einen Insolvenzverwalter, der mit weniger Aufgaben als im Regelverfahren betraut ist und dementsprechend auch entsprechend geringer vergütet wird. Darüber hinaus wird das Verfahren regelmäßig schriftlich durchgeführt (§ 5 II). **294**

ee) Verfahren bis zur Restschuldbefreiung

295 Ist das Insolvenzverfahren durchgeführt und beendet, kann der Schuldner im Anschluss daran die Restschuldbefreiung erlangen, wenn er die in den §§ 286 ff. normierten Voraussetzungen erfüllt und einen entsprechenden Antrag auch schon zugleich mit dem Antrag auf Eröffnung eines Insolvenzverfahrens gestellt hatte, § 278a; dann kommt es zu dem oben, Rn. 277 ff., beschriebenen Verfahren. Misslingt dieser Versuch jedoch, haftet der Schuldner nunmehr wieder unbeschränkt gemäß § 201 I.

2. Besondere Insolvenzverfahren

a) Nachlassinsolvenzverfahren

296 Ein Erbe tritt nicht nur in die Aktivpositionen des Erblassers ein, er übernimmt auch dessen Schulden; diese, aus dem Prinzip der **Universalsukzession** zwingend folgende Konsequenz legt § 1967 I BGB noch einmal explizit fest. Mit Erbantritt haftet der Erbe (bzw. die Erbengemeinschaft, §§ 2058 ff. BGB) unbeschränkt – also auch mit seinem Eigenvermögen –, aber beschränkbar. Ausweislich der §§ 1975, 1980 BGB ist eine der Möglichkeiten zur Haftungsbeschränkung die Durchführung eines Nachlassinsolvenzverfahrens.

297 Wie dieses Verfahren aussieht, ist in den §§ 315–331 geregelt. Dabei ist die Besonderheit gegenüber dem Regelinsolvenzverfahren zu beachten, dass es nicht etwa das gesamte Vermögen des Erben (also unter Einschluss von dessen Eigenvermögen) erfasst, sondern nur den Nachlass. Es findet also eine Trennung der Vermögensmassen statt (*separatio bonorum*) – bezogen auf den Zeitpunkt der Verfahrenseröffnung, vgl. § 1980 I BGB. § 331 adressiert demgegenüber die gewisslich nicht alltägliche Situation, in der der Erbe auch hinsichtlich seines Eigenvermögens insolvent ist und somit zwei Insolvenzverfahren über das Vermögen ein und desselben Schuldners parallel laufen. Abgesehen von dieser Vermögenstrennung handelt es sich jedoch grundsätzlich um ein Regelinsolvenzverfahren – insbesondere ist nicht etwa der Nachlass der Schuldner, sondern der Erbe –, für das die genannte Vorschriftengruppe allerdings einige **Modifikationen** vorsieht:

298 So bemisst sich bspw. die örtliche Zuständigkeit entgegen § 3 nicht nach dem Gerichtsstand des Schuldners, sondern dem des Erblassers (§ 315); der Kreis der Antragsberechtigten ist in § 317 erweitert (beachte, dass die §§ 1980, 1985 II 2 BGB eine Antragspflicht für Erben wie Nachlassverwalter statuieren); ein durch Pfändung erlangtes Pfandrecht (§ 804 ZPO) gewährt gemäß § 321 (und entgegen § 50) nicht notwendigerweise ein Recht auf abgesonderte Befriedigung; § 322 erweitert den Kreis der als unentgeltliche Leistung i.S.d. § 134 anfechtbaren Rechtshandlungen; es wird durch § 324 der Kreis der in den §§ 54 f. vorgesehenen Masseverbindlichkeiten ausgedehnt; und es wird ein gegenüber § 39 weiterer Nachrang in § 327 eingeführt.

b) Gütergemeinschaft

Der Güterstand der Gütergemeinschaft (§§ 1415 ff. BGB) erfährt nicht nur im Recht der Einzelzwangsvollstreckung (§§ 740 ff. ZPO) eine, gemessen an der praktischen Bedeutsamkeit, fast schon liebevoll-überproportionale Sonderbehandlung, sondern auch im Bereich der Universalexekution. Die §§ 332–334 basieren erneut auf der Durchführung eines Regelinsolvenzverfahrens, sehen aber, wie auch bei dem Verfahren der Nachlassinsolvenz, einige Sonderregelungen vor. **299**

Testfragen zu Kapitel XIV

1. Welchen Weg muss ein Verbraucher zurücklegen, um zu einer Restschuldbefreiung zu gelangen?
2. Wie kommt ein Plan auf der zweiten Stufe, also im gerichtlichen Verfahren zustande?
3. Wird ein Schuldner nach erfolgreichem Verstreichen der Wohlverhaltensperiode von seinen Unterhaltsschulden befreit?

§ 4. Internationales Insolvenzrecht

I. Grundfragen

1. Einführung

Das Internationale Insolvenzrecht regelt all diejenigen Fälle, die einen **grenzüberschreitenden Charakter** aufweisen. Darunter versteht man, dass sich die wirtschaftlichen Interessen des Schuldners auf mehr als nur ein Land erstrecken. Um diese Interessen zu spezifizieren, orientiert man sich regelmäßig (aber nicht notwendig ausschließlich) daran, ob dieser Schuldner im Ausland belegenes Vermögen hat. Hat er als Deutscher also bspw. ein Haus in der Toskana oder ein Bankkonto in der Schweiz, so hat er Auslandsvermögen, und sein Insolvenzverfahren unterliegt nicht mehr zwangsläufig allein dem national begrenzten Recht. 1

Es dürfte unmittelbar einleuchten, dass für derartige Fälle Sonderregelungen bestehen müssen – vorausgesetzt allerdings, dass die im Ausland belegenen Vermögensgegenstände auch wirklich in das hiesige Verfahren einbezogen werden sollen. Denn spätestens dann, wenn der Verwalter vor Ort – also im Ausland – diese Gegenstände herausverlangt, ohne dass dem freiwillig entsprochen würde, wenn er also seine nach nationalem Recht zuerkannten Befugnisse mit Hilfe rechtlicher Durchsetzungsmechanismen im Ausland ausüben will, kommen Hoheitsrechte und damit die Souveränität jenes anderen Staates ins Spiel. Infolgedessen ist es zwingend, dass es für derartige Fälle besondere Regeln geben muss, die auf diese **Rechtsdurchsetzungsgrenzen** Rücksicht nehmen bzw. sie eigenen Wirkmechanismen unterwerfen. 2

Es wird wohl auch des Weiteren einleuchten, dass die Intensität oder Höhe dieser Rechtsdurchsetzungsgrenzen davon abhängt, wie eng das in Frage stehende Ausland wirtschaftlich, rechtlich und kulturell mit dem Inland verbunden ist; je nachdem ist nämlich das **Vertrauen** in die Tauglichkeit und Verlässlichkeit des Insolvenzrechts des anderen Staats stärker oder minder ausgeprägt. So nimmt es denn nicht wunder, dass es in Gestalt der Europäischen Insolvenzverordnung (dazu unten Rn. 23 ff.) eine Sonderregelung für Mitgliedstaaten der Europäischen Union gibt, die eben jenen wechselseitigen Verbundenheiten und dem auch schon etwa in der EuGVVO hinsichtlich des zivilprozessualen Verfahrensrechts zum Ausdruck kommenden gegenseitigen Vertrauen 3

Rechnung trägt. Im Verhältnis zu anderen Ländern dagegen – und hierzu zählen bspw. so disparate Länder wie etwa die Schweiz, Argentinien, Nigeria oder Japan – gilt hierzulande (vornehmlich) ein Internationales Insolvenzrecht, das das Überschreiten der Rechtsdurchsetzungsgrenzen von stärkeren Voraussetzungen abhängig macht (dazu unten Rn. 59 ff.). Bevor dies im Einzelnen dargestellt wird, sollen des besseren Verständnisses wegen zunächst einmal ein paar Grundbegriffe des Internationalen Insolvenzrechts erläutert werden.

2. Grundbegriffe

a) Territorialität und Universalität

4   Dieses die Diskussion des Internationalen Insolvenzrechts schon seit langem beherrschende Begriffspaar bezieht sich auf den Geltungsanspruch eines Insolvenzrechts. Mit dem Begriff „**Territorialität**" umschreibt man dabei, dass sich die Wirkung eines Insolvenzverfahrens allein auf das Hoheitsgebiet des fraglichen Staats beschränkt und beschränken soll. Nur das im Inland belegene Vermögen wird also vom Konkursbeschlag erfasst; das Bankkonto in der Schweiz etwa dagegen nicht. Nun ist diese Aussage an und für sich nichts Außergewöhnliches, erlaubt doch die Souveränität des eigenen und die der anderen Staaten ohnedies nur die Regelung der eigenen Belange; ein deutscher Autofahrer kann sich beim besten Willen nicht auf die grundsätzlich fehlende Geschwindigkeitsbegrenzung auf deutschen Autobahnen berufen, wenn ihn die italienische Polizei auf der Autobahn von Verona nach Modena mit Tempo 200 erwischt.

5   Andererseits ist es gerade bei Insolvenzverfahren wünschenswert, dass nicht allein das im Inland belegene Vermögen des Schuldners erfasst wird, sondern jedwedes Vermögen, wo auch immer es sich befindet. Nur dann schließlich lässt sich die Gleichbehandlung der Gläubiger mit der gebotenen Konsequenz verwirklichen, und nur dann besteht einigermaßen Gewähr für ein effizientes Verfahren. Zum Beleg dieser Aussage vergegenwärtige man sich nur einmal einen Schuldner mit Vermögen oder Geschäftsfilialen in Berlin, München und Dresden und vergleiche den Gerechtigkeits- und Effizienzgewinn, den ein Insolvenzverfahren unter der Ägide des einheitlichen, bundesdeutschen Insolvenzrechts erzielt mit der Lage von vor 250 Jahren, als diese Vermögensgegenstände noch alle in verschiedenen (deutschen) Ländern mit verschiedenen Konkursrechten belegen gewesen wären.

6   Demgemäß ist heutzutage der weltweit vorherrschende Trend im Internationalen Insolvenzrecht, dass man sich dem Gegenbegriff zur Territorialität, nämlich dem Konzept der „**Universalität**" annähert. Mit

I. Grundfragen

ihm wird zum Ausdruck gebracht, dass ein Insolvenzverfahren den Anspruch erhebt, seine Wirkungen weltweit zu erstrecken. Im Idealfall soll demnach eine Insolvenzeröffnung etwa in Deutschland überall auf der Welt anerkannt werden, wo der Schuldner Vermögensgegenstände hat; überall dort sollte der deutsche Verwalter agieren, diese Gegenstände an sich nehmen und sodann die Verteilung vornehmen können – so, wie das nach Maßgabe der Insolvenzordnung sein (im vorigen Abschnitt dargestelltes) Recht bzw. seine Pflicht ist.

Im Hinblick auf die vorerwähnten Restriktionen, die sich durch die ausländische Souveränität ergeben, kann dieses Ansinnen natürlich nicht im Sinne eines Gebots oder gar Befehls verstanden werden; die Universalität beschränkt sich vielmehr letzten Endes nur darauf, den **Wunsch (oder die Bitte) nach weltweiter Anerkennung** zu äußern. Verweigert sich ein ausländischer Staat diesem Wunsch, ist dagegen natürlich „kein Kraut gewachsen". Die Universalität bringt aber doch zum Ausdruck, dass sie ihren Geltungsplan auf der Prämisse einer solchen Akzeptanz entworfen hat. 7

Diese beiden Grundbegriffe und gesetzgeberischen Konzeptionen finden sich derzeit kaum irgendwo in Reinkultur. Weit verbreitet sind **Kombinationen und Abschwächungen** von Territorialität. So wird bemerkenswerterweise gar nicht einmal selten für das im Inland eröffnete Verfahren weltweite Geltung in Anspruch genommen, während man im Gegenzug nicht bereit ist, einen vergleichbaren ausländischen Wirkungserstreckungsanspruch im Inland anzuerkennen – das war auch die deutsche Haltung bis 1985. Heutzutage findet man Derartiges etwa in China oder Südafrika. Oder es wird die Akzeptanzfähigkeit des ausländischen Verfahrens erst einmal einer eingehenden innerstaatlichen Überprüfung am Maßstab des heimischen Rechts unterzogen und ggf. abschließend durch Gerichtsbeschluss festgestellt; man nennt dieses Verfahren und den bestätigenden Beschluss üblicherweise „Exequatur". Eine Steigerung einer derartigen Blockadehaltung ist es, wenn die Akzeptanzfähigkeit davon abhängig gemacht wird, dass mit dem fraglichen ausländischen Staat ein entsprechendes völkerrechtliches Übereinkommen zur Reziprozität abgeschlossen worden ist. 8

Eine wesentlich mildere Alternative ist dagegen, wenn die (einseitige oder in beide Richtungen wirkende) Universalität dergestalt modifiziert wird, dass sie zwar im Grundsatz beansprucht bzw. anerkannt wird, dass aber zum Schutz gewisser inländischer Standards für bestimmte Regelungsbereiche **Ausnahmen** angeordnet werden. Hauptanwärter für derartige Ausnahmen sind oftmals die Regeln über die Insolvenzanfechtung, die dinglichen Kreditsicherheiten und Arbeitsverhältnisse. 9

b) Parallelverfahren und Einheitsverfahren

10 Es ist streng genommen eine Folge der Territorialität, dass es **mehrere Insolvenzverfahren** geben muss (oder sollte), wenn der Schuldner Vermögen nicht nur im Inland, sondern auch andernorts hat; denn nur auf diese Weise könnte man erreichen, dass wenigstens das gesamte schuldnerische Vermögen im Rahmen von – wenn auch unterschiedlich ausgestalteten – nebeneinander durchgeführten Insolvenzverfahren verwertet würde. Diese Verfahren würden parallel zueinander ablaufen, wären aber im Fall strikter Territorialität voneinander vollkommen unabhängig. Sie stünden gewissermaßen auf gleicher Stufe nebeneinander.

11 Dass dieses Nebeneinander verschiedener Verfahren erhöhte Transaktionskosten und einen verstärkten Aufwand an Kenntnisverschaffung und somit einen erheblichen Effizienzverlust impliziert, leuchtet wohl unmittelbar ein (und hat gerade zu den oben, § 3 Rn. 282a f., beschriebenen Kooperations- und Koordinationspflichten bei gruppengebundenen Schuldnern geführt). Denn bei dieser Vorgehensweise müssen mehrere Verfahren bezahlt werden, müssen sich verschiedene Verwalter die für die je separate Verfahrensdurchführung erforderlichen Informationen verschaffen und müssen die Gläubiger durch diesen Kostenaufwand mit erhöhten Einbußen rechnen. Angesichts dessen liegt es nahe, als Gegenpol zu den mehreren, parallel zueinander laufenden Verfahren **ein einziges Verfahren** anzustreben, in dem weltweit die Insolvenz eines Schuldners abgewickelt wird. Schließlich geht es ja um einen einzigen Schuldner und dessen einheitliches Vermögen, das lediglich durch politische Grenzziehungen verschiedenen Souveränitätsansprüchen unterfällt. Man rufe sich diesbezüglich nur das zuvor (oben Rn. 5) gegebene Beispiel aus deutschen Landen im Jahre 1775 im Vergleich mit dem aus dem Jahr 2025 vor Augen.

12 Wie schon bei dem vorigen Begriffspaar gilt auch bei diesem, dass in der Rechtswirklichkeit die **Mischformen** dominieren. Es ist zwar das vielfach ausdrücklich erklärte Ziel, ein Einheitsverfahren zu erreichen. Doch sind die Rechtsordnungen selbst der Staaten innerhalb der EU zumindest derzeit noch allzu verschieden, um nicht Abstriche vom Ideal des Einheitsverfahrens zu machen (oder machen zu müssen). Insbesondere die bereits erwähnten Sicherungsrechte stellen in ihrer beeindruckenden Unterschiedlichkeit in den verschiedenen Ländern auch hier einen der großen Stolpersteine auf dem Weg zum Einheitsverfahren dar. Freilich ist in diesem Kontext (ein wenig ketzerisch) anzumerken, dass die Unterschiede oftmals de facto gar nicht so groß sind, wie sie allgemein proklamiert werden, dass aber gleichwohl das Einheitsverfahren abgelehnt wird, und zwar aus dem bisweilen sogar offen ausgesprochenen Bestreben, die Inländer zu schützen.

Die besagten Mischformen zeichnen sich dadurch aus, dass es ein **13** Nebeneinander verschiedener – mindestens zweier – Verfahren gibt, von denen regelmäßig das eine als Hauptverfahren eine dominierende Rolle spielt und einer **„modifizierten Universalität"** folgt, während das andere als Parallelverfahren territorial beschränkt ist und in einer gewissen Abhängigkeit zum Hauptverfahren steht. Diese Abhängigkeit kommt oftmals in einem Kooperationsgebot zum Ausdruck (unten Rn. 17 f.). Die Bestimmung des Hauptverfahrens geschieht überwiegend dergestalt, dass dies das Verfahren an demjenigen Ort ist, an dem der Schuldner „den Mittelpunkt seiner hauptsächlichen Interessen" (neudeutsch: COMI – wegen „Centre of Main Insterest") hat. Zumindest die Europäische Insolvenzverordnung und das UNCITRAL-Modellgesetz enthalten dieses Tatbestandsmerkmal.

c) Anerkennung

Ein weiterer Grundbegriff des Internationalen Insolvenzrechts ist **14** der der **Anerkennung**. Während es unter der Ägide des früher vorherrschenden Territorialitätsdenkens naturgemäß zu keiner Anerkennung von Insolvenzverfahren kommen konnte, weil sich deren Anwendungsbereich ohnedies nur auf das durch die Souveränität des Gesetzgebers abgesteckte Areal beschränkte, wird die Frage nach einer Anerkennung in dem Moment aktuell, in dem der Geltungsanspruch wie bei der vorbeschriebenen Universalität darüber hinaus reicht. Die Bandbreite der hierbei in Frage kommenden (und praktizierten) Möglichkeiten wird durch die Eckpunkte abgesteckt, die auf der einen Seite eine Anerkennung **generell verweigern** und auf der anderen eine solche **automatisch gewähren**. Die Wahl der einen oder der anderen Variante – oder aber auch einer Mittellösung – hängt, wie schon einleitend erwähnt, von dem Vertrauen ab, das eine Rechtsordnung dem Insolvenzregime eines anderen Staats entgegenzubringen bereit ist.

Zwischen diesen Eckpunkten gibt es also eine Vielzahl von **Varian- 15 ten**, die sich vielfach mit der oben bereits angesprochenen „modifizierten Universalität" überschneiden: So kann die Anerkennung etwa davon abhängig gemacht werden, dass die einheimischen Gerichte (oder Behörden) das konkrete ausländische Verfahren einem Exequatur – also einer Überprüfung der Tolerierbarkeit dieses Verfahrens – unterwerfen. Eine andere Möglichkeit besteht darin, dass das ausländische Verfahren nur dergestalt anerkannt wird, dass im Inland ein unterstützendes Parallelverfahren durchgeführt wird. Dabei kann das Ausmaß dieser Unterstützung unterschiedlich sein: Entweder handelt es sich – wie etwa in der Schweiz – um ein vollständiges Insolvenzverfahren über das in diesem Staat belegene Vermögen des Schuldners (also ein dem Territorialitätsgrundsatz in Reinkultur entsprechendes Verfahren), oder es wird ein den Bedürfnissen des Einzelfalls angepasstes bzw. „abgespecktes" Verfahren durchgeführt. Das ist in etwa die Vorgehensweise des UNCITRAL-Modellgesetzes (s. dazu noch unten Rn. 22). In beiden Varianten ist ein mehr oder weniger bedeutsames Ziel dieses einheimischen Verfahrens, die Inländer vor der Mühsal eines ausländischen Verfahrens zu schützen.

16 Was schließlich den **Umfang der Anerkennung** anbelangt, so gibt es auch hier wieder naturgemäß mehrere Möglichkeiten. Sie reichen von der vollständigen Anerkennung – mit der Folge, dass der ausländische Verwalter im Inland so verfahren darf und kann, wie es ihm sein heimisches Insolvenzrecht gestattet – über eine Einschränkung dergestalt, dass er (nur) so verfahren darf und kann, wie das ein im Inland zugelassener Verwalter tun dürfte, bis hin zu einer bloß selektiven Rechtsverleihung, etwa der Erteilung einer inländischen Prozessführungsbefugnis oder der Befugnis, im Inland freiwillig ausgehändigtes Vermögen des Schuldners entgegenzunehmen.

d) Internationale Kooperation

17 Ein weiterer Grundbegriff des Internationalen Insolvenzrechts schließlich ist der der Kooperation. Indem die beteiligten Verwalter – wünschenswert aber auch die Gerichte, vgl. §§ 348 II, 269b – miteinander kooperieren, sollen die **Effizienzverluste so gering wie möglich** gehalten werden, die sich aus dem Nebeneinander mehrerer Verfahren ergeben und die im Falle eines Einheitsverfahrens nicht bestünden. Damit ist das Ziel der Kooperation klar: Die Durchführung der Verfahren soll so aufeinander abgestimmt werden, dass das generelle Ziel der Massevermehrung bestmöglich verwirklicht wird.

18 Allerdings ist an dieser Stelle eine Mahnung angebracht: Es wird bewusst der Terminus „**Massevermehrung**" verwendet und der an sich nahe liegende Begriff „bestmögliche Gläubigerbefriedigung" vermieden. Denn das würde auf die Ziele eines Insolvenzrechts anspielen, die jedoch bei internationaler Betrachtung keineswegs einheitlich sind (s. bereits oben § 1 Rn. 9). Die deutsche Zielsetzung der bestmöglichen Gläubigerbefriedigung (§ 1) ist bspw. derjenigen in den USA recht entgegengesetzt: Dort geht es im Insolvenzrecht, zumindest grundsätzlich, darum, dem Schuldner einen neuen Start zu ermöglichen. Oder aber es dient das Insolvenzrecht andernorts etwa der Rettung von Arbeitsplätzen, von Unternehmen oder gar – ein recht neuer Trend des Schuldnerschutzes – der Förderung von Unternehmertum.

e) Internationale Initiativen

Es war im Voranstehenden schon mehrfach die Rede von einem **19** UNCITRAL-Modellgesetz und von der **Europäischen Insolvenzverordnung**. Diese grenzüberschreitenden Insolvenzrechtsinitiativen verdienen, wenigstens kurz noch an dieser Stelle erwähnt zu werden. Sie sind nämlich insofern aufschlussreich, als sie möglicherweise einen weltweiten Trend aufdecken – dass sich nämlich die Länder bestimmter Regionen darauf verständigen (können oder sollten?), grenzüberschreitende Insolvenzverfahren einem besonderen Regelungsregime zu unterwerfen, sofern sich das schuldnerische Vermögen auf ihrem – kumulativen – Territorium befindet.

Der Anciennität Ehre gebietend ist als erstes (bemerkenswert früh **20** schon) der 1889 geschlossene „**Montevideo Treaty on Commercial International Law**" zu nennen, dem Argentinien, Bolivien, Kolumbien, Paraguay, Peru und Uruguay beigetreten sind. Allerdings war weder diesem Vertrag noch dessen Aktualisierung von 1940 noch dem sog. „**Bustamante Code**" von 1928 mit einer Vielzahl anderer südamerikanischer und karibischer Mitgliedstaaten ein bemerkenswerter Erfolg beschieden. Ganz anders verhält sich das mit dem 1933 geschlossenen **Nordischen Konkursübereinkommen**, dem die Länder Dänemark, Finnland, Island, Norwegen und Schweden angehören. Mit seinen wenigen Vorschriften garantiert es nun schon seit geraumer Zeit eine problemlose Abwicklung grenzüberschreitender Insolvenzen in dieser Region.

Auf die im Wesentlichen 1995 fertig gestellte **Europäische Insol- 21 venzverordnung** wird sogleich ausführlich einzugehen sein, so dass in der historischen Abfolge als nächstes von 16 west- und zentralafrikanischen Staaten zu berichten ist, die sich in der „Organisation pour l'Harmonisation en Afrique du Droit des Affaires" (**OHADA**) zusammengefunden haben und in ihrem Regelwerk auch UNCITRAL Modellgesetz für das Internationale Insolvenzrecht übernommen haben. Ein in mehrfacher Hinsicht interessantes Projekt kam im Jahr 2000 in das Blickfeld, als nämlich die im North American Free Trade Agreement (NAFTA) zusammengeschlossenen Länder Mexiko, USA und Kanada eine eigentlich private (vom American Law Institute initiierte) Kompilation von Vorschlägen zur Lösung grenzüberschreitender Insolvenzfälle vorlegten – heute **NAFTA (bzw. USMCA) project** genannt. Besonders hervorhebenswert ist, dass an diesem Projekt ein Mitglied der Common Law Familie (USA), eines der Civil Law Familie (Mexiko) sowie eine gemischte Rechtsordnung (Kanada) beteiligt sind.

22 Und schließlich ist noch das 1997 von der UNO-Vollversammlung gebilligte, von **UNCITRAL** vorgelegte **Modellgesetz** zu nennen, das Vorbildwirkung auf globaler Ebene nicht nur erreichen will, sondern sie auch tatsächlich entfaltet. Denn zwischenzeitlich haben so disparate wie wichtige Länder wie etwa Japan, Südafrika, die USA, Serbien oder England dieses Modell mehr oder minder wortgetreu in ihr nationales Recht inkorporiert. Bei diesem Modell geht es also nicht mehr bloß um die Findung bzw. Stärkung regionaler Gemeinsamkeiten, sondern man hat mit ihm so etwas wie einen globalen größten gemeinsamen Nenner gefunden.

Testfragen zu Kapitel I

1. Was bedeuten jeweils „Territorialitätsprinzip" und „Universalitätsprinzip"? Was spricht für die Anwendung des einen, was für die des anderen Prinzips?
2. Erklären Sie Ihrem juristischen Freund, warum die Anerkennung im internationalen Insolvenzrecht eine zentrale Rolle spielt.
3. Was spricht für die Einbeziehung von Richtern in die Kooperation und Kommunikation bei grenzüberschreitenden Insolvenzfällen?

II. Europäische Insolvenzverordnung

1. Anwendungsbereich

23 Seit dem 31.5.2002 ist die Europäische Insolvenzverordnung (EuInsVO) in Kraft; eine erheblich erweiterte Neufassung ist am 26. 6. 2017 in Kraft getreten. Sie ist in allen Mitgliedstaaten der Europäischen Union anzuwenden außer in Dänemark (zu weiteren Klarstellungen hinsichtlich des Anwendungsbereichs siehe noch die Art. 84 ff.). Ihr Anwendungsbereich erstreckt sich ausweislich des Art. 1 EuInsVO auf Insolvenz- und Insolvenzvermeidungsverfahren – sie werden in Art. 2 Nr. 4 EuInsVO näher umschrieben und sind enumerativ im Anhang A der Verordnung aufgelistet – mit Ausnahme der Insolvenzen von bestimmten volkswirtschaftlich als besonders bedeutsam angesehenen Unternehmen wie Kreditinstituten oder Versicherungen. Für diese Institutionen sind eigene Richtlinien erlassen worden, die inzwischen ins deutsche Recht inkorporiert wurden. Für die rechtlich außerordentlich komplizierte, aber doch die Praxis der grenzüberschreitenden Insolvenzen beherrschende Materie der Konzerninsolvenzen hat man sich an die deutsche Regelung mit den Kooperationspflichten und dem Koordinationsverfahren angelehnt (Art. 56 ff. n.F.)

II. Europäische Insolvenzverordnung 149

Diverse Einzelheiten, wie diese Verordnung innerhalb Deutschlands 24
anzuwenden ist, sind in Art. 102c EGInsO geregelt. Was darüber
hinaus den **räumlichen Anwendungsbereich** anbelangt, so erstreckt er
sich grundsätzlich auf das zusammengefasste Territorium der Mitgliedstaaten, doch hat der EuGH in der Sache „Hertel" judiziert, dass die
Verordnung bezüglich Klagezuständigkeiten selbst dann anzuwenden
sei, wenn der Insolvenzfall in ein Ausland reicht, das nicht Mitgliedstaat ist. So konnte ein deutscher Verwalter eine Schweizerin in einer
Anfechtungssache in Deutschland verklagen, weil diese Durchbrechung des prozessualen Grundsatzes, dass der Kläger zum Gerichtsort
des Beklagten zu gehen habe, innerhalb der Mitgliedstaaten anerkannt
sei, Art. 6 EuInsVO.

2. Regelungsmodell

Aus den Erwägungsgründen wird ersichtlich, dass die Europäische 25
Insolvenzverordnung das **Ziel** verfolgt, die Unterschiede der (im weiten Sinne zu verstehenden) Insolvenzrechte der einzelnen Mitgliedstaaten zu nivellieren, um ein Forum Shopping hin zum günstigsten Insolvenzrecht tunlichst zu unterbinden (siehe Erwägungsgrund 4 bzw. 5).
Dass dies ein legitimes Anliegen ist, ist angesichts der durch die Europäische Gemeinschaft gewährten Freiheiten – speziell der durch den
EuGH ausgebauten Rechtswahlfreiheit für Gesellschaften – nicht ohne
weiteres einsichtig, erklärt sich aber letzten Endes aus der einem jeden
nationalen Insolvenzrecht innewohnenden Schutzfunktion für öffentliche Interessen. Gleichwohl ist zu vermerken, dass der Versuch, ein
Forum Shopping zu unterbinden, fast wie ein Augenöffner gewirkt hat:
Nicht nur Verbraucher migrieren ins insolvenzrechtlich (das bezog sich
regelmäßig auf kürzere Phasen hin zur Restschuldbefreiung) günstigere
Ausland, sondern auch ganze Unternehmen. Das hat, nebenbei bemerkt, dazu geführt, dass ein förmlicher Wettbewerb zwischen den
nationalen Gesetzgebern ausgebrochen ist, wer das attraktivere Angebot unterbreiten kann.

Die Verordnung nivelliert nicht etwa in Form einer Vereinheitli- 26
chung der Insolvenzrechte – die teilweise gravierenden Unterschiede
der einzelnen Rechte bleiben weitestgehend bestehen. Sie schafft
vielmehr einen **einheitlichen Rechtsrahmen**, in dem insbesondere
Zuständigkeiten, das jeweils anzuwendende nationale Recht und die
gemeinschaftsweite Verfahrensanerkennung festgelegt werden. Das
damit verfolgte Anliegen lässt sich auf den folgenden, im Prinzip recht
schlichten Nenner bringen:

Grenzüberschreitende Insolvenzen sollen möglichst in einem **einheit-** 27
lichen Verfahren unter Geltung eines einzigen Insolvenzrechts, der

lex concursus, abgewickelt werden. Zu diesem Zweck legt die Verordnung in Art. 3 I EuInsVO fest, in welchem Land das Hauptverfahren durchzuführen ist. In Art. 7 EuInsVO bestimmt sie darüber hinaus, dass auf dieses Hauptverfahren das Insolvenzrecht des Eröffnungsstaats anzuwenden ist – und zwar im gesamten räumlichen Anwendungsbereich der Verordnung. Und die Art. 19 f. EuInsVO schließlich legen fest, dass die Anerkennung automatisch erfolgt, d.h. also ohne jegliches Exequatur-Verfahren oder Ähnlichem, und dass sich diese Automatik auf grundsätzlich sämtliche Verfahrenswirkungen nach der *lex concursus* bezieht. Als einzigen Grund, die Anerkennung zu verweigern, sieht Art. 33 EuInsVO den Verstoß gegen den inländischen Ordre Public vor.

28 Dieses Ideal erleidet freilich einige **Einschränkungen**, die aus der nach wie vor bestehenden Unterschiedlichkeit der nationalen Rechtsordnungen resultieren und sich somit als Konzession an den rechtspolitischen Ist-Zustand innerhalb Europas präsentieren. So besteht die Geltung der lex concursus nicht etwa uneingeschränkt; vielmehr sehen die Art. 8–18 EuInsVO diverse Ausnahmen vor, die zur Anwendung eines anderen Rechts führen (also modifizierte Universalität). Außerdem ist es möglich, die Einheitlichkeit des Hauptverfahrens dadurch zu unterminieren, dass unter bestimmten, in Art. 3 II EuInsVO genannten Voraussetzungen ein territorial begrenztes Parallelverfahren durchgeführt werden kann. Freilich soll diese Aufweichung des als ideal angesehenen Einheitsverfahrens dadurch in tolerablen Grenzen gehalten werden, dass die Art. 41 ff. EuInsVO recht ausführliche und detaillierte Pflichten zur wechselseitigen Kooperation der involvierten Insolvenzverwalter statuieren; Art. 42 erstreckt diese Pflichten auch noch auf die Gerichte.

3. Hauptverfahren

a) Eröffnung

29 Ein Hauptverfahren ist gemäß Art. 3 I EuInsVO dort zu eröffnen, wo der Schuldner den Mittelpunkt seiner hauptsächlichen Interessen hat. Diese in Anlehnung an § 3 I 2 InsO gewählte Formulierung schien nach ursprünglicher Einschätzung keinerlei Auslegungsprobleme zu bergen, zumal Abs. 1 Unterabs. 4 noch die widerlegliche Vermutung hinzufügt, dass sich dieser Mittelpunkt bei Gesellschaften am Ort des satzungsmäßigen Sitzes befindet.

30 Es waren die Engländer, die den Kontinentaleuropäern an dieser Stelle eine Lektion in Sachen Gesetzesauslegung erteilten: Ausgehend von den im grenzüberschreitenden Insolvenzbereich ganz besonders häufig vorkommenden sukzessiven und kumulativen Insolvenzen konzernverbundener Gesellschaften – verkürzt Konzerninsolvenzen genannt (§ 2 Rn. 9 ff., § 3 Rn. 292a f.) –, interpretierten sie als den **Mittelpunkt der hauptsächlichen Interessen** auch von Tochtergesellschaften denjenigen Ort, an dem die zentralen, konzernweiten Entscheidungen getroffen werden; sie nannten das „Mind of Management"-Theorie. Auf diese Weise wurden Insolvenzverfahren etwa über spanische, französische oder deutsche Unternehmen in England eröffnet. Nach ersten erschrockenen und teilweise recht heftigen Abwehrreaktionen (unter Einschluss meiner selbst) machten sich eben jene Länder diese Interpretation zu eigen – und der Versuch des italienischen Insolvenzverwalters, dieses Konzept im Fall der Konzerninsolvenz Parmalat anzuwenden, führte hoch zum EuGH.

In dessen Entscheidung „**Eurofood**" – und seither wiederholt – hat 31 der EuGH unter Rückgriff auf die Erwägungsgründe ausgeführt, dass für die Bestimmung dessen, was im konkreten Einzelfall als Mittelpunkt der hauptsächlichen Interessen zu verstehen ist, eine Kombination von objektiven und subjektiven Elementen maßgeblich ist: Es müssen nämlich objektive Anhaltspunkte der Interessenverfolgung vorliegen, die für Dritte erkennbar sind, vgl. Art. 3 I Unterabs. 1 S. 2. Damit ist, bei Lichte betrachtet, der „Mind of Management"-Theorie – und damit einem bereits heute schon praktikablen Konzerninsolvenzrecht – keineswegs eine definitive Absage erteilt. Es genügt vielmehr nur nicht, wenn dieser Management-Mind für Dritte nicht erkennbar ist. Wenn dagegen für Dritte erkennbare, objektive Anzeichen dafür vorliegen, kann der Mittelpunkt der hauptsächlichen Interessen einer deutschen Gesellschaft durchaus im Ausland belegen sein – und umgekehrt.

Derlei Komplikationen bestehen regelmäßig nicht, wenn die **Insol-** 32 **venz von natürlichen Personen oder einer nicht konzernmäßig verbundenen Gesellschaft** in Frage steht. Hier stellt man etwa auf den gewöhnlichen (bisherigen) Aufenthaltsort (bei Selbständigen auf den Ort der gewerblichen Niederlassung) oder auf den Ort des satzungsmäßigen Sitzes ab. In jedem Fall ist zu beachten, dass der hiesige Richter, der ein Verfahren mit grenzüberschreitendem Bezug eröffnen will, sich in dem Beschluss mehr als nur beiläufig dazu äußern muss, ob und auf Grund welcher Erwägungen er meint, ein Hauptverfahren eröffnen zu dürfen (Art. Art. 4). Das ist in dem Maße extensiv zu verstehen, als dadurch das Vertrauen des Auslands in diese Entscheidung gestärkt wird.

b) Vorläufige Maßnahmen

Die Verordnung ist auch schon **im Eröffnungsverfahren** anwendbar. 33 Wenn also in Deutschland ein Hauptverfahren zu eröffnen sein wird, müssen die anderen Mitgliedstaaten sämtliche dem vorläufigen Verwalter (egal, ob stark oder schwach) nach den §§ 21 ff. übertragenen

Befugnisse anerkennen und ihn in ihrem Staat gewähren lassen, so zu verfahren, wie es ihm das deutsche Recht gestattet (Art. 32 Abs. 1 Unterabs. 3 mit Art. 21). Freilich ist hier wie auch sonst Art. 21 III EuInsVO zu beachten, der die Ausübung dieser heimischen Befugnisse im Ausland den örtlichen Bedingungen anpasst.

34 Befindet sich in einem der Mitgliedstaaten ein Vermögensgut des Schuldners, das die Definition einer „Niederlassung" i.S.d. Art. 2 Nr. 10 EuInsVO erfüllt (unten Rn. 51), so gestattet Art. 52 EuInsVO dem vorläufigen Verwalter darüber hinaus auch noch die Vornahme derjenigen **Sicherungsmaßnahmen**, die das dortige Recht für derartige Sicherungen vorsieht.

c) Eröffnetes Verfahren

35 Art. 7 I, II 1 EuInsVO beschreibt ganz allgemein den **Geltungsumfang** der lex concursus, und II 2 gibt dafür eine nicht als abschließend zu verstehende Liste von **Anwendungsfällen**. So ist in dieser Liste etwa die Antragsbefugnis nicht erwähnt; sie wird aber gleichwohl über die Grundregel des Art. 7 II 1 EuInsVO von der lex concursus festgelegt. Damit werden also auch diese sowie sämtliche weiteren insolvenzspezifischen Befugnisse, Rechte und Pflichten mit Hilfe der in den Art. 19 f. EuInsVO vorgesehenen Anerkennungsmechanismen – zumindest dem Grundsatz nach – in den Bereich der Mitgliedstaaten erstreckt, ohne dass es dafür eines irgendwie formalisierten Anerkennungsverfahrens bedürfte. Ein deutsches Hauptverfahren richtet sich mithin auch in Finnland, Portugal oder auf Zypern nach der deutschen Insolvenzordnung. Einzig eine Übersetzung der Bestellungsurkunde kann ausweislich des Art. 22 II EuInsVO in dem fraglichen Mitgliedstaat verlangt werden. Der Verwalter kann darüber hinaus auch noch die öffentliche Bekanntmachung und eventuell erforderliche Registereintragungen in den betroffenen Mitgliedstaaten nach den Art. 28 f. EuInsVO veranlassen; aus Gründen des Gutglaubensschutzes gemäß Art. 31 EuInsVO sollte er das auch tun.

36 Wie schon erwähnt (Rn. 28), erleidet diese Universalität des Hauptverfahrens mehrere **Einschränkungen**, die in den Art. 8–18 EuInsVO abschließend geregelt sind. Im Umkehrschluss erlauben sie bisweilen eine Präzisierung dessen, was alles von der Grundregel des Art. 7 EuInsVO erfasst ist. So wird etwa Art. 7 II 2 lit. f EuInsVO durch Art. 18 EuInsVO dergestalt konkretisiert, dass sich die Auswirkungen der Verfahrenseröffnung auf einen Prozess nach dem Recht desjenigen Staats richten, in dem der fragliche Prozess anhängig ist. Dabei zeigt sich, dass der hiesige Unterbrechungsautomatismus des

§ 240 ZPO (dazu oben § 3 Rn. 148) keineswegs die einzig denkbare Gesetzesreaktion ist; in Italien etwa oder England gibt es ihn nicht.

aa) Sicherungsrechte

Die möglicherweise bedeutsamste Einschränkung (und Schmälerung) des Verordnungsanliegens findet sich in Art. 8 EuInsVO, der **dingliche Rechte an im Ausland belegenen Gegenständen** unberührt lässt. Was unter dinglichen Rechten alles zu verstehen ist, ergibt sich aus den Absätzen 2 und 3 der Norm, und Absatz 4 schränkt das „Unberührtsein" insoweit ein, als eine Insolvenzanfechtung oder eine sonstige Berufung auf die Unwirksamkeit doch zulässig ist. Aber die eigentlich brisante Frage ist die, was unter dem „Nicht-berührt-Werden" zu verstehen ist. Soll das heißen, dass der mit einem dinglichen Recht – vorwiegend, aber keineswegs ausschließlich einem Sicherungsrecht – belastete Gegenstand insolvenzimmun ist? 37

Wohl kaum, weil das so gut wie eine Einladung zum Forum Shopping wäre, das die Verordnung, wie schon erwähnt, gerade unterbinden will. Wenn das also nicht gemeint sein kann: Bedeutet das „**Unberührtsein**", dass der mit dem dinglichen Recht belastete Gegenstand ausschließlich in ein territorial begrenztes Insolvenzverfahren gerade im Belegenheitsstaat einbezogen werden darf? Durchaus denkbar – aber was, wenn in diesem Staat gar kein Sekundärverfahren eröffnet werden kann, weil die Voraussetzungen des Art. 3 II EuInsVO nicht vorliegen? Erwägungsgrund 68 a. E. geht für diesen Fall allerdings offenbar doch von einer Verwertung des Gegenstands aus, wenn er die Meinung vertritt, ein eventuell überschießender Erlös solle an den Insolvenzverwalter des Hauptverfahrens ausgekehrt werden. Aber nach welchem Recht soll die Verwertung geschehen und wodurch ausgelöst? 38

Eine Lösung oder auch nur eine herrschende Ansicht hat sich zu diesen Fragen noch nicht herauskristallisiert. Eine der denkbaren Lösungen wäre, dass dem **Wortlaut des Art. 8 I EuInsVO** gemäß das Recht unberührt bleiben muss, die Sache selbst dagegen sehr wohl zur Masse gezogen werden kann. 39

In Art. 10 EuInsVO findet sich eine Regelung zum **Eigentumsvorbehalt**, die derjenigen des § 107 (dazu oben § 3 Rn. 162 f.) stark angenähert ist. Auch hier muss also zwischen der Insolvenz des Käufers und der des Verkäufers unterschieden werden; und auch hier steht das Bestreben im Vordergrund, die Anwartschaft des Käufers zu schützen, ohne darüber die Belange des Verkäufers in den Hintergrund treten zu lassen. In Absatz 3 der Norm ist hervorgehoben, dass dieses Schutzbestreben eine Angreifbarkeit etwa nach den Regeln der Insolvenzanfechtung nicht ausschließt. 40

41 Art. 9 EuInsVO ist in Verbindung mit Art. 7 II 2 lit. d EuInsVO zu lesen. Danach richtet sich die **Insolvenzfestigkeit von Aufrechnungslagen** grundsätzlich nach der lex concursus des Hauptverfahrens. Sieht dieses Recht jedoch eine derartige Lösung nicht vor, darf ein Gläubiger gleichwohl aufrechnen, wenn das nach dem für die gegen ihn gerichtete Forderung des Schuldners maßgeblichen (Insolvenz-)Recht zulässig wäre. Hier wird das Vertrauen in die insolvenzrechtliche Sicherungsfunktion geschützt.

bb) Verträge

42 Als **Grundsatz** gilt bezüglich laufender Verträge **die Anwendbarkeit der lex concursus** (Art. 7 II 2 lit. e EuInsVO). Sofern sich jedoch ein solcher Vertrag – dinglich oder auch schuldrechtlich (Miete, Pacht etc.) – auf den Erwerb oder die Nutzung eines unbeweglichen Gegenstands bezieht, ist ausweislich des Art. 11 EuInsVO das Recht desjenigen Mitgliedstaats ausschließlich anzuwenden, in dem sich dieser Gegenstand befindet (lex rei sitae).

43 Eine vergleichbare **ausschließliche Rechtszuständigkeit** ordnet Art. 12 EuInsVO für bestimmte Zahlungs- bzw. Abwicklungssysteme an und Art. 13 EuInsVO für die Wirkungen des Insolvenzverfahrens auf einen Arbeitsvertrag. Allerdings ist zu beachten, dass diese Durchbrechung der grundsätzlichen Anwendbarkeit der lex concursus nicht auch die Frage nach dem Rang der Forderung erfasst. Über Art. 7 II 2 lit. i EuInsVO verlieren also ausländische Arbeitnehmer in einem deutschen Hauptverfahren die privilegierte Stellung auch dann, wenn es in ihrem heimatlichen Insolvenzrecht eine solche noch geben sollte.

cc) Bestimmte Rechte

44 Hat der Schuldner Rechte an unbeweglichen Gegenständen (einschließlich Schiffen und Luftfahrzeugen), die in einem öffentlichen Register eingetragen sein müssen, so gilt für diese Rechte das Recht desjenigen Staats, der das Register führt (Art. 14 EuInsVO). Für Gemeinschaftspatente und ähnliche Rechte sieht Art. 15 EuInsVO dagegen vor, dass sie allein in ein Hauptverfahren – nicht also auch in Sekundärverfahren – einbezogen werden können.

dd) Erwerberschutz

45 Die **Insolvenzanfechtung** stellt bei genauer Betrachtung nichts weiter als eine besondere Variante der Sammlung von Masse dar: Nur eben, dass nicht gegenwärtiges, sondern früheres (in anfechtbarer Weise weggegebenes) Vermögen des Schuldners eingesammelt wird (s. bereits oben § 3 Rn. 101). Folglich ist es konsequent, die Anfechtung ebenso wie die Sammlung der Masse der lex concursus zu unterwerfen. Dies geschieht in der Tat durch Art. 7 II 2 lit. m EuInsVO. Allerdings fühlte sich der Verordnungsgeber dazu aufgerufen, dem Vertrauensschutz Rechnung tragen zu müssen – und zwar mit Hilfe des Art. 16 EuInsVO, der dem von dem Rückforderungsanspruch nach der lex concursus Betroffenen die Beweislast dafür auferlegt, dass, erstens, auf die in Frage stehende Rechtshandlung ein anderes Recht als das der lex concursus anzuwenden ist und dass, zweitens, nach diesem Recht diese Rechtshandlung in keiner Weise angreifbar ist. Dieses „in keiner Weise" bezieht sich nicht nur allein auf die – in den Mitgliedstaaten höchst unterschiedlich ausgestalteten – Anfechtungsmöglichkeiten, sondern auch auf jede beliebige Form der (noch durchsetzbaren) Rückforderbarkeit.

Während **Art. 16 EuInsVO** demnach frühere Erwerber von schuldnerischem Vermögen schützt, sieht **Art. 17 EuInsVO** Entsprechendes vor für diejenigen, die nach Eröffnung des Insolvenzverfahrens vom Schuldner dessen im Ausland belegene unbewegliche oder bestimmte im Ausland registrierungspflichtige Gegenstände (gutgläubig) entgeltlich erwerben. Sie können hinsichtlich der Insolvenzfestigkeit ihres Erwerbs die lex concursus aushebeln, indem sie sich ebenfalls auf das Recht des Belegenheitsstaats berufen (sofern ihnen denn dieses tatsächlich zu Hilfe kommt). In diesem wie im vorgenannten Fall wird deutlich, dass sich der Insolvenzverwalter intensiv mit dem ausländischen Recht vertraut machen muss, wenn er nicht leichtfertig Vermögensgegenstände aus der Masse aufgeben will.

ee) Anhängige Prozesse

Was Art. 7 II 2 lit. f EuInsVO bereits andeutet, wird in Art. 18 EuInsVO ausgeführt, dass sich nämlich die Wirkung der Eröffnung eines Insolvenzverfahrens auf anhängige Rechtsstreitigkeiten nach dem Recht desjenigen Mitgliedstaats bemisst, in dem der Prozess anhängig ist. Wie schon erwähnt (Rn. 36), kann also der aus dem deutschen Recht vertraute Automatismus des § 240 ZPO keineswegs als allgemein gültig verstanden werden. Einen früheren Streitpunkt klärend, sind nunmehr Schiedsverfahren ebenfalls von der Wirkung des Art. 18 EuInsVO erfasst.

d) Verfahrensalternativen und -beendigung

Soweit die vorgenannten Ausnahmen nicht eingreifen, richten sich sowohl das **Planverfahren** als auch die **Liquidation** (vgl. Art. 7 II 2 lit. j EuInsVO) nach der lex concursus. Das gilt zumindest dem Grundsatz nach. Gewisse Modifikationen ergeben sich allerdings insbesondere aus Art. 21 III EuInsVO, der dem Verwalter u.a. zur Pflicht macht, bei der Ausübung seiner Befugnisse die örtliche Rechtslage zu berücksichtigen. Das ist im Grunde genommen eine Selbstverständlichkeit, die sich aus der Courtoisie gegenüber dem jeweiligen Ausland ergibt.

49 Die **Beendigung des Verfahrens** richtet sich ebenfalls nach der lex concursus; auch sie wird über Art. 32 I EuInsVO in allen Mitgliedstaaten automatisch anerkannt. Gleiches gilt für die Wirkungen der Beendigung – also auch für eine eventuell erlangte Restschuldbefreiung, aus diesem Grund war es für deutsche Verbraucher früher durchaus attraktiv, den Mittelpunkt ihrer hauptsächlichen Interessen für eine Zeit etwa nach Frankreich oder England zu verlegen, um dort die damals wesentlich schneller erzielbare Restschuldbefreiung zu erlangen – oder eine unbeschränkte Forthaftung wie im Fall des § 201 I.

4. Parallelverfahren

50 Wie bereits hervorgehoben, ist selbst der seit nunmehr mehreren Dekaden zusammenwachsende bzw. zusammengewachsene Wirtschafts- und Rechtsraum der Europäischen Gemeinschaft noch nicht eng und homogen genug, dass den Unterschieden nicht noch insolvenzrechtlich in der Weise Rechnung getragen werden müsste, dass territorial begrenzte Parallelverfahren durchgeführt werden können. Dabei unterscheidet die Verordnung zwischen einem Partikular- und einem Sekundärverfahren, denen gemeinsam ist, dass sie nicht ohne weiteres eingeleitet werden können und dass sie in ihren Wirkungen allein auf das Territorium des Verfahrensstaats beschränkt sind. Beachte allerdings auch Art. 21 II EuInsVO, dem zufolge der Verwalter eines Parallelverfahrens in bestimmten Fällen doch auf im Ausland belegenes Vermögen des Schuldners zugreifen darf.

a) Gemeinsame Eröffnungsvoraussetzungen

51 Angesichts des oben als wünschenswert aufgezeigten Bestrebens, (auch) grenzüberschreitende Insolvenzen in einem einheitlichen Verfahren abzuwickeln, ist es als ein – wenn auch bescheidener – Fortschritt anzusehen, dass nicht jedweder im Ausland belegene Vermögensgegenstand die Möglichkeit eröffnet, dort ein Parallelverfahren einzuleiten. Voraussetzung ist vielmehr, dass sich in diesem Ausland eine Niederlassung befindet. Was darunter zu verstehen ist, ergibt sich aus Art. 2 Nr. 10 EuInsVO. Der Schuldner muss danach dort einer „**wirtschaftlichen Aktivität**" nachgehen, „die den Einsatz von Personal und Vermögenswerten voraussetzt". Das ist freilich immer noch sehr weit gefasst, da eine wirtschaftliche Aktivität auch schon dann vorliegt, wenn nicht mit Gewinnerzielungsabsicht gehandelt wird.

Es genügt also ein Ferienhaus etwa auf Mallorca, dessen Garten gele- 52
gentlich von einem Gärtner gepflegt, oder das bisweilen an Bekannte
gegen (noch so geringes) Entgelt vermietet wird. Dagegen soll nach
vorherrschender Ansicht ein **Tochterunternehmen** im Ausland dann
keine Niederlassung sein, wenn es sich dabei um ein selbständiges Unternehmen handelt; das freilich erschwert die Abwicklung von Konzerninsolvenzen, s. aber immerhin die Art. 56 ff. EuInsVO. Zwischen diesen
beiden Beispielen liegt aber das **selbständige konzernierte Unternehmen**, bei dem für Dritte erkennbar (s. oben Rn. 31) der Mittelpunkt der
hauptsächlichen Interessen (COMI) andernorts gelegen ist: Hier kann das
Hauptverfahren über dieses Unternehmen im Ausland eröffnet werden –
denn die Voraussetzungen des Art. 3 I EuInsVO deuten ja insoweit auf das
Ausland. Im Inland hat aber diese juristische Person gleichwohl noch
Vermögen und Personal. Also erfüllt dieser Befund die Definitionsvo-
raussetzungen des Art. 2 Nr. 10 EuInsVO, so dass der Sache nach (nicht
aber nach dem Recht) die selbständige Gesellschaft dann sehr wohl in
ein Sekundärverfahren einbezogen werden kann.

b) Partikularverfahren

Dieser Verfahrenstyp zeichnet sich dadurch aus, dass ein **territorial** 53
begrenztes Verfahren am Niederlassungsort eröffnet wird, obgleich
noch gar kein Hauptverfahren eingeleitet ist. Den Widerwillen des
Verordnungsgebers gegenüber diesem Verfahrenstyp erkennt man an
den engen Voraussetzungen, unter denen dieser nach **Art. 3 IV
EuInsVO** zulässig ist: Einmal nämlich dann, wenn dort, wo der
Schuldner den Mittelpunkt seiner hauptsächlichen Interessen hat, die
Eröffnung eines Hauptverfahrens gar nicht möglich ist. Paradebeispiel
dafür ist die in den meisten der romanischen Insolvenzrechte (etwa dem
französischen) allein den Kaufleuten vorbehaltene Möglichkeit, durch ein
Insolvenzverfahren zu gehen. Hat also ein französischer Privatmann in
Deutschland eine Niederlassung im oben genannten Sinn, kann hierzulande ein Partikularverfahren eröffnet werden. Die andere Eröffnungsmöglichkeit ist die, dass entweder ein inländischer Gläubiger oder aber
ein Gläubiger mit einer aus dem Betrieb der Niederlassung resultierenden Forderung bzw. eine Behörde die Eröffnung beantragt.

Wird ein solches Verfahren gleichwohl einmal durchgeführt, sind 54
für den weiteren Verlauf noch **Art. 50** und auch **Art. 51 EuInsVO** zu
beachten. Sie gestatten es dem Hauptverwalter eines nachträglich
eröffneten Hauptverfahrens, gewisse **Modifikationen** des vormaligen
Partikularverfahrens anzuordnen bzw. anordnen zu lassen. Dem hat der
Verwalter des nunmehrigen Sekundärverfahrens Folge zu leisten.

c) Sekundärverfahren

55 Das Sekundärverfahren, das in den **Art. 34 ff. EuInsVO** relativ ausführlich geregelt ist, unterscheidet sich vom Partikularverfahren dadurch, dass es **erst eröffnet** wird, **nachdem andernorts das Hauptverfahren bereits eingeleitet** wurde. Das folgt aus einer Zusammenschau der Absätze 4 und 2 des Art. 3 EuInsVO.

56 Auf Grund der zeitlichen Reihenfolge von bereits eröffnetem Hauptverfahren und nachfolgend zu eröffnendem Sekundärverfahren ist es selbstverständlich, dass für Letzteres das **Vorliegen eines eigenen Insolvenzgrundes nicht erforderlich** ist (s. freilich Art. 34 S. 2 EuInsVO). Die **Antragsberechtigung** ist in Art. 37 EuInsVO geregelt; es kann danach sowohl der Verwalter des Hauptinsolvenzverfahrens den Antrag stellen als auch jeder nach dem nationalen Recht dazu Berufene. Letzteres ist in Deutschland nicht etwa eine Verweisung auf § 13, sondern – da es sich um ein grenzüberschreitendes Verfahren handelt – auf die §§ 354 I, 356 II. Aus dem Zusammenspiel dieser beiden Vorschriften wird ersichtlich, dass ein Eigenantrag in einem derartigen Fall ausgeschlossen ist.

57 Auch wenn das Sekundärverfahren von dessen Verwalter **grundsätzlich ausschließlich nach dem im Niederlassungsstaat geltenden Insolvenzrecht durchgeführt** wird (Art. 35 EuInsVO: *lex concursus secundarii*), ist es ein Gebot der oben bereits dargestellten „modifizierten Universalität", dass sich die Verwalter und Gerichte von Parallel- und Hauptverfahren miteinander abstimmen, um die Abwicklung dieser einen Insolvenz so effizient wie möglich auszugestalten. Zu diesem Zweck verpflichten die Art. 41 ff. EuInsVO sie zu wechselseitiger Kooperation und Information. Der Verwalter des Hauptverfahrens kann dabei freilich gewisse Prärogativen setzen, wie sich insbesondere an den Art. 46 und 47 EuInsVO zeigt. Er kann also sowohl die Verwertung im Rahmen des Sekundärverfahrens aussetzen lassen als auch den Wechsel von Liquidation zu Sanierung anregen.

57a Art. 36 bringt eine Neuerung, die bislang allein von englischen Gerichten praktiziert worden war. Die dort geregelte Zusicherung stellt ein **synthetisches Sekundärverfahren** dar, bei dem die Durchführung dieses Verfahrens bloß fingiert wird. Die Gläubiger dieses fingierten Verfahrens werden danach so behandelt, als wäre in dem betreffenden Mitgliedstaat tatsächlich ein Sekundärverfahren eröffnet worden. Die ansonsten hoch gehaltene Leitfunktion der Gläubigergleichbehandlung – *par condicio creditorum* (§ 2 Rn. 13) – wird hier durchbrochen, um gegebenenfalls die Einheitlichkeit des Verfahrens ermöglichen zu können. Im Detail sind die Regelungen so komplex, dass zu befürchten ist, dass sie (wenn überhaupt) nur selten zur Anwendung kommen werden.

d) Gläubigerrechte

Wie die Gläubiger an dem Verfahren zu beteiligen und wie sie zu informieren sind, ist eigens in den **Art. 53 ff. EuInsVO** (für Haupt- und Parallelverfahren gleichermaßen) geregelt. Darüber hinaus kann es jedoch bei einem Nebeneinander von Haupt- und Sekundärverfahren zu komplizierten **Anrechnungsfragen** dadurch kommen, dass jeder Gläubiger „seine Forderung im Hauptinsolvenzverfahren und in jedem Sekundärverfahren anmelden" darf (Art. 45 I EuInsVO). Das können sie selbständig machen, oder aber „ihr" Verwalter tut das für sie. Dass dadurch niemand zu einer gegenüber seinen gleichrangigen Mitgläubigern erhöhten Befriedigungsquote kommen darf, ist zwangsläufige Folge des Gebots der Gläubigergleichbehandlung. Deswegen muss bei den jeweiligen Ausschüttungen sorgsam auf die Vorschriften des Art. 45 EuInsVO geachtet werden, der eben Sorge für diese par condicio creditorum tragen soll. Überdies ist auch noch Art. 23 EuInsVO im Auge zu behalten, der eine Anrechnungspflicht vorsieht, wenn ein Gläubiger nach Eröffnung eines Hauptverfahrens eine Sonderbefriedigung in einem anderen Mitgliedstaat (innerhalb oder außerhalb eines Insolvenzverfahrens) erlangt hat.

58

Testfragen zu Kapitel II

1. Auf welche Weise stellt die EuInsVO sicher, dass es möglichst nur ein Insolvenzverfahren über das Vermögen des Schuldners gibt?
2. Was bedeutet „lex concursus"?
3. Wo befindet sich der „Mittelpunkt der hauptsächlichen Interessen" der Opel AG? und wo der eines Arbeitnehmers aus Kehl, der in Straßburg wohnt?
4. Kann über eine GmbH, die konzerngebundenes Mitglied einer weltumspannenden Gruppe ist, im Inland ein Sekundärverfahren durchgeführt werden?

III. Autonomes deutsches Internationales Insolvenzrecht

Die Europäische Insolvenzverordnung schweigt sich an sich über Leben und Rechtsverhältnisse jenseits des durch die Grenzen der Mitgliedstaaten abgesteckten Areals aus. Naturgemäß halten sich aber Insolvenzen nicht an diese Begrenzungsvorgaben, sondern gehen

59

unbefangen darüber hinaus. Folglich muss es hierfür eigene Regeln geben, die in dem Elften Teil der Insolvenzordnung, in den **§§ 335 ff.**, enthalten sind. Sie lehnen sich teilweise recht eng an die Vorgaben an, die die Europäische Insolvenzverordnung geschaffen hat. Modifikationen gibt es vornehmlich dort, wo man der Ansicht war, dass dies die gegenüber dem von den Mitgliedstaaten erfassten Bereich weniger enge rechtliche, wirtschaftliche und kulturelle Verbundenheit gebietet. Die nachfolgende Darstellung orientiert sich an der gesetzlichen Gliederung.

1. Allgemeine Vorschriften

60 In den **§§ 335–342** sind **Grundsätze des Internationalen Insolvenzrechts** geregelt. Dementsprechend findet sich dort etwa das uneingeschränkte Bekenntnis zur Universalität gleich zu Beginn dieses Teils in § 335. Außerdem sind in den folgenden Normen hinsichtlich der Behandlung von Verträgen über (insbes.) unbewegliche Gegenstände, von Arbeitsverträgen, Aufrechnungsmöglichkeiten, Anfechtungen, organisierten Märkten und hinsichtlich der Ausübung von Gläubigerrechten die bereits bei der Europäischen Insolvenzverordnung dargestellten Grundsätze weitgehend übernommen worden.

2. Ausländische Insolvenzverfahren

61 Der in § 335 ausgesprochene Grundsatz der Universalität wird im Falle eines im Ausland eröffneten Insolvenzverfahrens in § 343 konsequent fortgeführt. Demnach wird grundsätzlich jedes ausländische Verfahren hierzulande automatisch anerkannt – unter den üblichen Vorbehalten der nach inländischen Maßstäben bemessenen Eröffnungszuständigkeit des Auslands sowie der Übereinstimmung mit dem deutschen Ordre Public. Die **Anerkennung** beginnt nach Maßgabe des § 344 ggf. auch schon mit dem Vorverfahren; der ausländische vorläufige Verwalter darf nämlich die inländischen Sicherungsmaßnahmen des § 21 beantragen. Formalien wie die Bekanntmachung oder der Nachweis der Bestellung sind in den §§ 345–347 geregelt. Beachte insbesondere § 348 II, in dem der Richter dazu aufgerufen wird, sich mit seinem ausländischen Kollegen zu verständigen. Hier befindet sich das Insolvenzrecht an vorderster Front der Rechtsentwicklung.

62 Auch im Übrigen finden sich in diesem Abschnitt „Bekannte" aus der Europäischen Insolvenzverordnung: So korrespondiert bspw. § 350 hinsichtlich der gutgläubig erbrachten Leistung an den Schuldner nach Verfahrenseröffnung mit Art. 31 EuInsVO oder § 351 mit Art. 8 EuInsVO. Bedauerlicherweise ist das Problem der zutreffenden Inter-

pretation des Terminus „nicht berühren" auf das gesamte deutsche Internationale Insolvenzrecht erstreckt worden. Sofern eine inländische Verfügung über unbewegliche Gegenstände in Frage steht, erklärt § 349 u.a. den § 878 BGB für anwendbar, und § 352 schreibt die schon lange eingebürgerte herrschende Ansicht zur Unterbrechung von inländischen Rechtsstreitigkeiten bei ausländischer Verfahrenseröffnung (§ 240 ZPO) fest. Vollstreckungen aus insolvenzverfahrensrechtlichen Entscheidungen können gemäß § 353 nur dann stattfinden, wenn ein Exequatur nach Maßgabe der §§ 722 f. ZPO ausgesprochen wurde.

3. Inländisches Parallelverfahren

Sofern hierzulande kein Insolvenzverfahren „über das gesamte Ver- 63 mögen des Schuldners" eröffnet werden kann – etwa weil der Schuldner im Inland gemäß § 3 keinen allgemeinen Gerichtsstand hat –, kann gleichwohl ein **territorial begrenztes (Partikular-)Verfahren** durchgeführt werden, wenn der Schuldner in Deutschland entweder eine Niederlassung oder doch wenigstens einzelne Vermögensgegenstände hat (§ 354). Also auch hier wieder eine Anknüpfung an den Regelungsmechanismus und die Terminologie der Europäischen Insolvenzverordnung. Allerdings kann, anders als nach der Verordnung, ein Verfahren eben auch dann durchgeführt werden, wenn lediglich einzelne Vermögensgegenstände im Inland vorhanden sind. Freilich müssen dafür die erhöhten Anforderungen des § 354 II erfüllt sein.

Neben einem ausländischen Hauptverfahren heißt dieses inländische 64 Parallelverfahren wiederum **Sekundärverfahren** (§ 356), für das in zurückhaltender Anlehnung an das europäische Vorbild eine Kooperation und eine Überschussauskehr in den §§ 357 f. vorgesehen ist.

Stichwortverzeichnis

Fette Zahlen beziehen sich auf die Paragraphen des Buches, magere auf Randziffern.

Absonderung
  s. Gläubiger, gesicherte
Abstimmung **2** 13 ff.; **3** 224 ff.
Abstimmungstermin **3** 224 f.
Abweisung mangels Masse **3** 28, 116
Amtsermittlung **3** 46, 54
Anfechtung **3** 172 ff.
– Anfechtungstatbestände **3** 182 ff.
– Bargeschäft **3** 118, 183
– Frist (Verjährung) **3** 181
– Gläubigerbenachteiligung **3** 172, 174, 177, 180, 182, 187, 194
– inkongruente Deckung **3** 185 f.
– kapitalersetzendes Darlehen **3** 37, 77, 193
– Kausalität **3** 180
– kongruente Deckung **3** 183 f.
– nahestehende Personen **3** 182, 187
– Rechtshandlung **3** 140, 172 ff., 179 ff., 298
– unentgeltliche Leistung **3** 191 f., 298
– Verschleuderungsanfechtung **3** 187
– vorsätzliche Benachteiligung **3** 189
anhängiger Prozess **3** 36, 47
Anmeldung von Forderungen **3** 34, 52, 200, 205; **4** 58
Antrag (Insolvenzantrag) **2** 23; **3** 29, 46, 54, 81, 102 ff., 145, 171; **4** 35, 53 ff.
– Planverfahren **3** 216 ff.
– Restschuldbefreiung **3** 263, 277 f.
Antragsberechtigung **3** 82 ff., 298; **3** 56
Antragspflicht **3** 88 ff., 298
– Schadensersatz bei Verletzung **3** 75, 89 f.
Anwartschaftsrecht **3** 162 f.; **4** 40
Arbeitsverträge **3** 109, 153, 167 ff.;
Aufrechnung **3** 135 ff., 158; **4** 41, 60
Auskunftspflicht **3** 85 f., 112, 121
Aussonderung s. Gläubiger, aussonderungsberechtigte
automatic stay **3** 127, 137

Bargeschäft **3** 118, 183
bedingte Forderung **3** 34
Beendigung des Verfahrens **3** 199, 203, 262 f., 269, 271, 274, 278; **4** 48 f.
Berichtstermin **3** 206, 214 f., 238, 258
Beschwerde (sofortige/Rechts-) **3** 48, 105
Bestätigung des Insolvenzplans **3** 229
Betriebsveräußerung
  s. Sanierung, übertragende

Cram-down **3** 227 f., 293
COMI **4** 13, 52
Common pool **1** 1d, 9; **3** 68
Consolidation
  – procedural **3** 10, 282a
  – substantive **3** 10

Darlehen **3** 166
Dauerschuldverhältnisse **3** 155
Debt-Equity-Swap **2** 7; **3** 222
Dienstverträge **3** 167 ff.
– während der Wohlverhaltensperiode **3** 278
dingliche Sicherungsrechte s. Gläubiger, gesicherte

Eigentumsvorbehalt **3** 162 f.; **4** 40
Eigenverwaltung **3** 50 f., 217, 231 ff.
Einstellung des Verfahrens **3** 264 ff.
Eröffnungsbeschluss **3** 102, 105, 119, 143, 198
Eröffnungsgründe **3** 64 ff., 116, 232, 268
Eröffnungsverfahren **3** 102 ff.; **4** 33
Erörterungs- und Abstimmungstermin **2** 224 f.
Europäische Insolvenzverordnung **1** 3; **2** 47; **3** 216, 276; **4** 1 ff.
– Anwendungsbereich **4** 23 f.
– Einheitsverfahren **4** 10
– Gläubigerrechte **3** 58

- Hauptverfahren **3** 29 ff.
- Parallelverfahren **3** 10, 50 ff., 63 f.
- Partikularverfahren **3** 50 ff., 53 f.
- Sekundärverfahren **4** 50 ff., 55 ff.

Fälligkeit von Insolvenzforderungen **3** 34, 68 f., 71
Feststellung von Forderungen **3** 40, 52, 137, 198 ff.
- Feststellungsprozess **3** 205
- Prüfungstermin s. Prüfungstermin
- Verjährung festgestellter Forderungen **3** 199, 263, 270
- Widerspruch gegen die Feststellung **3** 203

Feststellung von Sicherungsrechten **3** 97 f., 259
Fixgeschäft **3** 161
Forderungen des Schuldners s. Insolvenzmasse
Forum Shopping **3** 216; **4** 25, 38
Freiberufler **3** 96, 233
Freigabe durch den Verwalter **3** 96, 98, 134

GbR **3** 8, 146
gegenseitige Verträge s. Insolvenzmasse, nicht vollständig erfüllte Verträge
Gesellschafterhaftung **3** 146 f.
Gläubiger s. Zwangsgemeinschaft
- allgemeine/Insolvenzgläubiger **3** 31 ff., 18, 22, 70, 128, 135, 142, 145, 167, 180, 183, 200, 202, 205, 242, 264, 266 f., 282
- Anmeldung s. Anmeldung von Forderungen
- aussonderungsberechtigte **3** 15 ff., 137
- bedingter/befristeter/betagter Forderungen **3** 34
- Fiskus **3** 27 ff., 47, 70
- gesicherte **3** 20 ff., 127, 252 ff.
- Gleichbehandlung s. Zwangsgemeinschaft
- Massegläubiger s. Massegläubiger
- nachrangige **3** 20 f., 36 f., 40, 200, 227, 298
- privilegierte **3** 27 ff., 167

Gläubigerausschuss **3** 25, 42 ff., 59, 250 f.
Gläubigerversammlung **3** 39 ff., 53, 59, 219, 241, 250 f., 262
Gleichbehandlung s. Zwangsgemeinschaft
Gruppenbildung (Planverfahren) **2** 9; **3** 14 ff.

Haftung des Insolvenzverwalters s. Insolvenzverwalter, Haftung
Herausgabeanspruch (Aussonderung) **3** 15, 17 ff., 133

Insolvenzanfechtung s. Anfechtung
Insolvenzfähigkeit s. Schuldner
Insolvenzgeld **3** 107 ff., 168, 237a
Insolvenzgericht **3** 10, 39, 46 ff., 54, 87, 102, 121, 200, 224, 228, 262, 266, 269, 278
- Zuständigkeit bei Konzerninsolvenz **3** 9 ff.; **4** 29 ff.
- Kooperation bei Parallelverfahren **4** 17 f.

Insolvenzgläubiger s. Gläubiger, allgemeine
Insolvenzmasse **1** 12; **3** 16, 19, 92 ff., 131 ff., 140, 172
- Forderungen **3** 143 ff.
- früheres Vermögen **3** 101
- gegenwärtiges Vermögen **3** 97 f.
- Ist-Masse **3** 16, 19, 131 f., 133 ff., 141 ff.
- nicht vollständig erfüllte Verträge **3** 32, 153 ff., 236; **4** 43, 60
- Sicherungsgegenstände s. Gläubiger, gesicherte
- Soll-Masse **3** 16, 131 f., 134, 142, 150
- zukünftiges Vermögen **3** 99 f., 142

Insolvenzplan s. Planverfahren
Insolvenztabelle **3** 52, 198 ff., 200 ff., 261
Insolvenzverwalter **3** 50 ff.
- Aufgaben **3** 52 f., 116 ff., 119 ff.
- Auswahl **3** 56 ff.
- Haftung **3** 59 f., 201, 243, 254, 262
- Partei kraft Amtes **3** 62 f., 148
- Prozessstandschaft **3** 62 f., 126, 148 ff.
- Qualifikation **3** 55 ff.
- Rechtsstellung (Amtstheorie) **3** 62 f.
- schwacher vorläufiger Verwalter **3** 114, 118; **4** 33

- starker vorläufiger Verwalter **3** 109 f., 111 ff., 117; **4** 33
- Vergütung **3** 61
- vorläufiger **3** 54, 109 f., 111 ff., 116 ff., 119, 215; **3** 33 f.

Insolvenzzweckwidrigkeit **3** 60, 125
Internationales Insolvenzrecht **4** 1 ff.
- deutsches autonomes (Kollisionsrecht) **3** 59 ff.
- Kooperation (Parallelverfahren) **4** 13, 17 f., 28, 57, 64
- Territorialität **4** 4 ff., 14 f.
- Universalität **4** 4 ff., 13 ff., 36, 57, 60, 61

IWF **3** 12, 175, 234

kongruente Deckung s. Anfechtung
Kontrolle
- des Insolvenzverwalters **3** 39, 42, 59 f., 247 ff.
- des Schuldners **3** 234, 280
- Kontrollmechanismen im Vorfeld der Insolvenz **3** 47, 103 f.

Konzerninsolvenz **3** 9 ff., 53, 282a ff.
- grenzüberschreitend (EuInsVO) **4** 23 ff.

Kooperation bei Parallelverfahren s. Internationales Insolvenzrecht, Kooperation
Kreditsicherungsrecht s. Gläubiger, gesicherte
Kündigung **3** 109, 164 ff.; 167 ff., 237a

Liquidation **1** 2, 6 f., 10; **3** 24, 208, 238 ff.; **4** 48, 55
Lösungsklauseln **2** 24; **3** 24, **4** 171

Massegläubiger **3** 25 f., 60, 134, 157, 229, 266 f., 282, 298
Masseunzulänglichkeit **3** 266 f.
Masseverbindlichkeit s. Massegläubiger
Mediation **3** 46
Mietverträge s. Insolvenzmasse, nicht vollständig erfüllte Verträge

Nachlassinsolvenzverfahren **3** 6, 97, 296 ff.
nahestehende Personen **3** 111, 173, 182, 189 f., 248, 251
Neuerwerb s. Insolvenzmasse, zukünftiges Vermögen

Niederlassung (EuInsVO) **4** 32, 34, 51 f., 53 ff.
Null-Plan **3** 290

Obstruktionsverbot **3** 227
Ordre Public **4** 27, 61

par condicio creditorum s. Zwangsgemeinschaft
- Durchbrechungen s. Gläubiger, gesicherte
- im Planverfahren **2** 9: **3** 223, 225 f.

Parallelverfahren **4** 10 ff., 50 ff., 63 f.
- bei der Nachlassinsolvenz **3** 298
- bei Gesellschafts- und Gesellschafterinsolvenz **3** 147
- bei grenzüberschreitenden Insolvenzen s. Europäische Insolvenzverordnung
  synthetisches Sekundärverfahren **3** 57a
- bei (inländischen) Konzerninsolvenzen **4** 52

Partikularverfahren s. Parallelverfahren
Planverfahren **1** 7, 10; **3** 52, 207 ff., 289
- effiziente Sanierung **3** 208 f., 210 ff., 216, 218, 222, 231 ff.
- Mehrheitsprinzip s. Zwangsgemeinschaft
- pre-packaged-plan **3** 72, 232, 237
- Schuldenbereinigungsplan s. Verbraucherinsolvenz

Postsperre **3** 112, 122
pre-packaged-plan s. Planverfahren
Prioritätsprinzip **3** 13, 66, 116, 263
Prozess s. anhängiger Prozess
Prüfungstermin **3** 119, 198 ff., 206, 224, 261, 294

Quotenschaden **3** 90

Rangrücktritt
- und Überschuldungsbilanz **3** 77
- zur Kreditbeschaffung **3** 230

Rechtsbeschwerde s. Beschwerde
Rechtshandlung s. Anfechtung
Reorganisation s. Sanierung
Restrukturierung s. Sanierung
Restrukturierungsrecht **3** 208
Restschuldbefreiung **1** 8; **3** 49, 88, 263, 270 ff., 291; **4** 49

- Geschichte 3 99 f., 273 ff.
- Rechtsfolgen 3 281 ff.
- Rechtsvergleich 3 271 f., 276
- und Verbraucherinsolvenz 3 286 ff.
- Voraussetzungen 3 277 ff.

Restrukturierungsforderung 2 6, 7

Restrukturierungsgericht 2 18, 23, 25 f., 31, 34

Sachwalter 3 50, 217, 234 ff.
Sanierung 1 2 ff.; 2 1 ff.; 3 86, 106, 127, 190, 193, 207 ff., 211 ff., 214 ff., 218, 222, 228, 229, 231 ff., 252 f., 277; 4 57
- drohende Zahlungsunfähigkeit 3 70 ff.
- Konzerne 3 10
- übertragende 1 10; 3 39, 208 f., 239 ff., 245, 250, 269
- Sicherungsrechte 3 197, 255
- vorläufiger Insolvenzverwalter 3 113 f., 117 f.

Sanierungsmoderator 2 3, 31
Schuldner 3 4 ff.
- Gesellschaften 3 7 f.
- juristische Personen des öffentlichen Rechts s. Staateninsolvenz
- Konzerne 2 9 ff.
- natürliche Personen 3 5 f.
- Verbraucher s. Verbraucherinsolvenz

Schutzschirmverfahren 3 218, 237
Sekundärverfahren s. Parallelverfahren
Sicherungsmaßnahmen (Eröffnungsverfahren) s. Eröffnungsverfahren
sofortige Beschwerde s. Beschwerde
Sozialplan 3 26, 170
Staateninsolvenz 1 4; 2 12
Steuerforderungen 3 14, 27, 29, 70
- Umsatzsteuer (Sicherheitenverwertung) 3 260

Stimmrecht 2 13; 3 40
Stundung der Verfahrenskosten 3 49, 265, 277, 286

Tabelle 3 198 ff., 261
- Anmeldung s. Anmeldung von Forderungen
- Eintrag als Vollstreckungstitel 3 199
- Feststellung zur Tabelle s. Feststellung von Forderungen

Territorialität(sgrundsatz) s. Internationales Insolvenzrecht
Treuhand 3 19, 93
Treuhänder (Organ) 3 19, 93
- Restschuldbefreiung 3 278 ff.
- Verbraucherinsolvenzverfahren 3 280

Überschuldung 3 74 ff.
UNCITRAL 4 13; 3 22
- Modellgesetz 4 13, 15, 19, 22
- Legislative Guide on Insolvency Law 3 212

unentgeltliche Leistungen 3 37, 188, 191 f., 298
Universalität(sgrundsatz) s. Internationales Insolvenzrecht
Unpfändbare Gegenstände 3 15, 91, 97

Verbraucherinsolvenz 3 284 ff.
- Antrag des Schuldners 3 291 f.
- Grundstruktur 3 287
- Kostenstundung s. Stundung der Verfahrenskosten
- persönlicher Anwendungsbereich 3 6, 288 f.
- Restschuldbefreiung 3 286 ff.
- Schuldenbereinigungsplan 3 292 f.
- vereinfachtes Verfahren 3 285, 294

Verfügungsverbot
- im Eröffnungsverfahren 3 113
- im Insolvenzverfahren s. Vermögensbeschlag

Vermögensbeschlag 3 91 ff.
- Freigabe s. Freigabe durch den Verwalter

Verschaffungsanspruch (Aussonderung) 3 18, 242
Verschleuderungsanfechtung 3 187 f.
Verteilung 1 5 f., 10; 3 36, 198 ff., 242, 261 ff.
- bei Masseunzulänglichkeit 3 267
- durch den Treuhänder (Restschuldbefreiung) 3 280
- im vereinfachten Insolvenzverfahren 3 294
- in grenzüberschreitenden Verfahren 4 6, 58

Stichwortverzeichnis 167

Verwertung **1** 10; **3** 52, 66, 133, 236, 238 ff., 256 f., 258, 260; **4** 38, 57
– von Sicherungsgegenständen
  s. Gläubiger, gesicherte
vis attractiva concursus **3** 47
Vollstreckungstitel **2** 49; **3** 79, 83, 292
– Schuldenbereinigungsplan **3** 292
– Tabelleneintrag **3** 198 ff.
Vormerkung **3** 160

Wahlrecht des Insolvenzverwalters
  s. Insolvenzmasse, nicht vollständig erfüllte Verträge
Wettbewerbsrecht **1** 4
Widerspruch gegen Forderung
  s. Feststellung von Forderungen

Wohlverhaltensperiode **3** 276, 279, 281

Zahlungsunfähigkeit
– aktuelle **3** 68 f., 83, 183
– drohende **3** 70 ff.
Zinszahlungspflicht bis zur Verwertung **3** 258
Zwangsgemeinschaft **1** 11 f.; **3** 13, 31, 136, 146, 183; **4** 58
– Auswirkungen im Verfahren **3** 64 ff., 258, 265
– Planverfahren **3** 225
Zwangsversteigerung **3** 256
Zwecke des Insolvenzverfahrens **1** 8 ff.
Zweite Chance **3** 2, 237b